U0687828

　　本书受中宣部理论局中国特色社会主义理论体系研究中心 2015 年度重大项目（2015YZD12）、2015 年度湖北省社科基金一般项目（编号：2015017）、中国博士后科学基金第 59 批面上资助（编号：2016M592318）、中国法学会2016 年度部级专项课题（编号：CLS（2016）ZX02）和 2017 年湖北省教育厅哲学社会科学研究重大项目（17ZD013）的资助

权力与权利：

共置和构建

QUANLI YU QUANLI
GONGZHI HE GOUJIAN

段 凡◎著

人民出版社

目　录

第一章　权力与权利的学理分析

第一节　权力应该是公权力

一、权力的概念

权力的概念在不同学科之中,有着不同的含义,正如美国著名社会学家丹尼斯·朗所说:"权力本质上是一个有争议的概念……持不同价值观、不同信仰的人们肯定对它们性质和定义意见不一致。"❶

在西方社会,权力是政治学和社会学中一个非常重要的概念,许多著名学者的论述,都涉及到了权力。虽然英国哲学家罗素认为权力是社会学的基本概念,"其重要性如能量概念之如物理学。其实权力何尝不是政治学和法学的基本概念,不过法学对权力的关注远逊于对权利、义务的关注。因为西方法学的根基在私法,罗马开创的法学传统的核心内容是权利义务的合理分配,权利义务一直是西方法学的基本范畴"❷。

不过,随着现代社会的发展,同时由于新的世纪里新的情势之出现,不仅仅原先的权利、义务需要进一步得到规范之外,权力需要得到进一步的规范,也是亟须注意和填充的重要内容,如同有的学者所认为的,在"21世纪,是公法的世纪,因为在这个世纪里,公权力比私权利更需得到法的规制"❸。

本书不可能全面涉及所有的权力理论,而只能够借助一些比较有影响力的权力思想和理论,来讨论有关权力概念的发展脉络,并在其基础上进行权力概念的界定和分析。基本上,可以将关于权力概念的不同观点,做这样的划分:

---

❶ 〔美〕丹尼斯·H.朗:《权力论》,陆震纶、郑明哲译,中国社会科学出版社2001年版,第2页。
❷ 周永坤:《规范权力——权力的法理研究》,法律出版社2006年版,第95页。
❸ 胡建淼主编:《论公法原则》,浙江大学出版社2005年版,第1页。

第一，能力说。权力在英语之中对应的是"power"，其来自于拉丁文"potestas"或"potential"，追根溯源来自于动词"potere"。"potestas"意思是指，一个人或物影响他人或物的能力，"potential"指人们能够通过一致的协同和行动所产生的团结力。德国思想家马克斯·韦伯在其名著《经济与社会》中，对权力有过这样的定义："一般来看，我们把权力理解为这样的：一个人或一些人在社会行为中，甚至不顾参与该行为的其他人的反抗而实现自己意志的能力。"❶

其意思是说，权力是一种将自己意志强加于别人身上的能力，强制性是其最显著的特征。这一说法其实起源于古希腊的亚里士多德，其后经过诸多西方政治学家的不断发展和演化，比如"文艺复兴"之后的洛克和卢梭等人，都是这一主张的支持者。国内也持类似观点的比较著名的学者，如李景鹏认为权力"是政治主体对一定政治客体的制约能力"❷。

第二，影响力说。这主要是欧美学者的定义，有学者认为："权力是一些人对另一些人造成他们所希望和预定影响的能力。"❸美国政治学家拉斯韦尔和卡普兰也认为："权力是施加影响的过程，即借助由于不遵守所想要的政策，予以（实际或威胁予以）严厉剥削，从而影响他人政策的过程。"❹美国政治学家达尔对影响力进行了这样的解释，他认为："用制造严厉制裁的前景来对付不屈从，从而得到屈从，这种影响力常被称作权力。"❺伊斯顿也指出："研究权力，并不单纯涉及政府用以控制社会和维持治安的方式。虽然那是主要的，但是它包含着一个人或一群人如何影响另一个人或另一群人的活动这一远为广泛的问题。"❻

第三，关系说。也就是把权力主体和指向对象之间的关系，看作是权力的最主要内容。霍布斯就把权力定义为一种因果关系，即"一种主动出击的'行动者'和被动的'承受对象'之间的因果关系"❼。纯粹法学派创始人凯尔森也认为："社会的或政治的意义上的权力，意味着权威和上级与下级之间的一种关

---

❶ Max Weber.*Economy and Society* (Vol.III).New York：Bedminister Press，1968，Vol.II，p.926.

❷ 李景鹏：《权力政治学》，北京大学出版社 2008 年版，第 28 页。

❸ Dennis H.Wrong.*Power：It's Forms，Bases and Uses*.New York：Harper & Row Publishers，1979，p.2.

❹ Harold Lasswell，Abraham Kaplan.*Power and Society*.New Haven：Yale University Press，1950，p.75.

❺ ［美］罗伯特·达尔：《现代政治分析》，王沪宁、陈峰译，上海译文出版社 1987 年版，第 60 页。

❻ ［美］戴维·伊斯顿：《政治体系：政治学状况研究》，马清槐译，商务印书馆 1993 年版，第 113 页。

❼ ［美］戴维·米勒、韦农·波格丹诺编：《布莱克维尔政治学百科全书》，邓正来中文主编，中国政法大学出版社 1992 年版，第 595 页。

系。"❶国内持这种说法的比较著名的学者,如王浦劬认为:"政治权力实际上是在特定的力量对比关系中,政治权力主体为了实现和维护自身的利益而拥有的对政治权力客体的制约能力。"❷

第四,综合说。这种对待权力的认识与观点较多,比如牛津大学的马克·菲尔普揭示了四种基本观点:"所有的 power 说都必须表态说明是否对 B 行使了 power,而不管 A 是否有意使 B 受到尊重或不尊重。一个类似的问题是:power 是严格限于 A 对 B 的一种特定形式的影响,还是凡在 A 对 B 有某种影响的场合都使用了 power。这两个因素,即意图和重大影响,使我们能识别有关 power 的以下 4 种观点,并揭示这个概念的主要内在矛盾:(1)不区分 A 对 B 的影响是有意的还是无意的,也不把 power 这一术语局限于 A 对 B 的特定种类影响。这样,power 就可以概括暴力、影响、教育、社会化和意识形态等等形形色色的现象。(2)当 A 以违背 B 的意愿、利益、需要等等方式影响 B 时,A 就对 B 行使了 power。但是,这并不要求 A 有意地影响 B,也不要求 A 能预见对 B 的影响。(3)只有在 A 有意影响 B 的情况下才有 power,但它并没有对 A 影响 B 的方式设置任何限制。(4)A 使得 B 去做 A 希望、但 B 本不会去做的事情……就可能涉及动员他人承担义务和激发其责任,一般都认为这种依从是通过权威取得的。"❸

所以就菲尔普的分析来看,"power"在英语中的意义也是比较丰富的,凡是对他人有影响或能够施以影响的希望、意图、暴力、意识形态等,都可以称为"power"。再例如,《中国大百科全书·政治学卷》也认为,权力既是一种能力,也是一种影响力,等等。

第五,其他说。英国社会历史学家迈克尔·曼将权力分为两种,即"权威性(authoritative)权力"和"弥散性(diffused)权力"。所谓"权威性权力实际上是由集团或制度以意志力造成的。它是由明确的命令和有意识的服从组成的。而弥散性权力则是以一种更加本能的、无意识的、分散的方式分布于整个人口之中,

❶ [奥]凯尔森:《法与国家的一般理论》,沈宗灵译,中国大百科全书出版社 1996 年版,第 213 页。
❷ 王浦劬主编:《政治学基础》,北京大学出版社 1995 年版,第 76 页。
❸ [英]马克·菲尔普:《power》,时殷虹译,卢明华校,[英]亚当·库珀、杰西卡·库珀主编:《社会科学百科全书》,上海译文出版社 1989 年版,第 588—589 页。译者在原文中将"power"译为权能,和我们一般翻译的权力是不同的,但是为了论述需要,笔者将译文中的权能转化为原英文的"power"。

导致体现权力关系但却未得到明确控制的相似的社会实践"❶。

这种弥散性权力实际上指的是,人和人之间出于相互尊重和地位差别、金钱因素等非组织原因,所带来的"权力",和真正意义上的国家权力是有着截然不同的本质区别的。随着生产力的发展,社会关系也发生变化。非正式组织所形成的这种关系而带来的弥散性权力,已经无法将一些行为控制,而影响了弥散性权力的存在,从而需要一种强权的组织和集中,这便是权威性权力。

在厘清和分析了西方社会关于权力理论的一些基本观点后,可以发现,权力并没有一个人人都能接受的概念。在吸收和借鉴了上述概念的精华之后,只有将权力限定在一个范畴之内,其概念才有可能做到精炼。因为"过于广泛的权力概念相对于在深度和特性上等量的损失"❷。

权力是一种社会关系,因此,要将权力限定在社会关系之中。因为,离开了人与人之间业已存在的社会关系,将不可能出现和存在什么权力。任何一方或主体对于权力的享有,都是相对于没有获得和享有权力的另外一方而言的。基于此,权力是社会关系中的特定影响力,是一方社会主体所拥有的,对其他社会主体的强制性支配能力,这种能力主要体现为,使得后者服从前者的意志。具体来说它具有以下特征:

第一,支配性。权力是一种能够支配权力对象的力量,这一点必须得到承认。"权力的支配性源于权力以资源为基础这一事实。这些资源被划分为'实际的资源与潜在的资源'、'强制资源、诱导资源和说服资源'、'个人资源和集体资源'。这些资源不仅构成了权力的基础,而且成为权力的目的。"❸也就是说,权力的占有多寡,与权力主体对这些资源的拥有多寡成正比。

第二,强制性。支配性表现出权力行使的手段特征,而强制性表现出权力行使的一种状态特征。"在权力的运行中,无论权力对象是否认可权力主体的行使权力的行为,权力主体的意志总会得到权力对象的服从。……它可以通过'控制、统治、命令、影响、支配、强制、指挥、操纵、领导、指导、威胁、说服、诱导(奖赏)、禁止、维持、支持、创设、变更、取消、安排或分配等方式'作用于

---

❶ [英]迈克尔·曼:《社会权力的来源》第1卷,刘北成、李少军译,上海人民出版社2002年版,第10—11页。

❷ 转引自[美]丹尼斯·H.朗:《权力论》,陆震纶、郑明哲译,中国社会科学出版社2001年版,第10页。

❸ 俞可平主编:《政治学教程》,高等教育出版社2010年版,第32页。

权利客体。"❶

第三,扩张性。任何权力主体都对权力带有一种扩张行使的欲望,这既是部分人性的使然,因为人总是喜欢做指挥者而不愿意做被指挥者。也是权力本身给行使主体所带来的系列"利益"使然,因为权力越大,其有可能"寻租"的利益越多。英国的阿克顿勋爵针对权力就有一句名言,即"权力导致腐败,绝对权力导致绝对腐败"。

第四,排他性。权力的排他性包含两个方面的意思:一方面,权力的特点注定了权力的行使必须排他,否则会造成权力行使状态的混乱;另一方面,权力主体一般不愿意自己的权力被他人分享和介入,总是千方百计地让权力保留在自己所能控制的范围之内行使。但是,这种行使又往往容易造成权力的专断。

第五,公共性。王权之下的权力没有公共性,但现代意义上的权力必须具有公共性,权力的公共性使得权力和权利相区别。权力的行使不会以行使者的个人利益为目的,必须要为公共利益服务,否则权力将会变成"私权力"而失去权力的合法性与合理性。"凡主权在民的国家,国家权力的渊源是人民的授予,是用来管理国家和社会公共事务,为公共利益服务的。它本质上是'公共权力'或'公权力',不得据为私有。……社会权力也是一种公共权力,即社会公权力。它同国家权力比较,二者的权力都是姓'公',都属于公共权力。"❷

第六,不可随意放弃性。和权利可以放弃的属性不同,权力一旦合法产生,其是不能被权力行使主体随意放弃的。因为权利的背后,对应的是权利主体自身的私益,权利可以经由权利主体的意思自治而进行处分。但是权力的背后,对应的是整个社会的公益,权力的行使者本身对行使权力负有职责,所以,不可由权力行使主体自身随意放弃。

二、权力的形态

而权力在现实生活之中的体现,既是抽象的,也是具体的。具体来说,权力具有以下几种形态:

第一,政治权力。参照燕继荣的解释,政治权力可从广义和狭义两个层面来

---

❶ 王莉君:《权力与权利的思辨》,中国法制出版社 2005 年版,第 23—24 页。
❷ 郭道晖:《社会权力与公民社会》,译林出版社 2009 年版,第 64—65 页。

理解。广义的政治权力,就是政治共同体中(小到社区组织、大到国家乃至超国家组织)行为者(个人、群体、组织、正式的机构)自身的行动力和对他人、他物的控制力。具体而言,是指一个人或一些人、群体、组织或机构,从事社会活动,控制社会资源,影响相关行为者和公共政策的能力。

就狭义而言,政治权力一般是指政治共同体的统治和管理权力,它往往与国家权力相联系,并因权力行使的方式不同,而分解为立法权、司法权、行政管理权、军事领导权等。[1] 政治权力的边界,随着社会的发展和民主程度的提高而愈显宽大,政治共同体中的行为者参与政治生活的能力和频率,也愈发增强。

但是无论如何,政治生活的核心要素,还是国家权力。正如林尚立所说:"政治权力,即国家的权力,是政治生活的核心要素,决定着政治生活的方方面面……正因为如此,近代西方政治思想家想设计一套新的政治制度和政治生活方式时,不是从具体的政治制度或政治生活入手,而是从政治权力入手,首先解决国家或政府的权力从何而来、其目的和功能是什么、其运作的合理规则是什么等等。"[2]而国家的产生和阶级分化有关,一个阶级反对另外一个阶级的斗争,最终产生了国家。或者说国家本身就是阶级斗争的产物,是为了维护统治阶级利益的一种政治形式。

恩格斯曾经说:"在阶级反对阶级的任何斗争中,斗争的直接目的是政治权力;统治阶级保卫自己的最高政治权力,也就是说保卫它在立法机关中的可靠的多数;被统治阶级首先争取一部分政治权力、然后争取全部政治权力,以便能按照他们自己的利益和需要去改变现行法律。"[3]所以,当政治权力以国家权力的形式去行使时,一方面它获得了"合法律性",另一方面,政治权力(核心是国家权力)行使的时候,它不完全是暴力的形式(即便经典马克思主义认为国家是一种暴力机器),即使是采用暴力(强制力)的形式,也必须合理合法。

第二,经济权力。经济权力指的是,处理经济事务、控制经济资源以实现经济目标的能力。燕继荣认为,经济权力在个人、组织(尤其是企业)以及政府(国

---

[1] 参见俞可平主编:《政治学教程》,高等教育出版社 2010 年版,第 36—37 页。
[2] 林尚立:《当代中国政治形态研究》,天津人民出版社 2000 年版,第 81 页。
[3] 恩格斯:《工联》(1881 年 5 月 20 日左右),《马克思恩格斯全集》第 19 卷,人民出版社 1963 年版,第 284 页。

家)层面,都有体现。个人层面的经济权力,"在早期的自然法学派那里被视为'自然权利'而得到论证,在现代社会得到法律的确认和制度的保障,转化为个人的劳动权、财产权、继承权和社会保障权等"。在组织层面,"体现为企业的经营自主权、包括投资、信贷、生产、分配、技术和人力资源开发、雇员聘用等权力"。在政府层面,"体现为政府对经济资源的管制权、对经济发展的宏观调控权以及保障劳动者、经营者权益和企业经营自主权的权力"❶。

其实从法学的角度,来理解所谓经济权力,可以看出前两种经济权力是法学上的权利。正如马克思认为,"政治权力只是经济权力的产物"❷。这里所说的"经济权力",其实是一种所有制上的权利。资产阶级凭借对资本的获得和享有,逐渐掌握了政治上的权力。但是同时,经济权利的享有和稳固,也要借助于政治权力的帮助。在当前社会下,我们进行多种所有制的建设,是为了发展生产力和经济的需要,就必须在政治上对各种所有制下的权利,进行平等保护。

所以,只有第三种经济权力,才是真正的权力,它们是经济法上的宏观调控权和市场规制权。在市场经济条件下,即便经济政策的作用非常明显,但是最终这些权力,要纳入到法治(消费者权益保护法、反不正当竞争法、反垄断法、劳动法)的轨道。尤其是作为政府来讲,其对消费者、劳动者权益的保护,对构建法治社会的作用十分巨大。

第三,社会权力。人类不是独居而是群居的动物,在原始社会里,人类自发地组成群体,是为了对抗大自然的灾害和野生动物的侵袭。这些都是人类最初的生存需要。之后,逐渐形成了部落、氏族等人类早期的社会共同体。社会共同体的维持和运转,在共同体初期,必须依赖于部落或氏族长者的权威。而随着共同体的发展,单纯的权威,不足以维持共同体内部的生活秩序。而且长者的权威还有很多个人的色彩蕴含其中,这种个人魅力的权威,在人数越来越多和势力越来越大的氏族内部,也越来越难以驾驭和掌控。于是,需要制度性的权力来延续这种共同体的运转。所以,一定程度上,权力带有与生俱来性。

---

❶ 俞可平主编:《政治学教程》,高等教育出版社 2010 年版,第 37 页。

❷ 马克思:《君士坦丁堡的乱子。——德国的招魂术。——预算》(1853 年 4 月 22 日),《马克思恩格斯全集》第 9 卷,人民出版社 1961 年版,第 80 页。

恩格斯说："部落、氏族及其制度，都是神圣而不可侵犯的，都是自然所赋予的最高权力，个人在感情、思想和行动上始终是无条件服从的。"❶只不过权利是先知先觉，而权力是后知后觉。所以，"为维护原始公社的共同利益，公社设立了酋长和其他职位，赋予了他们相应的权力。此外，还赋予本氏族同其他氏族进行交易和战争的权力。这些就是人类社会最早出现的社会权力。它是先于国家权力而产生的。恩格斯把它称为'国家权力的萌芽'"❷。

但是，自从国家出现之后，"多数情况下国家与社会一体化，国家权力成为人类社会的唯一权力"❸。随着市民社会的发展，国家与社会的二元化，社会从国家中分离出来，原来被国家权力吞噬的一部分本该属于社会的权力，也重新出现。托克维尔说："还有一些国家把权力分开，有时让权力属于社会，有时不让它属于社会。在民主社会里必然有一个高于其他一切权力的社会权力。社会由自己管理并为自己管理。"❹

根据郭道晖的解释，"权力拥有者是国家，就称为国家权力（亦称'公权力'）；是社会组织或某个群体、或公民个人，就是社会权力（多数属于'社会公共权力'，也有的是'私权力'）。这两种大多是指公法上的主体"❺。应该认为，将公民个人的政治权利，也称之为社会权力，是值得商榷的，因为这样，将会混淆权利和权力之间的区别。

权利不是权力，政治权利也同样不是权力。正如郭道晖自己所述："享有公民权利，特别是政治权利，是成为社会权力主体的前提。没有权利，特别是没有参与政治的权利（如被剥夺了政治权利的罪犯），当然就不可能拥有权力去影响和强制他人和社会、国家。"❻也就是说，政治权利是享有社会权力的前提而不是其本身。社会权力是社会组织（具有管理公共事务职能的组织比如事业单位、行业协会、自律性组织等），对其他社会主体（组织内部成员或外部相对人）的强制性影响力和支配力。

---

❶ 恩格斯：《家庭、私有制和国家的起源》（1884 年 3 月底—5 月 26 日），《马克思恩格斯文集》第 4 卷，人民出版社 2009 年版，第 112 页。

❷ 郭道晖：《社会权力与公民社会》，译林出版社 2009 年版，第 50 页。

❸ 郭道晖：《社会权力与公民社会》，译林出版社 2009 年版，第 50 页。

❹ ［法］托克维尔：《论美国的民主》上卷，董果良译，商务印书馆 1988 年版，第 289 页。

❺ 郭道晖：《社会权力与公民社会》，译林出版社 2009 年版，第 5 页。

❻ 郭道晖：《社会权力与公民社会》，译林出版社 2009 年版，第 50 页。

三、权力的属性

无论是政治权力(国家权力),经济权力还是社会权力,其都具有如下的相同属性:

第一,权力的行使主体是公共机关和社会组织。它们行使权力,其实主要是代表国家和社会组织。洛克在《政府论》中,把国家权力划分为立法权、执行权、对外权,孟德斯鸠在《论法的精神》中,把国家权力划分为立法权、行政权和司法权。这些权力都是公共权力。

按照马克思主义的观点,"国家是社会在一定发展阶段上的产物;国家……需要有一种表面上凌驾于社会之上的力量,这种力量应当缓和冲突,把冲突保持在'秩序'的范围以内;这种从社会中产生但又自居于社会之上并且日益同社会相异化的力量,就是国家"❶。所以,"恩格斯在这里阐明了被称为国家的那种'力量'的概念,即从社会中产生但又居于社会之上并且日益同社会相异化的力量的概念"❷。

恩格斯即认为国家和氏族组织的区别之一,就在于它是否建立了公共权力,而公共权力的行使者之一无疑是公共机关。公共机关就是指各级国家机关,包含中央公共机关(中央国家机关)和地方公共机关(地方国家机关),立法机关、司法机关和行政机关都包含在内。公共机关的代表,即各级机关的公务员,在行使权力的时候,其实是代表公共机关而并非代表其个人。

而社会组织是那些依照法律、法规、规章建立起来的机构❸。例如,依照《行政处罚法》第十八条的规定,行政机关依照法律、法规或规章的规定,可以在其法定权限内,委托符合该法规定条件的组织,实施行政处罚。只不过,它们此时

---

❶ 恩格斯:《家庭、私有制和国家的起源》(1884年3月底—5月26日),《马克思恩格斯文集》第4卷,人民出版社2009年版,第189页。又译为:"国家是社会在一定发展阶段上的产物;国家……需要有一种表面上驾于社会之上的力量,这种力量应当缓和冲突,把冲突保持在'秩序'的范围以内;这种从社会中产生但又自居于社会之上并且日益同社会脱离的力量,就是国家。"《马克思恩格斯全集》第21卷,人民出版社1965年版,第194页。

❷ 列宁:《国家与革命——马克思主义关于国家的学说与无产阶级在革命中的任务》(1917年8—9月),《列宁专题文集——论马克思主义》,人民出版社2009年版,第182页。

❸ 这里的规章是指部门规章和地方政府规章,属于广义的法律的一种。不过,有学者从现实的授权过泛现象等方面进行了分析,认为应该将授权依据定位于法律(狭义的法律,专指全国人大及其常委会通过的法律)、法规。参见杨解君:《秩序·权力与法律控制——行政处罚法研究》(增补本),四川大学出版社1999年版,第135页;叶必丰:《行政法学》,武汉大学出版社2003年版,第135页。

是代表国家来行使权力，行使的是国家权力而不是社会权力。另外一些社会组织行使权力并非代表国家，而是代表社会主体自身，是社会自治权的表现。"时间到了现代，基于国家与社会的分离，为了捍卫自治的权利，人民又通过结社将部分权利让渡给社会组织（社团），也就产生了社会公权力。"❶

例如，按照《律师法》第四十三条和第四十六条的规定，律师协会是社会团体法人，是律师的自律性组织。中华全国律师协会及各省、市律师协会，有权对律师作出惩戒。而按照全国律协常务理事会通过的《律师执业行为规范（试行）》，对律师作出的惩戒，这是一种社团罚，行使的就是社会权力而不是国家权力。

又如，根据《仲裁法》第十条的规定，国家设立了仲裁委员会。"这一规定一改旧的仲裁体制中的行政模式，使仲裁机构不与任何行政机关发生隶属关系。"❷所以，我们国家的仲裁委员会，基本符合国际上关于仲裁机构是民间组织的惯例，这种民间组织属于社会组织的范畴。而"仲裁作为一种民间性的争议解决机制，其本质是以当事人意思自治排除国家司法权力的过多干预"❸。但是，这种居中裁判的行为规则，和"一裁终局"的相应效力，使得仲裁机构获得了和司法机关相类似的司法权力（准司法权），这也是一种社会权力。

再比如，根据《消费者权益保护法》第三十六条，消费者协会和其他消费者组织，是依法成立的对商品和服务进行社会监督的，保护消费者合法权益的社会组织。它依法享有对商品和服务的监督权、检查权、调查权等。这无疑又是一种社会权力。

最后，根据《体育法》第四十条及第四十九条之规定，全国性的单项体育协会，是体育社会团体，其可以按照章程规定，对在竞技体育中违反纪律和体育规则的行为进行处罚。在我国，"对于我国已有的案例中涉及的全国性单项体育协会行使的管理权争议是否属于竞技性体育活动中的纠纷存在不同意见"❹，但是没有争议的是，全国性单项体育协会不是公共机关而是社会团体，是一种社会组织，这种处罚权必然属于社会权力。甚至有学者还认为这样一些行为也是在

---

❶ 袁曙宏等：《现代公法制度的统一性》，北京大学出版社 2009 年版，第 511 页。

❷ 黄进、宋连斌、徐前权：《仲裁法学》，中国政法大学出版社 2008 年版，第 30 页。

❸ 杨秀清：《协议仲裁制度研究》，法律出版社 2006 年版，第 17 页。

❹ 黄世席：《国际体育争议解决机制研究》，武汉大学出版社 2007 年版，第 305 页。譬如，2002 年长春亚泰足球俱乐部诉中国足协一案，亚泰俱乐部的诉求被北京二中院驳回。但是，12 名全国人大代表又联名致信全国人大常委会，要求北京高院受理该起诉。

行使社会权力,例如,"公立学校经授权向社会招生,开除学生学籍,颁发学业证书,聘任教师职工以及对之实施处分等;村民委员会根据相应的组织法的授权办理本村的公共事务和公益事业,调解民间纠纷,协助维护社会治安,协助乡、民族乡、镇的人民政府开展工作,维护村民的合法权益等;居民委员会根据授权办理本居住地区的公共事务和公益事业,调解民间纠纷,协助维护社会治安,协助人民政府或它的派出机关做好与居民利益有关的公共卫生、计划生育、优抚救济、青少年教育等工作等等"❶。

第二,权力的直接作用内容,是法律所保护的公共利益(public interest)。"权力的设定与行使以社会公益为目标,不得以权力设定者和行使者的私利为目标。古希腊的柏拉图和亚里士多德即将政治统治与奴隶主和家长对奴隶和家庭成员的统治分开,其标准就是统治权力的目标是自私还是为了被治者。这一点在《圣经》中也是很清楚的。只要是有法律的人类社会,公权力大多具有某种公益性(或起码是声称的公益性),赤裸地宣称统治权力就是为了统治者的利益是极其罕见的——连宋江都要打出'替天行道'的招牌呢。权力的这一特点要求权力主体与权力行为结果产生的利益相分离。只有当行为主体与行为结果产生的利益相分离,且这种利益具有公益性时,人类社会才是一个有法律、有权力的社会。"❷

公共利益是社会生活和法律中,一个使用频率非常高的词汇,但是,"关于什么是公共利益,以及发生利益冲突时如何选择重点,总是疑问丛生"❸。以下,可以作为公共利益的判定标准:

首先,公共利益具有共有性。即它不是被部分人享有,而是被不特定的多数人所共同享有,其受益对象应该是不分性别、职业、地位和种族的多数人。

其次,公共利益具有法定性。其必须经过法律进行限定,即认定公共利益必须依照法律保留原则,以防公共利益在现实社会生活中被人为地使用而可能带来滥用。

再次,公共利益具有正当性。正当性包含实质正当和程序正当两个方面,

---

❶ 吕成:《认真对待社会公权力——社会转型期我国公法学的一个使命》,《法治与和谐——首届中国法治论坛论文集》,中国政法大学出版社 2007 年版,第 412 页。

❷ 周永坤:《规范权力——权力的法理研究》,法律出版社 2006 年版,第 144—145 页。

❸ [德]哈特穆特·毛雷尔:《行政法》,高家伟译,法律出版社 2000 年版,第 7 页。

"所谓目的正当，是指在界定公共利益时必须基于不能把政府自身的利益或部门利益混同为公共利益，不能将商业目的混同为公共目的，不能以保护公共利益为名恣意侵害公民的个人权利。……要遵循公开原则，向社会披露全面、客观、真实的信息，并要广泛听取、充分尊重公众意见，以保证公共利益界定基于广泛的民意的基础上。公共利益是对个体利益的整体抽象，而要抽象出一个所有个体都愿意接受的同质的公共利益必须遵循程序正义原则，让每个个体享有表达自己利益诉求的机会"❶。公共利益具有防止个别人或部门，以公共利益之名行攫取私益之实。

最后，公共利益具有个体性。这种个体性是表明公共利益和个人利益，并不是相互冲突的，公共利益虽然不是个体利益的简单叠加，但是其来自于个体利益。而最终，在公共利益面前牺牲的个体利益，都能够得到合理和及时的补偿。正如马克思和恩格斯所说："在历史上表现出来的两个方面，即个别人的私人利益和所谓普遍利益，总是互相伴随着的。"❷

所以，如果一项"权力"所追求和保护的不是公共利益，而是别的什么利益，其将超越合法性的边界而失去合法性。使得这种"权力"异化为追求个人私益，而违背了权力本身的内涵，是"伪权力"。"现代国家往往设有一些国有企业，这些企业的活动尽管也体现着国家意志，并且在客观上也可能有助于维护和促进公共利益，但其直接目的或曰主要目的则在于获取（本企业的）利润。"❸因此，公司或企业内部所行使的是权利，而不是权力，因为它们的目的，不符合权力是维护公共利益的基本属性和要求。

例如，曾经发生在上海市虹口区的，某女大学生在"屈臣氏"超市被强制脱衣搜身事件，就是一个比较典型的伪权力侵权案例。其他的例如，在某些商场里面张贴的"偷一罚十"条款，以及某些公司强制留置身份证的行为，更甚者还有曾经发生的"黑砖窑"事件。这些"权力"都是因为行使的是伪权力，而归于无效。

虽然有学者将权力赋予公司，称其为"公司权力"，但是该学者又认为："近

---

❶ 石佑启：《私有财产公法保护研究——宪法与行政法的视角》，北京大学出版社 2007 年版，第 126 页。

❷ 马克思、恩格斯：《莱比锡宗教会议——三、圣麦克斯》（1845—1846 年），《马克思恩格斯全集》第 3 卷，人民出版社 1960 年版，第 272—273 页。

❸ 李迎宾：《试论村民自治组织的行政主体地位》，马怀德主编：《中国行政法的崛起——朱维究教授六秩华诞贺寿文集》，北京大学出版社 2005 年版，第 205 页。

年来连续发生的公司对他人(主要是消费者和员工)实施罚款、甚至限制人身自由的事件,充分表明许多公司对自身的法律地位或公司权力的属性缺乏正确的认识。……公司权力的实质是公司以自己的名义从事民商事交往的能力或资格,它主要表现为公司财产权的行使。如果进行比较的话,公司权力在性质上与个人权利相同,而区别于国家或政府的权力。公司不能行使只有政府才具有的处罚权。"❶所以,也如同该学者自己所说,所谓的公司权力其实是一种权利,而不是权力。

四、权力的本质是公权力

综上所述,权力更准确地说是公权力,简称为公权。一则基于权力主体而言,权力的行使者,必须是公共机关或准公共机关(社会组织)。叶百修认为:"公权力主体并不以国家为限,举凡公法上社团、公法上财团与公共营造物均属之,甚或包括受公权力主体委托的组织或个人在内。"❷我们赞成叶百修的观点,"类似于法国公法人主体中的公务法人和德国公法人主体中的公法社团、公营造物与公法财团,我国也存在着政府机构之外的公权力主体即事业单位法人"❸。

但是,在我国公权力主体不应该包括个人,或者说个人成为公权力主体的社会条件还不具备。另外,值得提及的是,政党尤其是执政党——中国共产党在我国是非常重要的公权力主体。政党并不是国家机构,但是由于我国的政治体制和历史、国情等原因,使得执政党的决策和指令,能够通过国家机关得以贯彻和实施。所以,执政党的权力也是公权力。比如中国共产党的"双规"权力,和检察院的检察权之间就存在一些类似与关联之处,但"要以《刑事诉讼法》等法律和党内相关条例为基础,将纪委同同级检察院之间的权力分工进行规范、明确和协调"❹。

二则基于行使权力的目的,在于维护公共利益,权力准确地说应该是公权力,而不是所谓的"私权力"。有学者认为:"私法主体,其权力也是私权力;……只要不违反法律,其行使这种社会私权力是自由的、正当的,适用'法不禁止皆

---

❶　张瑞萍:《公司权力论——公司的本质与行为边界》,社会科学文献出版社 2006 年版,第 260 页。

❷　叶百修:《从财产权保障观点论公用征收制度》,转引自张韵声、王锴:《比较法视野中的征用补偿——兼论我国征用补偿制度的完善》,《法学家》2005 年第 6 期。

❸　袁曙宏等:《现代公法制度的统一性》,北京大学出版社 2009 年版,第 118 页。

❹　段凡、党江舟:《论中国共产党执政合法性资源再生产——以科学发展观下的社会主义法治理念为视角》,《河南大学学报(社会科学版)》2009 年第 6 期。

自由'的原则,国家容许甚至鼓励其运用私权力谋求合法的私利。"❶其实,"法不禁止皆自由"是一项私法原则,这里所指的"私权力"其实是权利而不是权力。至于还有的学者所认为的"私权力也比较普遍。比如父母对孩子,总公司对分公司也存在事实上的支配力"❷。这里,父母对孩子的管教其实不是权力,而是一种民法上的不得放弃的监护权(利),而且这种监护必须要为被监护人的利益而行使,它只是行使一种代理的职责。这和监狱机关对劳改犯人的监护是截然不同的。而总公司和分公司之间,本来不是独立的主体之间的社会关系,就谈不上行使权力了。所以,所谓的"私权力以私人利益为导向"❸的说法是值得商榷的。权力姓"公"不姓"私",因为权力的腐败就在于以权谋私。正如习近平所说的:"公权为民,一丝一毫都不能私用。"❹

而最终,"严格意义上的权力配置(不是家长制下的层级划分)是以法律为其载体的,没有法律的权威,就不存在严格意义上的权力配置"❺。我国宪法也明确规定:"一切国家机关和武装力量、各政党和各社会团体、各企事业组织都必须遵守宪法和法律。一切违反宪法和法律的行为,必须予以追究。"不仅是国家权力,也包括社会权力,都必须置于宪法和法律之下。就是说,权力是法权(法定之权)之一。

正如马克思和恩格斯在《德意志意识形态》中所说的:"这些现实的关系绝不是国家权力创造出来的,相反地,它们是创造国家权力的力量。在这种关系中占统治地位的个人,除了必须把自己的力量构建成国家外,还必须使他们的由这些特定关系所决定的意志具有国家意志即法律这种一般表现形式。"❻

---

❶ 郭道晖:《社会权力与公民社会》,译林出版社 2009 年版,第 64 页。

❷ 吕成:《认真对待社会公权力——社会转型期我国公法学的一个使命》,中国政法大学科研处编:《法治与和谐——首届中国法治论坛论文集》,中国政法大学出版社 2007 年版,第 408 页。

❸ 吕成:《认真对待社会公权力——社会转型期我国公法学的一个使命》,中国政法大学科研处编:《法治与和谐——首届中国法治论坛论文集》,中国政法大学出版社 2007 年版,第 408 页。

❹ 《习近平在十八届中央纪委三次全会上发表重要讲话强调:强化反腐败体制机制创新和制度保障,深入推进党风廉政建设和反腐败斗争》,《人民日报》2014 年 1 月 15 日。

❺ 周永坤:《规范权力——权力的法理研究》,法律出版社 2006 年版,第 50 页。

❻ 马克思、恩格斯:《德意志意识形态(节选本)》(1845 年秋—大约 1846 年 5 月),人民出版社 2003 年版,第 108 页。又译为:"这些现实的关系决不是国家政权创造出来的,相反地,它们本身就是创造国家政权的力量。在这种关系中占统治地位的个人除了必须以国家的形式组织自己的力量外,他们还必须给予他们自己的由这些特定关系所决定的意志以国家意志即法律的一般表现形式。"《马克思恩格斯全集》第 3 卷,人民出版社 1960 年版,第 377—378 页。

第二节　权利是一种私权利

一、权利的概念

权利概念来自于西方,但是直至中世纪,还仍然没有任何关于权利的词语。"在中世纪,托马斯·阿奎那首次解析性地把 ius 理解为正当要求,并从自然法理念的角度把人的某些正当要求称之为'天然权利'。中世纪末期,资本主义商品经济的发展使各种利益独立化、个量化,权利观念逐渐成为普遍的社会意识。于是 ius 作为'权利'明确地区别于 ius 作为'正当'和 ius 作为'法律'。"[1]

汉字"权利"作为术语使用,始于日本。日语的"权利"一语,是从拉丁语 ius,法语 droit,德语 recht 和英语 right 继受而来。开始译为"权理",后来译为"权利"。但是,"问一位法学家'什么是权利?'就像问一位逻辑学家一个众所周知的问题'什么是真理?'同样使他感到为难"[2]。虽然康德的为难显得夸张了些,却可以说明,权利的本质确实是众说纷纭而又各有千秋,以至于美国的范伯格主张把权利,当作"简单的、不可定义的,不可分析的原始概念"[3]。

其实,总体来看,还是有多种关于权利本质的学说,较具有代表性也更能接近权利的本质,它们分别是格劳秀斯和米尔恩的资格说、霍布斯和斯宾诺莎的自由说、康德和黑格尔的意志说、边沁和耶林的利益说、默克尔的法力说、哈特的选择说等等,还有国内学者所持的可能说和财产说等。具体来说:

第一,资格说。资格说最早出自于荷兰法学家格劳秀斯,格劳秀斯把自然权利同自然法等同,他认为权利是:"一个人有资格正当地占有某种东西或正当地做出某种事情。"[4]这里的资格含有早期自然法的理性和正当之意。而英国当代法学家米尔恩更是明确指出:"权利概念之要义是资格。说你对某物享有权利,

---

[1]　张文显:《二十世纪西方法哲学思潮研究》,法律出版社 2006 年版,第 413 页。

[2]　[德]康德:《法的形而上学原理——权利的科学》,沈叔平译,商务印书馆 1991 年版,第 39 页。

[3]　[美]范伯格:《自由、权利与社会正义》,王守昌等译,贵州人民出版社 1998 年版,第 91 页。

[4]　[荷]格劳秀斯:《战争与和平法》,转引自郭道晖:《社会权力与公民社会》,译林出版社 2009 年版,第 16 页。

是说你有资格享有它,如享有投票、接受养老金、持有个人见解以及享有家庭隐私的权利。诚然,说权利就是资格,不过是换个字眼,但这种替换对于阐释权利概念却大有益处。它将注意力集中在权利的来源上。"❶

第二,自由说。英国的霍布斯认为:"权利乃自由之范式。"❷荷兰的斯宾诺莎认为:"我们认为自然的状态是先于与缺乏神圣启示的律法与权利,并不是因为无知,也是因为人人生来就赋有自由。"❸这种自由是一种来自于人类内心对自我精神的向往,以对抗教会对人们的种种思想羁押。

第三,意志说。康德主张权利是意志的自由行使,但同时,也强调与他人的协调相处,即:"可以理解权利为全部条件,根据这些条件,任何人的有意识的行为,按照一条普遍的自由法则,确实能够和其他人的有意识的行为相协调。"❹黑格尔则认为:"权利的基础是精神;它们的确定地位和出发点是意志。意志是自由的,所以意志既是权利的实质又是权利的目标。"❺

第四,利益说。英国思想家边沁是功利主义理论的创始人,所谓功利,实际上和背后的具体利益有关。边沁反对天赋人权,所谓的"'自然的不可剥夺的权利说只能是信口雌黄',人们之所以提出并相信自然权利(天赋人权)说,其原因在于人们想用一种虚构幻想的形式来表达对某些人生权利的渴望……其最终动因仍是功利动机,因为人的本性是趋乐避苦"❻。据此,边沁提出了法定权利说。德国法学家耶林"通过使人们注意到权利背后的利益,而改变了整个权利理论。他说权利就是受到法律保护的一种利益。所有的利益并不都是权利,只有为法律所承认和保障的才是权利"❼。当代西方法学家拉茨、麦考密克等也持利益论的观点,"无论权利具体客体是什么,它对权利主体来说总是一

---

❶ [英]A.J.M.米尔恩:《人的权利与人的多样性——人权哲学》,夏勇、张志铭译,中国大百科全书出版社 1995 年版,第 111 页。

❷ John Finis,Natural law and Natural Rights.Clarendon Press.Oxford,1982,p.268.转引自夏勇:《人权概念起源——权利的历史哲学》,中国社会科学出版社 2007 年版,第 36 页。

❸ [荷]斯宾诺莎:《神学政治论》,温锡增译,商务印书馆 1982 年版,第 223 页。

❹ [德]康德:《法的形而上学原理》,沈叔平译,商务印书馆 1991 年版,第 40 页。

❺ Cohen,Reading in Jurisprudence and Legal Philosophy.Brown and Company.转引自夏勇:《人权概念起源——权利的历史哲学》,中国社会科学出版社 2007 年版,第 37 页。

❻ 杜纲建:《外国人权思想论》,法律出版社 2008 年版,第 213 页。

❼ [美]罗斯科·庞德:《通过法律的社会控制:法律的任务》,沈宗灵、董世忠译,商务印书馆 1984 年版,第 46—47 页。

种利益"❶。

第五，法力说。德国刑法学及法哲学学者默克尔认为，权利是法律赋予权利主体的一种享有以维护特定利益的力量。此为大陆法系国家法学界尤其是民法学界的通说❷。

第六，选择说。其代表人物是英国新分析法学派人物哈特，"某人之所以有某种权利，取决于法律承认该人关于某种标的物或某一特定关系的选择优越于他人的选择；……在主要权利形态中均体现出权利是一种以权利所有者的意志为中心的选择的特质"❸。

第七，优势说。为美国学者霍菲尔德所主张，他认为"法律权利包括权利、特权或自由、权力以及豁免4种情形，它们都是法律上的优势，与之相对的是不享有权利者在法律上的劣势"❹。

第八，可能说。这是从苏联传入并对我国法学界长期保持较大影响的一种学说，主张权利"是法律规范所规定的，法律关系主体所享有的作出某种行为的可能性"❺。它只是一种可能，而非现实，要实现权利还须国家权力的介入。

第十，财产说。这种学说的代表人物是童之伟，他认为，"权利是社会个体利益和个体所有之财富（财产）的法律存在形式"❻，"法律上的任何一种'权'，当它所体现的是社会个体的利益、由个体所有之财产作为其物质承担者时，它就是权利；当它所体现的是社会的公共利益，由公共机关所有之财产作为其物质承担者时，它就是权力"❼。

第十一，要素说。用要素法来解释权利的最早的是葛洪义，他提出权利的四个要素是，个体自主地位、利益、自由和权力。"随着研究的深入，葛先生的四要素中，个体自主地位被扬弃掉了，因为要素中已经有自由，而自由者必定是自主的。四要素中的权力也被摒弃掉了，因为深入的研究揭示权利和权力是有本质

❶ 张文显：《二十世纪西方法哲学思潮研究》，法律出版社2006年版，第419页。
❷ 参见徐国栋：《民法总论》，高等教育出版社2007年版，第165页。
❸ 张文显：《二十世纪西方法哲学思潮研究》，法律出版社2006年版，第418页。
❹ 徐国栋：《民法总论》，高等教育出版社2007年版，第165页。
❺ 孙国华主编：《法学基础理论》，法律出版社1982年版，第301页。
❻ 童之伟：《再论法理学的更新》，《法学研究》1999年第2期。
❼ 童之伟：《以"法权"为中心系统解释法现象的构想》，《现代法学》2000年第2期。

区别的，以权力作为权利的构成要素并不妥当"❶。之后，我国学者王人博、程燎原、夏勇、吕世伦、文正邦等，均用要素分析法来解释权利。

应当说，上述各家对权利的种种理解和分析，都在一定程度上涉及到了权利的本质，但是就其中大多数的观点来看，是存在一些缺陷的。

"资格说"没有揭示资格的依据是什么，"这种资格还必须接受更高一级的某个东西的检验，这个东西是构成权利之为权利的本质要素"❷。

"自由说"没有真正地将自由所蕴含的本质包括在内，将自由简单地看作是一种行为，而没有涉及到自由所内置的社会关系和物质力量。

"意志说"强调自身意志的存在性，这有一定的合理性，但是任何意志的存在，都离不开客观物质生活条件的制约。

"利益说"很大程度上能够把权利的表象揭示出来，但是根本缺陷在于，无法树立一个客观的标准，将利益进行统一的衡量，有些权利其实并不是利益，甚至还是不利益，比如监护权就是一种负担，这种负担对于某些个体而言，就是一种不利益。美国伦理学家彼彻姆对其也提出质疑，"尽管大多数权利都是保障基本利益的，但权利并非总是与利益相关。比如，一个犯了罪的人，他的利益在于辩护自己无罪，但他没有裁决自己无罪的权利"❸。

"法力说"和"利益说"存在一定程度的关联，但"法力说"对"法上之力是通过什么方式获得联系和实现等相关内容均未作出恰如其分的回答。所以，'法力说'也存在严重缺陷"❹。

"选择说"倒果为因，因为权利才是选择的依据，而不是相反。"优势说"没有区分权利和权力之间的区别，而只是笼统地将权利和优越地位联系，其理论观点未免显得粗糙和单薄。

"可能说"只讲可能性而忽视应然性，过分强调国家权力的介入而忽视了道德权利，使得权利成为了权力的附属物品。

❶ 戴庆康：《权利秩序的伦理正当性——以精神病人权利及其立法为例证》，中国社会科学出版社2007年版，第35页。
❷ 戴庆康：《权利秩序的伦理正当性——以精神病人权利及其立法为例证》，中国社会科学出版社2007年版，第37页。
❸ 王莉君：《权力与权利的思辨》，中国法制出版社2005年版，第44页。
❹ 戴剑波：《权利正义论——基于法哲学与法社会学立场的权利制度正义理论》，法律出版社2007年版，第20页。

"财产说"虽然"是一种比较深刻的权利学说……在事实上已经找到比较、衡量与评判权利利益内容的客观标准,对权利本质作了进一步阐述而更具有相对合理性"❶,但是过于注重财产的客观实用价值,而忽略了权利应当具有的正当伦理价值,如同"物文主义"民法学者所秉持的"无财产即无人格"那般。

"要素说"不失为一个能够避免片面理解权利的方法,但是这些要素的叠加,是否"就能完全概括权利的本质特性,也是可以见仁见智的"❷。

二、权利的属性

从马克思主义的观点来看,权利是人类产生以后,其在致力于生存之后所发明和发现的一种产物,这种发明和发现,应该称之为人类权利的发明和发现。

伴随着人类分工的逐步扩大,公有产品逐渐被私有制度割裂,私有制成为了人类社会所发明的重大制度,而这直接产生了阶级之间的对立和国家的诞生。"这样一个机关,它不仅保障单个人新获得的财富不受氏族制度的共产制传统的侵犯,不仅使以前被轻视的私有财产神圣化,并宣布这种神圣化是整个人类社会的最高目的,而且还给相继发展起来的获得财产从而不断加速财富积累的新的形式,盖上社会普遍承认的印章;所缺少的只是这样一个机关,它不仅使正在开始的社会分裂为阶级的现象永久化,而且使有产者阶级剥削无产者阶级的权利以及前者对后者的统治永久化。而这样的机关也就出现了。国家被发明出来了。"❸

从统治阶级的角度来看,被统治阶级的权利如果不能得到其认可,则被视为

---

❶ 戴剑波:《权利正义论——基于法哲学与法社会学立场的权利制度正义理论》,法律出版社 2007 年版,第 21 页。

❷ 郭道晖:《社会权力与公民社会》,译林出版社 2009 年版,第 21 页。

❸ 恩格斯:《家庭、私有制和国家的起源》(1884 年 3 月底—5 月 26 日),《马克思恩格斯文集》第 4 卷,人民出版社 2009 年版,第 125 页。又译为:"这样一个机关,它不仅可以保障单个人新获得的财富不受氏族制度的共产制传统的侵犯,不仅可以使以前被轻视的私有财产神圣化,并宣布这种神圣化是整个人类社会的最高目的,而且还会给相继发展起来的获得财产的新形式,因而是给不断加速的财富积累,盖上社会普遍承认的印章;所缺少的只是这样一个机关,它不仅可以使正在开始的社会划分为阶级的现象永久化,而且可以使有产阶级剥削无产者的权利以及前者对后者的统治永久化。而这样的机关也就出现了。国家被发明出来了。"《马克思恩格斯全集》第 21 卷,人民出版社 1965 年版,第 123—124 页。

是必须剥夺的权利,而这种剥夺的方式被赋予给了法律,法律成为最好的对待权利的文字或判决。从被统治阶级的角度讲,如果其所要求的权利,不能在现有的统治限度或法律范围内获得,则会发生政治意义上的革命,革命的目的其实也是在于权利的获取。于是,权利和法律之间成为了一种同盟。而法律权利的演变过程,一直迅速于道德权利或习惯权利。其实,所谓阶级之间的对立或斗争,本质上就是阶级之间权利的对立或斗争,只不过关于权利的历史语境或各自立场,是不同乃至截然对立的。所以,关于权利的本质学说,无法取得统一的一个非常重要的原因,在于立场和语境的不同。

而站在历史唯物主义和辩证唯物主义的立场和角度来分析,权利其实是一定的社会主体获得承认和保障的正当利益,是行为人的主观意志和社会客观物质条件的结合,是社会主体能够从事或不从事一定行为的资格。权利具有以下属性:

第一,权利具有历史性。历史地来看,权利是随着人类社会的发展而逐渐产生和发展的,归根结底,权利是伴随着生产力的发展而出现的。在原始社会,由于食物和其他生活、生产资料是按照纯粹的公有制模式进行分配,因此在这样的生产力条件下,是谈不上谁对谁应该或者实际上具有什么样的权利,或者其权利受到侵害,会得到如何的赔偿的。

而随着生产力的发展,人类社会产生了奴隶主阶级和奴隶阶级两大阶级之后,奴隶主享有对奴隶的支配权利,和奴隶承担对奴隶主的劳动义务,成为了权利和义务并不对等的真实历史写照。而一旦奴隶起来进行反抗,又反过来将以前的义务强加在奴隶主们身上时,相同内容的权利之主体又得到了置换。

在中国,从奴隶社会向封建社会过渡的过程中,鲁宣公在公元前594年实行初税亩,开始承认了私田的合法地位。秦国权臣商鞅在公元前350年,实施"废井田、开阡陌",废除了土地的国家所有制。之后在漫长的封建社会中,地主阶级对于土地买卖权利的获得,成为了土地私有制的写照。

在西方,资产阶级革命高举"自由、平等、博爱、人权"等旗帜,不仅将人类社会带入了资本主义社会,也将人之人权带入了历史舞台。人权发展到今天,第三代人权的状况已经被描绘和实践出来。

但对于中国来说,在社会主义初级阶段,生存权和发展权仍然是首要的基本人权。可见,权利具有历史性,"建设与发展中国特色社会主义人权的浪漫之处,在于不视其为抽象的永远存在物,而视其为特定社会里面存在的特定产物,也是历史的产物。它不是永远存在的"❶。

第二,权利具有主体限定性,权利只能是一定的社会主体才能够享有。权利是什么,和什么样的主体能够享有权利,是同一个问题的两个不同维度。

从一方面来说,权利只能是人的权利而并不是其他非人类物种的权利,"从权利的来源来看,无论是西方权利的起源学说,还是马克思主义的观点,权利都是属于人的范畴而没有其他范畴能将其纳入,也就是说权利只有可能而且必须是人的权利"❷。虽然在后现代法学的带动下,一度出现了"非人类中心主义法理念"❸的宣扬,甚至是法律主体地位的"调整"❹,但是归根结底,这种加之于它们身上的所谓"权利",本质上还是人类出于某种法律人道主义的考量,而附丽在动物身上的一种"福利"。

从另一方面来说,有些权利还要依据其内容的不同,而分别由不同的人来享有。例如,政治权利只能由一国范围之内的公民来享有,而不可能由他国公民来行使。而诸如老年人、妇女和儿童等特定群体的权利,则只可能由相应的特定主体来享有。

第三,权利具有正当性。正当性观念更多是一种价值判断而不是事实判断,当权利承载了正当性之后,其不仅仅是要求内容合法,更要求来源合理。权利来自于 ius 一词,ius 既有"法"的内涵,也有"正当要求"的含义。

从法的角度来说,虽有"恶法非法"等实证主义法学流派,但是这种"恶"并非指对权利,而是指对公权力。意即即便公权力肆意妄为侵犯了公民的权利,但是由于其披着"法权"的外衣,而获得了合法性。可是权利则不一样,当 ius 也被译为权利的时候,其包含了正当的观念。"从根本上来说尽管权利与利益相关,

---

❶ 段凡:《中国特色社会主义人权理论的形成、经验与内容》,《科学社会主义》2012 年第 3 期。

❷ 段凡:《论私权是人权的一种基础》,《理论视野》2011 年第 12 期。

❸ 笔者在十多年之前就读硕士研究生时,一度对这种"全新"的法理念持一种赞同的态度和宣扬的立场,并冠之以"传统法律的革命"这样一种宏大叙事的称谓。参见段凡、郑友德:《传统法律的革命:论人类中心主义法理念的消解——以生命的起源和权利的发端为视角》,吕忠梅、徐祥民主编:《环境资源法论丛》(第 5 卷),法律出版社 2005 年版,第 28—40 页。

❹ 例如,《德国民法典》出现了关于"动物保护"的修正案,修正案将第一编总则编中的第二章"物",修改命名为"物和动物"。第 90a 条规定:"动物不是物。动物受特别法律的保护。除另有规定外,关于物的规定准用于动物。"

但它们绝对是不同层面的问题,惟有权利涉及到价值和原则而单纯的利益则否。"❶

在日本人翻译有关权利的西方词汇时,就早有"权利"和"权理"的翻译争论,所谓"理"即义理,是正当性的体现。说明权利不光是一个事实判断,其实也是一个价值判断。其实,"一些学者认为日本人把'right'译成'权利',并没有理解'right'的真正含义,是一种对'right'的误解,而'权利'最早代替'权理'的事实,本身可以看作日本不能或不愿理解掌握西方法律词汇的根本例证"❷。

第四,权利具有物质性。权利的物质性是指权利具有物质的属性,其包含两个方面的内容:一方面,权利属于上层建筑之一,物质基础决定上层建筑符合马克思主义基本原理,"权利永远不能超出社会的经济结构以及由经济结构所制约的社会的文化发展"❸。任何权利都不可能是高高在上、虚无缥缈地脱离现实经济社会生活而构建的。权利也不是纯粹的主观精神的产物,它的产生和发展,离不开社会生产力的发展和现实的物质条件,它的保障也离不开一定的物质手段。

另一方面,有时候权利的现实体现,需要通过一定的物质载体,一定程度上可以认为,"权利不是斗争得来的,也不是争取来的,斗争也好、争取也好,都只能将在此之前已经存在而本应属自己的权利拿到手或夺回来,本身不可能创造出任何一个权利的原子。道理很简单,权利是从社会个体所有之财产转化而来的,能够直接决定权利的有无和多少,是个体所有之财产的有无和多少"❹。

第五,权利具有互惠性。从静态的意义上来单纯地理解权利,那么权利只是成为主体的单向度保障者,例如德国的耶林就说:"拥有一项权利就意味着,某个物体是属于我们的,同时国家的权力也意识到了,并对我们提供保护。"❺但

---

❶ 姚建宗:《新兴权利论纲》,《法制与社会发展》2010 年第 2 期。

❷ [意]菲尔德曼:《患者权、市民运动与日本法律文化》,纪海龙译,[意]奈尔肯编:《比较法律文化论》,高鸿均、沈明、袁开宇译,清华大学出版社 2003 年版,第 309—338 页。转引自戴庆康:《权利秩序的伦理正当性——以精神病人权利及其立法为例证》,中国社会科学出版社 2007 年版,第 43 页。

❸ 马克思:《哥达纲领批判》(1875 年 4 月—5 月初),《马克思恩格斯全集》第 19 卷,人民出版社 1963 年版,第 22 页。又译为:"权利决不能超出社会的经济结构以及由经济结构制约的社会的文化发展。"《马克思恩格斯全集》第 25 卷,人民出版社 2001 年版,第 19 页。

❹ 童之伟主编:《宪法学》,清华大学出版社 2008 年版,第 122 页。

❺ Rudolf von Ihering, Law as a Means to an End, Translated by Isaac Husik, Boston Book Co, 1913, p.50.

是,如果仅仅是从个体的立场和语境来理解权利,那么这种理解将会陷入一种狭隘主义的世界观之中,而不能将权利的另一面闪光也散射出来。因此,除了观察和理解权利的静态意义,还要深刻地对权利的动态意义进行剖析。

其实,在一定意义上来说,权利的产生过程和后来格局,也是社会主体在对其自身利益,进行最优配置和交换的一个理性过程。当然,利益"不仅仅意味着对物质利益的保护。日常用语中的'利益'一词,含有人类的最高利益以及道德的和宗教的利益之意。只有在这种最宽泛的意义上……利益一词对于法学才是有用的"❶。而配置和交换要想达到一个最优的未来结果,在权利的正当性和物质性之外,权利的互惠性也是一个非常重要的条件和标准。这不仅仅符合罗尔斯的"一种互惠性的理念"的正义原则,而且将"纸上"的权利,能够落实在具体的社会生活之中来,无疑具有市场经济语境下的重要意义。

第六,权利具有法定性。美国的科斯认为:"权利的一种安排会比其他安排产生更多的产值。但除非这是法律制度确认的权利的安排。"❷在大多数的时候,权利体现为法律上的权利,也叫法律权利。权利具有法定性,是应然权利转换为实然权利的过程和结果,也是现代多维社会发展的必然趋势。

我们并不排除道德、习惯上的权利,但在没有法律强制性的力量面前,一切道德和习惯上的行为和事实,都将随着主体实力(力量)的不同而显得相异。"法律面前人人平等"的规制性,使得法律本身获得了一种正当性和合法性,"法律是一个与国家相呼应的概念,正是因为代表公共权力的国家出现,以国家强制力为后盾的法律才得以产生,因而只有由国家确立的实在法才能称之为法律。……在以国家政治为特征的现代社会中,强调权利的强制保障当自有其不可替代的价值"❸。这样一来,可以使得同样的权利,能够在面对不同的社会主体的时候,都能彰显其相同的品格。

三、权利的类型

大多数的时候,权利在现实生活中体现或设定为法律上的权利,意味着法律

---

❶ [德]菲利普·黑克:《利益法学》,傅广宇译,《比较法研究》2006年第6期。

❷ [美]罗纳德·哈里·科斯:《企业、市场与法律》,盛洪等译,格致出版社、上海三联书店、上海人民出版社2009年版,第113页。

❸ 李永军主编:《民事权利体系研究》,中国政法大学出版社2008年版,第15—19页。

体系,对于权利具有相当的重要性。法律体系的形成,是一个国家法治实践走向成熟和法治体系趋向完备的必由之路。2011年3月,吴邦国在十一届全国人大四次会议上宣告:"中国特色社会主义法律体系已经形成。"❶中共十八大提出,要完善中国特色社会主义法律体系。中共十八届四中全会通过的《中共中央关于全面推进依法治国若干重大问题的决定》也明确强调,完善以宪法为核心的中国特色社会主义法律体系。

从中国特色社会主义法律体系形成的角度来讲,中国特色社会主义法律体系的形成过程,其实就是中国特色社会主义公法和中国特色社会主义私法、中国特色社会主义社会法等中国特色社会主义法律体系中的部门法之形成过程。

虽然,公法和私法的划分,存在一定的学理争议,❷而且,新中国历史上长期不承认公、私法的划分,"不承认公、私法各有其特定的调整对象、调整方法和调整手段,不承认二者是政治国家和市民社会的重要组成部分"❸。但是,"无疑,公法和私法的区分有它的积极意义,公法通行的原则'法律不允许即禁止'与私法通行的原则'法律不禁止即允许'各有自己的适用范围,保障二者的适度分离对划定公权力的边界、防止公权在私权领域的滥用和任性,维护私权自治、保障个人权利对公权扩张的抵御权,具有重要意义,对私权意识薄弱,市场经济和民主政治并不健全的当今中国更加如此。公私法划分之所以绵延至今,其必然性

---

❶ 吴邦国委员长在会上说,1982年通过了现行宪法,此后又根据客观形势的发展需要,先后通过了4个宪法修正案。到2010年底,我国已制定现行有效法律236件、行政法规690多件、地方性法规8600多件,并全面完成对现行法律和行政法规、地方性法规的集中清理工作。目前,涵盖社会关系各个方面的法律部门已经齐全,各法律部门中基本的、主要的法律已经制定,相应的行政法规和地方性法规比较完备,法律体系内部总体做到科学和谐统一。一个立足中国国情和实际、适应改革开放和社会主义现代化建设需要、集中体现党和人民意志的,以宪法为统帅,以宪法相关法、民法商法等多个法律部门的法律为主干,由法律、行政法规、地方性法规等多个层次的法律规范构成的中国特色社会主义法律体系已经形成,国家经济建设、政治建设、文化建设、社会建设以及生态文明建设的各个方面实现有法可依,党的十五大提出到2010年形成中国特色社会主义法律体系的立法工作目标如期完成。参见《吴邦国委员长:形成中国特色社会主义法律体系》,"网易"网,网址:http://news.163.com/11/0311/01/6UR24N1V00014AED.html。

❷ 公法和私法的划分是大陆法系的传统。但其划分标准存在争议,其区分标准的主要学说有:第一,主体说。以一方主体是否代表国家公权力作为标准。第二,法律关系说。以法律关系的双方是否存在服从关系作为标准。第三,利益说。以法律的目的是否维护公共利益为标准。第四,强行法说。以法律关系是否可以由当事人任意改变作为标准。

❸ 赵万一:《商法基本问题研究》,法律出版社2002年版,第52页。

和生命力很大程度上应该与此有关,说明'它源于社会生活的需要,反映了法律调整的规律性'"❶。

只是,随着"各种社会关系越来越多,它们无法再用私法或者公法加以分门别类"❷。例如哈贝马斯认为一些领域出现了混同和糅合的,既不是传统的公法领域,也不是传统的私法领域。它们需要新的部门法来进行调整,这样,公法和私法出现了混同,出现了所谓的"公法私法化"现象和"私法公法化"现象,同时,也造就了社会法与混合法的形成。❸

有学者认为,"公法通常认为包括宪法、行政法和刑法;……程序法按照其依附的实体法的不同,把刑事诉讼法、行政诉讼法算做公法"❹。但严格来说,宪法是根本法,是衔接和协调公法、私法和社会法等的总法和母法,其不应该被列入到公法范畴之内。属于公法序列的应该是宪法相关法,比如国家赔偿法等。所以,从法律体系的角度来讲,权利可以划分为以下的类型:

第一,根本法(宪法)权利。根本法(宪法)权利,包括民权(普通人权)、政治权利、经济权利、社会权利和文化权利。这些权利,"一方面是强加于国家的种种限制,另一方面则是强加给国家的一种很大的责任,因此,也就是可以从国家要求的一种很大的权力"❺。

民权包括但不限于人格尊严、平等权、宗教信仰自由、人身自由、居住自由、通讯自由与通讯秘密、财产权(财产权也属于经济权利)等;政治权利包括但不限于选举权与被选举权、言论自由、出版自由、结社自由、"集会、游行、示威"自

---

❶ 朱景文、韩大元主编:《中国特色社会主义法律体系研究报告》,中国人民大学出版社 2010 年版,第 10 页。

❷ [德]哈贝马斯:《公共领域的结构转型》,曹卫东等译,学林出版社 1999 年版,第 179 页。

❸ "在我国,关于社会法的界定,有两种不同的观点。社会法可以从两种角度来定义:一是作为一个法律部门,主要是指劳动法和社会保障法,也有学者认为还包括环境法;二是按照公法、私法、社会法的划分,指既非纯粹的公法,也非纯粹私法的部分。两种分类各有其道理。将社会法作为一个法律部门,是为了社会立法的方便,因为明确划定了社会法的三个分支:即劳动法、社会保障法和环境法,就使得社会立法有了一个清楚的立法框架。而按照公法、私法、社会法的角度划分,则是为了学术研究的方便,这样就可以清晰地洞见法律的发展趋势。"见袁曙宏等:《现代公法制度的统一性》,北京大学出版社 2009 年版,第 248 页。"所谓混合法主要包括经济法、劳动和社会保障法、环境资源法。混合法有时又称社会法。"见朱景文、韩大元主编:《中国特色社会主义法律体系研究报告》,中国人民大学出版社 2010 年版,第 13 页。

❹ 朱景文、韩大元主编:《中国特色社会主义法律体系研究报告》,中国人民大学出版社 2010 年版,第 9 页。

❺ [法]米海依尔·戴尔玛斯-马蒂:《世界法的三个挑战》,罗结珍等译,法律出版社 2001 年版,第 39 页。

由等;经济权利包括但不限于经济自由、经济平等、社会保障权、劳动权等;社会权利包括但不限于受教育权、信访权、举报权、妇女权利等;文化权利包括但不限于科研自由、文艺创作自由、参加文化生活权等。

第二,公法权利。"'公法权利'一词,是德国行政法学的基础概念,德文为 subjektive offentliche rechte,……德国通说观点采用狭义说,即公法权利仅指个人在公法上的权利。"❶我们将公法进行细化后认为,公法包括宪法相关法、行政法、刑法、刑事诉讼法、行政诉讼法等,"公法以规范和调整权力/权利关系为核心,首先需要理性设定权力/权利主体,实现公法主体设定和权力(利)义务配置的规范化和制度化"❷。公法赋予了公权力机关行使权力的主体地位,和公权力相对应的则是公法上的权利,是公法权利。

例如,在宪法相关法上,《立法法》规定了公民的法律法规审查要求与建议权。

在行政法上,《国家赔偿法》规定了行政赔偿权。《政府信息公开条例》规定了政府信息公开申请权。《行政许可法》规定了行政许可申请权。

在刑法上,《刑法》第六十八条规定了自首后又有重大立功表现的犯罪分子的减轻或免除处罚权。第七十八条规定了,有重大立功的犯罪分子的减刑权,不一而足。

在刑事诉讼法上,《刑事诉讼法》第二十八条规定了回避权,第三十二条规定了辩护权,第三十七条规定了律师调查取证权,等等。

在行政诉讼法上,《行政诉讼法》规定了不服具体行政行为起诉权。

第三,私法权利。权利对于私法的意义不言而喻,德国学者拉伦茨认为:"权利的概念是私法的基本概念之一,没有这个概念将会引起很多困难。"❸按照一般的理解,私法则包括民商法,以及按照所依附的不同实体法,而有所区分的程序法。比如,一般把民事诉讼法同样看作私法。

我国采取民商合一的立法体例,民法是私法的基础,民法规定了自然人、法人和非法人组织的诸多权利。作为一般的分类,民法上的权利,分为支配权(含物权、人格权、身份权、知识产权),请求权(含物上请求权、债权请求权、人身权请求权),形成权(含抵消权、撤销权、解除权、终止权、追认权等)和抗辩权(含永

---

❶ 鲁鹏宇:《德国公权理论评析》,《法制与社会发展》2010年第5期。
❷ 袁曙宏等:《现代公法制度的统一性》(前言),北京大学出版社2009年版,第5页。
❸ [德]拉伦茨:《德国民法总论》,王晓晔等译,法律出版社2003年版,第276页。

久抗辩权和延缓抗辩权等）。

商法在本质上也是私法，"商法的活动主体主要为私人，作为调整平等私人之间的法律，客观上就要求排除政治国家作为第三者利用行政权力恣意干预和介入；商法本质上属于以权利为本位的法，且在形式上表现为一系列授权性规范。……从最本质层次来说，商法是以权利为本位的法，权利是整个商法的核心。商法体系的许多组成部分都由权利派生出来并受权利的决定和影响，权利在商法体系中起关键性和主导性作用"❶。对于作为程序私法的民事诉讼法而言，《民事诉讼法》第十三条规定了处分权，第三十八条规定了管辖权异议权，第四十五条规定了回避权，等等。

第四，社会法权利。德国的拉德布鲁赫曾说："由于对社会法的追求，私法与公法、民法与行政法、契约与法律之间的僵死划分越来越趋于动摇，这两类法律逐渐不可分地渗透事例，从而产生了一个全新的法律领域，它既不是私法，也不是公法，而是崭新的第三类。"❷在我国，由于建立了社会保障制度，因此，"以社会保障法为典型的社会法的出现，突破了传统公法私法的划分，形成了法律的三元结构"❸。

社会保障权的内容，可以划分为三个不同的层次：其一是生存保障的初始权利；其二是生存保障的延伸权利；其三是生存保障的拓展权利。社会保障权具体可以分为，养老保险权、失业保险权、医疗保险权、工伤保险权、生育保险权、社会救助权、社会福利权、社会优抚权等。

第五，混合法权利。哈贝马斯说："各种社会关系越来越多，它们无法再用私法或者公法加以分门别类。"❹一些法律领域不同程度地混合着公法和私法，"如果说公法指向的是国家权力，而私法指向的是个人权利，那么国家权力与个人权利的纠结和缠绕似乎预示着公法和私法的复杂纠葛。如果说公法指向的是公共利益，而私法指向的是私人利益，那么公共利益与私人利益的冲突和紧张似乎预示着公法与私法的难分难解"❺。

---

❶ 赵万一：《商法基本问题研究》，法律出版社 2002 年版，第 52—54 页。

❷ ［德］拉德布鲁赫：《法学导论》，米健译，中国大百科全书出版社 1997 年版，第 77 页。

❸ 林嘉：《社会保障法的理念、实践与创新》（前言），中国人民大学出版社 2002 年版，第 8 页。

❹ ［德］哈贝马斯：《公共领域的结构转型》，曹卫东等译，学林出版社 1999 年版，第 176 页。

❺ 朱景文、韩大元主编：《中国特色社会主义法律体系研究报告》，中国人民大学出版社 2010 年版，第 14 页。

经济法和环境资源法是混合法的代表。属于经济法范畴的《反垄断法》第四十三条,规定了陈述意见权等。《消费者权益保护法》则分别规定了,安全保障权、知情权、自主选择权、公平交易权、获得赔偿权、受尊重权等等。而作为环境资源法而言,公民环境权是随着可持续发展理念的勃兴和地球环境问题的频发而产生的,具体包括环境资源利用权(理论上含日照权、眺望权、景观权、清洁水权、清洁空气权等),环境状况知情权,环境事务参与权和环境侵害请求权。

四、权利的本质是私权利

对于权利而言,无论是根本法权利、公法权利、私法权利,还是社会法权利,相对于体现和维护公共利益为主的公权力而言,权利其实是以体现和维护个人利益为主,是个人的权利。当然,从对权利的争取、获得的角度和意义而言,权利本身又无疑和公共利益相关联。因为,公共利益具有个体性。这种个体性是表明公共利益和个人利益并不是相互冲突的,公共利益虽然不是个体利益的简单叠加,但其是来自于个体利益。而最终,在公共利益面前牺牲的个体利益,都能够得到合理和及时的补偿。

但从具体权利的角度来说,它却是一个以体现个人利益和意志为主的,带有私人性质的能力和资格。这里的个人,是法律上拟制的个人,也就是法律上的"人"。法律上的人和自然意义上的人(自然人)是不同的,自然人是单个肉体上的人,法律上的人不仅仅是自然人,还包括法人和其他非法人组织。无论是什么"人"的权利,"社会法律生活的无数事实表明,一切权利,不论其采取什么存在形态,处在什么历史条件下,其直接社会内容都是与权力所体现的公共利益相对应的社会个体的利益"❶。

落实到权利本身而言,这种个体利益,是一种权利主体自身可以放弃和转让的资格和利益。无论是根本法权利,还是公法权利抑或其他权利,权利主体都具备可以不主张行使权利的资格和能力。只是就不同种类的权利来说,其相对应的主体负有不同的责任抑或义务。

例如,根本法上和公法上的权利,其对应的是国家和社会组织,负有保障这

❶ 童之伟:《再论法理学的更新》,《法学研究》1999 年第 2 期。

些权利能够实现的职责或义务。形象地说,就是公民的选举权是可以放弃的,但是国家必须从物质基础等各个方面,来保障选举权的实现。刑事诉讼法上的律师调查取证权,司法机关同样具有配合的义务。而私法上的权利,其对应的是相对人的一种履行义务。对于这种权利,权利主体的意思自治属性更是明显。

因此,"作为私人权利的简称,私权既可以指称由私法界定、起于私法的权利——私法权利,也可以指称由公法界定、起于公法的权利——公法界定的私人权利"❶。但是,该学者同时却认为:"公权,既可以视为公共权力(pubic power)的简称,谓国家公权,也可以视为公共权力法制化的术语表达,谓国家公权利(public rights);同时,国家公权利自然也可以表述为国家的公法权利——国家在公法上的权利(rights in public law)。"

应该认为,该学者的观点是值得商榷的。只有权力更准确地说才是公权力,简称为公权。如将公权的概念进行泛化,在不同的场合和语境之中都使用公权这一术语,将不利于公权(力)概念和理念的树立,将混乱公权(力)本身的应有之义和减损其价值。而根据不论是公法权利,还是私法权利都具备的私人性质这一根本特点,将权利归属于私权,是有意义和价值的。当然,私法权利构成了私权的主要内容是毋庸置疑的,以至于有些人一提及私权想到的就是私法权利。

质言之,权利本质上是个人的利益与资格,这种"个人"从根本上是私人性质的,是私人性质的权利。这里所说的私人性质,是针对权利可以放弃的属性而言,是权利主体能够自己决定是否作出行为或意思的表达,是指不由他人进行干涉的一种主体平等和意思自治。"就属性而言,权利一般属于自然人、公民和其他社会主体(如法人、各种社会组织)所有,相对于国家的公权力而言,属于私权利。"❷权利更准确地说是私权利。简称为私权的私权利,相对于公权力而言,具有本质意义上的差别。

而从权利的实现角度来看,权利要上升为法律之权利(法权),既是权利本身的性质体现,也是一种必然。因为"离开了一定的法律关系作为载体,主体的

❶ 李晓明:《私法的制度价值》,法律出版社 2007 年版,第 121 页。
❷ 郭道晖:《社会权力与公民社会》,译林出版社 2009 年版,第 25—26 页。

直接社会权利只能是事实上的权利，而不能成为现实的法律上的权利，因此也就很难得到国家强制力的保障。这就是说，社会主体的直接社会权利要求一经确认为法律，表现为一定的法律关系，那么就成为合法权利，故而权利本身就不再取决于偶然性，而具有必然的性质"❶。

也有学者认为："根据法律分为公法和私法的分类方法，权利主体可分为公权利主体和私权利主体，公权利主体是存在于公法中与公权力主体相对应的，而私权利主体则是存在于私法中的。……公权力主体以公权利主体为管理对象，存在公权力主体，就必然存在相应的公权利主体。……比如，法院作为司法权主体而存在，相应地就必然有享有诉权的公民作为公权利主体而存在。"❷应该认为，虽然公法之中也存在权利主体是正确的，但仅仅因为权利的主体存在于公法之中，就相应地称其为公权利，未免有失偏颇。即使是公法中存在权利主体，也不能简单地就称其为公权利。因为公法之中的"公"，代表的是公共利益，是公权力的维护对象，而诸如民事诉权和行政诉权之类的公法权利，在本质上仍然是个人性质的权利，其存在着公共利益的属性，但其主要是用来作为对私人利益的代表和主张。

还有学者主张诸如环境权之类的权利，是和公共利益紧密联系的，例如有学者认为："环境权的主体包括当代人和后代人。因为地球并不是祖先留给我们的，它属于我们的后代，环境权应由当代人和后代人共同享有。它既是一项个人权利又是一项集体权利。环境权的对象是人类整体环境。……使得环境权兼有个人权、集体权、国家权、人类权、代际权的性质。"❸应该说，作为集体权利和以维护人类整体环境为目的的环境权，确实是和公共利益相联系的。

但是，该权利和公共利益有联系，并不意味它就是从纯粹地维护公共利益的角度出发来行使权利。行使权利之人一般是以单独的个体利益作为出发点，而并非像权力那样是以公共利益作为出发点。提出环境权维权之请求的人，终究是因为个人的环境权益受到了损害。只不过由于环境损害具有外部性，环境维权之背后所主张的私益和公益之间，就不具有那么明显和绝对的界限了。如果

---

❶ 公丕祥：《法制现代化的理论逻辑》，中国政法大学出版社1999年版，第271页。

❷ 袁曙宏等：《现代公法制度的统一性》，北京大学出版社2009年版，第103—104页。

❸ 吕忠梅：《沟通与协调之途——论公民环境权的民法保护》，中国人民大学出版社2005年版，第41—43页。

首先不是个人的环境权益受到侵害,那么也难以有人会提出环境诉权。

比如,一个美国人是终究不会到南美洲的热带雨林国家,以该地原始森林被砍伐致使该地区的环境生态受到破坏而提出起诉的。以及巴西人也不会由于墨西哥湾受到原油污染,而到美国去起诉英国公司原油泄漏,并要求赔偿的。即使是以后代人的名义提出公益诉讼,也首先是要本人权益受到损害这一条件得到满足,其无法摆脱以维护自身的私益作为权利行使的前提条件。

换言之,公法权利不是一个强制性和必定性的权利,其是一个与私人利益相关,由私人自由处分的一种权利,是私权。不过值得提及的是,作为公权主体的国家机关和社会组织,其不仅仅是公权力的主体,也是私权利的主体。这种情况"仅仅指为履行公共职能代表本机关从事必不可少的民事活动,主要表现为购买商品和劳务。在这种情况下,国家机关相对于整个国家处于个体地位,其行为也不是直接执行公共职能,法律上处在已确认的各种权利主体完全平等的地位。国家机关兼做权利主体,一般只是为实现其作为权力主体角色功能而进行短暂的、过渡性的角色转换的表现。但从性质上说,这短暂的、过渡性的期间,实际上是公共机关向社会个体地位的一次局部回归,在这一过程中,它处在了与社会其他个体等同的地位"❶。

国家机关在代表国家对外行使权利时,其对于有些权利是可以放弃的,比如对某些国家外债的免除。但对于权力性的行为和责任,国家机关则是没有资格不作为的,否则就是失职或渎职。而对于具有公共职能的社会组织而言,其行使权利的原理也是一样的。

---

❶ 童之伟主编:《宪法学》,清华大学出版社 2008 年版,第 118 页。

第二章　公权力与私权利短暂平衡的历史考察

第一节　新中国国家政权的建构

一、新民主主义共和国的建立

1949 年中华人民共和国成立，中国共产党赢得了国家政权。党通过政治革命的方式创设了一种前所未有的政治形态——新民主主义国家。关于新民主主义国家政权的建构，毛泽东贡献了富有创造力和实践力的思想。继《实践论》和《矛盾论》两部重要的哲学著作之后，他先后发表了《〈共产党人〉发刊词》、《中国革命和中国共产党》、《新民主主义论》、《经济问题与财政问题》、《论联合政府》等著作，系统性地建构了关于新民主主义社会的理论，同时也标志着马克思主义中国化的第一个理论成果——毛泽东思想的形成。

用西方著名的研究毛泽东和毛泽东思想的代表学者斯图尔特·R.施拉姆的话说，就是"毛泽东的思想发展的一个重要内容，便是他致力于把马克思主义或马克思列宁主义运用到落后的农业国家的社会和经济的现实中，运用到中国的历史遗产中"[1]。

1940 年 1 月，中国还处于抗日战争的相持阶段时，毛泽东就创造性地和历史性地提出了"新民主主义"的科学观点和理论。他对当时中国的国情进行了分析："我们已经知道中国现时的社会，是一个殖民地、半殖民地、半封建性质的社会。只有认清中国社会的性质，才能认清中国革命的对象、中国革命的任务、中国革命的动力、中国革命的性质、中国革命的前途和转变。所以，认清中国社

---

[1]　［美］斯图尔特·R.施拉姆：《毛泽东的思想》，田松年、杨德等译，中国人民大学出版社 2005 年版，第 105 页。

会的性质,就是说,认清中国的国情,乃是认清一切革命问题的基本的根据。"❶

毛泽东认为:"现在的中国,在日本占领区,是殖民地社会;在国民党统治区,基本上也还是一个半殖民地社会;而不论在日本占领区和国民党统治区,都是封建半封建制度占优势的社会。这就是现时中国社会的性质,这就是现时中国社会的国情。"❷所以,对于中国政治革命的过程来说,就必须考虑到国情和现时的各方面因素。之后毛泽东看清了革命的最终路径,即"中国革命的历史进程,必须分为两步,其第一步是民主主义的革命,其第二步是社会主义的革命,这是性质不同的两个革命过程。而所谓民主主义,现在已不是旧范畴的民主主义,已不是旧民主主义,而是新范畴的民主主义,而是新民主主义"❸。

而在社会主义革命之前,还存在一个新民主主义革命,意即中国革命的第一阶段,"决不是也不能建立中国资产阶级专政的资本主义的社会,而是要建立以中国无产阶级为首领的中国各个革命阶级联合专政的新民主主义社会,以完结其第一阶段。然后,再使之发展到第二阶段,以建立中国社会主义的社会"❹。

这个"中国社会主义的社会"之前的社会,被称之为"新民主主义社会"。新民主主义社会的政治制度是"毫无疑义,我们这个新民主主义制度是在无产阶级的领导之下,在共产党的领导之下建立起来的,但是中国在整个新民主主义制度期间,不可能、因此就不应该是一个阶级专政和一党独占政府机构的制度"❺。

也就是说,对于中国共产党以外的任何政党、团体或个人,只要他们对共产党采取合作态度,他们就能够和中国的无产阶级、农民、小知识分子和其他小资产阶级一样,成为已经觉悟或者正在觉悟起来的决定国家命运的基本势力,必然要成为未来"中华民主共和国的国家构成和政权构成的基本部分,而无产阶级则是领导的力量。现在所要建立的中华民主共和国,只能是在无产阶级领导下

---

❶ 毛泽东:《中国革命和中国共产党》(一九三九年十二月),《毛泽东选集》第二卷,人民出版社 1991 年版,第 633 页。

❷ 毛泽东:《新民主主义论》(一九四〇年一月),《毛泽东选集》第二卷,人民出版社 1991 年版,第 664—665 页。

❸ 毛泽东:《新民主主义论》(一九四〇年一月),《毛泽东选集》第二卷,人民出版社 1991 年版,第 665 页。

❹ 毛泽东:《新民主主义论》(一九四〇年一月),《毛泽东选集》第二卷,人民出版社 1991 年版,第 672 页。

❺ 毛泽东:《论联合政府》(一九四五年四月二十四日),《毛泽东选集》第三卷,人民出版社 1991 年版,第 1062 页。

的一切反帝反封建的人们联合专政的民主共和国,这就是新民主主义的共和国,也就是真正革命的三大政策的新三民主义共和国"❶。

而新民主主义之所以称之为"新",是因为这个"新民主主义共和国"或者"新三民主义共和国"在政治上具有三个基本特征:

第一,建立的人民民主政权是由工人阶级、农民阶级、小资产阶级、民族资产阶级以及其他民主爱国分子组成的,也就是一个人民民主的统一战线政权。"新中国成立后的人民民主统一战线是由新民主主义革命的统一战线发展而来的。民族资产阶级,小资产阶级和代表它们的八个民主党派参加了人民民主政权,人民政协成为统一战线的组织形式。"❷但是这个统一战线政权是以工农联盟为基础的,以无产阶级为领导的,这是新民主主义国家不同于资本主义国家的首要特征。

第二,在经济上,既有社会主义性质的国营经济,私人资本主义经济,农民小生产的个体形式经济,也有半社会主义性质的合作社经济和国家资本主义经济。所以,可以说这个新生政权既完全不同于西方的资产阶级共和国,也不同于同时期的苏维埃社会主义共和国联盟,它确立了以中国共产党和工人阶级在政治上的领导地位,同时也建立了社会经济中的领导力量经济即国营经济。

第三,这个国家是反帝反封建的人民民主专政国家,而不是反对资本主义的社会主义国家,这是它和社会主义国家相区别的一个重要特征。1949 年 6 月 30 日,毛泽东在纪念中国共产党成立 28 周年时说:

> 人民是什么? 在中国,在现阶段,是工人阶级,农民阶级,城市小资产阶级和民族资产阶级。这些阶级在工人阶级和共产党的领导之下,团结起来,组成自己的国家,选举自己的政府,向着帝国主义的走狗即地主阶级和官僚资产阶级以及代表这些阶级的国民党反动派及其帮凶们实行专政,实行独裁,压迫这些人,只许他们规规矩矩,不许他们乱说乱动。如要乱说乱动,立即取缔,予以制裁。对于人民内部,则实行民主制度,人民有言论集会结社等项的自由权。选举权,只给人民,不给

---

❶ 毛泽东:《新民主主义论》(一九四〇年一月),《毛泽东选集》第二卷,人民出版社 1991 年版,第 675 页。

❷ 朱贵玉、赵东立主编:《毛泽东著作研究文集》,中国经济出版社 1991 年版,第 174 页。

反动派。这两方面,对人民内部的民主方面和对反动派的专政方面,互相结合起来,就是人民民主专政。❶

而"这个国家的目的和任务,是建设新民主主义的新中国,而不是建设社会主义的新中国"❷。但是它最终的目的,是走向社会主义。

二、国家政权的确立:公权力的新起

"工人阶级领导的人民共和国的国家政权,在人民民主革命胜利以后,不是可以削弱,而是必须强化。……谁要是忽视或轻视了这一点,谁就将要犯绝大的错误。"❸从 1949 年春中共七届二中全会,到中华人民共和国成立前后,党集中精力和力量设计了国家的政治体制,建立了一个新民主主义的国家政权。1949 年 9 月 29 日中国人民政治协商会议通过了具有临时宪法性质的《中国人民政治协商会议共同纲领》(以下简称《共同纲领》)❹,《共同纲领》❺规定:

第一,关于国体和政体,《共同纲领》第一条规定:"中华人民共和国为新民主主义即人民民主主义的国家,实行工人阶级领导的,以工农联盟为基础的、团结各民主阶级和国内各民族的人民民主专政……";第十二条规定:"人民行使国家政权的机关为各级人民代表大会和各级人民政府";第十五条规定:"各级政权机关一律实行民主集中制"。

第二,关于人民的民主自由权利,《共同纲领》第四条规定:"中华人民共和国人民依法有选举权和被选举权";第五条规定:"中华人民共和国人民有思想、言论、出版、集会、结社、通讯、人身、居住、迁徙、宗教信仰及示威游行的

❶ 毛泽东:《论人民民主专政——纪念中国共产党二十八周年》(一九四九年六月三十日),《毛泽东选集》第四卷,人民出版社 1991 年版,第 1475 页。

❷ 孙代尧、薛汉伟:《与时俱进的科学社会主义》,安徽人民出版社 2004 年版,第 343 页。

❸ 毛泽东:《在中国共产党第七届中央委员会第二次全体会议上的报告》(一九四九年三月五日),《毛泽东选集》第四卷,人民出版社 1991 年版,第 1433 页。

❹ 这个时候的中国人民政治协商会议具有西方国家"制宪会议"的特点,虽然在根本性质上和制宪会议有着区别,但是它起着最高国家权力机关的作用。会上通过的《中国人民政治协商会议共同纲领》实际上就是新中国的临时宪法,是根本大法。

❺ 《中国人民政治协商会议共同纲领》(一九四九年九月二十九日中国人民政治协商会议第一届全体会议通过),中共中央文献研究室编:《建国以来重要文献选编》(第一册),中央文献出版社 1992 年版,第 2—7 页。

自由权"。

第三,关于经济建设,《共同纲领》第二十六条规定:"经济建设的根本方针,是以公私兼顾、劳资两利、城乡互助、内外交流的政策,达到发展生产、繁荣经济之目的。……使各种社会经济成分在国营经济领导之下,分工合作,各得其所,以促进整个社会经济的发展。"等等。

在具体的建制上,新中国设立了最高政权机关即中央人民政府,"1949年新中国成立时建立的中央人民政府是国家的最高政权机关。因为当时的中央人民政府包括'中央人民政府委员会'和'中国人民革命军事委员会'、'中央人民政府政务院'、'中华人民共和国最高人民法院'和'中华人民共和国最高人民检察署'等'一会''四机关'"❶。最高军事领导机关即中国共产党中央军事委员会,以及后来成为统一战线组织的中国人民政治协商会议全国委员会,而中国共产党中央委员会是全国各族人民的领导核心。中央人民政府下设了政治法律委员会、财政经济委员会、外交部、财政部、中国科学院、海关总署等43个国家机关部委。与国家领导体制相匹配,党在中央委员会下面建立了中央组织部、中央宣传部、中共中央办公厅、中央马列学院、中央对外联络部、中央编译局等19个中央机关各部委。这个时候,中央一级的国家政权机构基本建设起来了。

而后,就要使国家政权能够有效地从中央延伸到地方,并形成比较完整、有效的国家政权体系。地方政权机构其实在中国共产党早期进行革命时,就已经在各地逐步建立,比如陕甘宁边区政府等,这些地方政权机构的建立实际上是沿着毛泽东"农村包围城市"的武装革命思想进行构建的。而后在解放战争期间由共产党所建立起来的解放区,也实际上就是带有政权性质的区域。"在这样形势下,各级地方人民政权的建立就在一种边解放、边建立的过程中展开,自然带有比较强的军事管制痕迹。"❷

军事管制和国家政权刚建立时所遭遇的复杂政治形势,有着比较密切的关系。因为新中国成立初期,失去政权的国民党反动派以及"这些反动阶级中的重要反动分子们,决不会甘心失去他们过去的特权,一定要进行阴谋破坏的。最

---

❶ 张希贤、凌海金编著:《中国走过60年》,中共中央党校出版社2009年版,第11页。

❷ 林尚立:《当代中国政治形态研究》,天津人民出版社2000年版,第111页。

近杨杰将军的遇害,便是一个例证。人民的军队和警察将加强工作以防止他们的阴谋破坏"❶。而且,人民的军队和以往的旧军阀和国民党军队有着本质不同,"人民解放军……的特点是不仅勇敢机智善于作战,而且能正确地执行政策,并帮助人民劳动。政治工作制度是它的灵魂。这种军事制度,不仅不同于封建军阀,也不同于资产阶级的军事制度"❷。

于是顺应国家领导体制,在地方领导体制建构方面,党在全国设立了 6 个大区建制,领导体制为各大区中央局、大区人民政府(或行政委员会)、大区军政委员会、大区军区。"这些大区政府实际上是与五大军区以及中共中央地方局相对应而成立的,实行党政军一体。"❸而其他各大区基本情况也是差不多,中央局、大区人民政府(或行政委员会)、大区军政委员会、大区军区的主要负责人基本为三人,唯一例外的就是华东局负责人是四人,分别是饶漱石、陈毅、谭震林和张鼎丞。

关于新中国成立初期大区的党政军体制,周恩来 1949 年 12 月 9 日在政务会议讨论《关于各大行政区组织通则》时解释说:"中国是个大国,地大人多,经济发展又不平衡。"因此设大区,作为一种过渡性的体制,"在统一政策下因地制宜,在因地制宜的发展中求统一",大区制在新社会里决不会成为旧社会时的"诸侯国"。❹ 而后,党在各大区中央局、大区人民政府(或行政委员会)、大区军政委员会、大区军区下面,设置了中国共产党省委、省人民政府和省军区体制。"据统计,新中国成立第一年,已建立 1 个大行政区人民政府(东北),4 个大行政区军政委员会(华东、中南、西北、西南。大区起初为一级地方行政机关,1952 年11 月改为中央派出机关,并更名为行政委员会),28 个省人民政府,1 个自治区人民政府(内蒙古),8 个行政公署,1 个地区公署,12 个中央和大行政区直属的市人民政府,67 个省辖市人民政府及 2087 个县人民政府、几十万个乡人民政府。"❺

---

❶ 周恩来:《人民政协共同纲领草案的特点》(一九四九年九月二十二日),中共中央文献研究室编:《建国以来重要文献选编》(第一册),中央文献出版社 1992 年版,第 17 页。
❷ 周恩来:《人民政协共同纲领草案的特点》(一九四九年九月二十二日),中共中央文献研究室编:《建国以来重要文献选编》(第一册),中央文献出版社 1992 年版,第 18 页。
❸ 林尚立:《当代中国政治形态研究》,天津人民出版社 2000 年版,第 112 页。
❹ 参见张希贤、凌海金编著:《中国走过 60 年》,中共中央党校出版社 2009 年版,第 9 页。
❺ 何沁主编:《中华人民共和国史》,高等教育出版社 1997 年版,第 27 页。

在 1954 年七届四中全会后,中国共产党对政治体制进行了一次较大的调整,这种调整是基于两个方面的原因,一方面是对"高饶反党事件"的处理。中共七届四中全会于 1954 年 2 月 6 日至 10 日召开,"会议揭露和批判了高岗和饶漱石反党分裂活动;一致通过毛泽东建议起草的《关于增强党的团结的决议》,强调'党的团结是党的生命',党的团结、工人阶级的团结、劳动人民的团结是革命胜利的基本保证"❶。由于"高饶反党事件"的发生,使得 1954 年 4 月 27 日的中央政治局扩大会议决定撤销大区一级的党政机构,各大区中央局、大区人民政府(或行政委员会)、军政委员会被撤销,而各大区军区却被保留,后来逐渐发展到八大军区、十大军区,直到后来的七大军区。

另一方面,是第一次全国人民代表大会的召开。1954 年第一次全国人民代表大会召开之后,国家的最高权力机关就由宪法确定为中华人民共和国全国人民代表大会及其常务委员会,国务院(中央人民政府)确定为国家最高行政机关,这和 1949 年新中国成立时的中央人民政府有着很大的区别。在地方政治体制上,由中共中央、国务院直接领导省委、省政府,而不再有一个横亘中间的各大区局和区行政委员会。与撤销"大区制"相呼应,国家也对一些省份进行了一定的撤销、合并,使得省的力量得到加强。随后民族自治区域也逐渐建立起来。

至此,新中国政权体系轰轰烈烈地建立起来了,这为国家公权力的确立奠定了基础。

三、制宪:公权力的最终确立

一般来说,某个个人通过行使赤裸裸的暴力或者施展能力,就可以同其他人建立某种命令以及服从的关系,但是,在复杂的社会协作中,"个人意志甚至需要一种超越它们的权威,因为胜利包含着对许许多多个体行动的非常精巧的平衡,就连命令也必须带着权力发布"❷。也就是说,这种命令必须具备一种超越于单纯暴力与个人能力的权力,才能够获得稳定和有效的存在。尤其是对于公权力来说,其存在和行使需要更加严密的组织,在结构上需要更加明确划分管理

---

❶ 朱建华、郭彬蔚主编:《中华人民共和国史辞典》,吉林文史出版社 1989 年版,第 41 页。
❷ [美]E.A.罗斯:《社会控制》,秦志勇、毛永政译,华夏出版社 1989 年版,第 39 页。

者和被管理者。这一点,和英国社会历史学家迈克尔·曼所说的弥散性权力❶不同。

> 国家权力是一种特殊的社会权力,它的规范基础是一种特殊的社会规范——法律。与其他社会规范不同,法律规范是具有国家意志性、国家强制性的社会规范,由国家制定、认可和保证执行。它是一个国家中独一无二的意义重大的和不可违抗的调节器。通过制定和实施法律,国家才可能组织起来,去执行各种社会公共职能和政治统治的职能,并使国家权力稳定的存续下去。正如马克思主义经典作家所指出的那样,国家权力与法是密不可分地联系在一起的,它们是由于同样的原因,同时发生、同时发展和完成的。❷

林尚立也表达了相似的观点:"社会主义革命的逻辑以及中国社会经济发展的实际水平,决定了这种经济制度和经济体制,不可能是自然生成的,而是通过政权的力量来确立的,所以,这种经济制度和经济体制,不论是建立,还是巩固和运行,都在很大程度上有赖于政治权力的推动和支持。这种政治权力,形式上体现为国家政治权力自身,即政府依法形成的权力……"❸

"政府依法形成的权力"也说明了新中国的公权力的确立和表达,是通过法制的轨道进行的,同时,也是以对国民党统治时期所实行的《六法全书》之废除为起点的。中国共产党早在 1949 年 2 月 22 日,就颁布了《中共中央关于废除国民党〈六法全书〉和确定解放区司法原则的指示》。该《指示》明确指出:

> 二,……国民党全部法律只能是保护地主和买办官僚资产阶级反
> 动统治的工具,是镇压和束缚广大人民群众的武器。……因此,《六法

---

❶ 迈克尔·曼将权力区分为"权威性(authoritative)权力和弥散性(diffused)权力,权威性权力实际上是由集团或制度以意志力造成的。它是由明确的命令和有意识的服从组成的。而弥散性权力则是以一种更加本能的、无意识的、分散的方式分布于整个人口之中,导致体现权力关系但却未得到明确控制的相似的社会实践。"见[英]迈克尔·曼:《社会权力的来源》(第一卷),刘北成、李少军译,上海人民出版社 2002 年版,第 10—11 页。
❷ 王莉君:《权力和权利的思辨》,中国法制出版社 2005 年版,第 71 页。
❸ 林尚立:《当代中国政治形态研究》,天津人民出版社 2000 年版,第 316 页。

全书》绝不能是蒋管区和解放区均能适用的法律。……五,在无产阶级领导的、以工农联盟为主体的、人民民主专政的政权下,国民党的《六法全书》应该废除,人民的司法工作不能再以国民党的《六法全书》作依据,而应该以人民的新的法律作依据。……才能使我们的司法工作真正成为人民民主政权工作的有机构成部分。❶

1949 年 6 月 15 日至 19 日,中国共产党和各民主党派、各人民团体、各界民主人士、国内少数民族、海外华侨等 23 个单位的代表共计 134 人,参加了在北平召开的新政治协商会议筹备会第一次会议。毛泽东在会议讲话中指出:

> 这个筹备会的任务,就是:完成各项必要的准备工作,迅速召开新的政治协商会议,成立民主联合政府,以便领导全国人民,以最快的速度肃清国民党反动派的残余力量,统一全中国,有系统地和有步骤地在全国范围内进行政治的、经济的、文化的和国防的建设工作。……中国共产党、各民主党派、各人民团体、各界民主人士、国内少数民族和海外华侨都认为:必须打倒帝国主义、封建主义、官僚资本主义和国民党反动派的统治,必须召集一个包含各民主党派、各人民团体、各界民主人士、国内少数民族和海外华侨的代表人物的政治协商会议,宣告中华人民共和国的成立,并选举代表这个共和国的民主联合政府……这是一个共同的政治基础。这是中国共产党、各民主党派、各人民团体、各界民主人士、国内少数民族和海外华侨团结奋斗的共同的政治基础,这也是全国人民团结奋斗的共同的政治基础。……全中国人民是如此热烈地盼望我们召开会议和成立政府。……中国民主联合政府一经成立,它的工作重点将是:(一)肃清反动派的残余,镇压反动派的捣乱;(二)尽一切可能用极大力量从事人民经济事业的恢复和发展,同时恢复和发展人民的文化教育事业。❷

❶ 《中共中央关于废除国民党〈六法全书〉和确定解放区司法原则的通知》,王英培编:《中国宪法文献通编》(修订版),中国民主法制出版社 2007 年版,第 279—281 页。
❷ 毛泽东:《在新政治协商会议筹备会上的讲话》(一九四九年六月十五日),《毛泽东选集》第四卷,人民出版社 1991 年版,第 1463—1466 页。

在这里,毛泽东已经明确地指出,要经过一个政治协商会议来选举成立一个民主联合政府,然后再由这个民主联合政府行使公权力,完成相关的工作重点。该筹备会正式决定新政协的名称为"中国人民政治协商会议"。会议通过了《中国人民政治协商会议组织法(草案)》、《中华人民共和国中央人民政府组织法(草案)》、《中国人民政治协商会议共同纲领(草案)》。

9月21日,中国人民政治协商会议第一届全体会议在北平正式开幕,9月29日,大会一致通过了《中国人民政治协商会议共同纲领》。《共同纲领》共7章,60条。它是新中国的临时根本大法,规定了国家的国体和政体,赋予了人民一定的权利并也规定了相应的义务,它起着宪法的作用。在1950年6月14日召开的中国人民政治协商会议第一届全国委员会第二次会议上,毛泽东致开幕词,他指出:

> 我们有伟大而正确的《共同纲领》以为检查工作、讨论问题的准则。《共同纲领》必须充分地付之实行,这是我们国家现时的根本大法。❶

《共同纲领》的颁布,和由于国家政权的建立而带来的国家公权力的实施,使得国家的革命和建设事业取得了飞速的发展,极大地巩固了新中国政权的基础。主要表现在:

第一,土地改革在全国绝大部分地区完成,封建剥削制度被基本消灭;

第二,抗美援朝已经取得了决定性的胜利,打击了帝国主义的嚣张气焰,为新中国赢得了国际生存空间;

第三,通过镇压反革命和"三反"、"五反"运动,加强了国内的政权建设;

第四,普选工作已经在全国范围内逐渐展开,很多地方已经通过选举产生了地方各级人民代表大会,从而实现了基层政权的民主化;

第五,战争一度使得国民经济遭受严重破坏,但是根据过渡时期的总路线,以及对农业、手工业和资本主义工商业的社会主义改造,使得国家进入了有计划的经济建设时期。

---

❶ 毛泽东:《在全国政协一届二次会议上的讲话》(一九五〇年六月十四日、二十三日),《毛泽东文集》第六卷,中共中央文献研究室编,人民出版社1999年版,第77页。

《中国人民政治协商会议共同纲领》是马列主义国家观和法律观，与中国争取民主政治伟大斗争的实际相结合的产物。它体现了新民主主义和人民民主专政的历史性要求，是中国近半个世纪以来宪政运动的历史经验的科学总结和最伟大的成就。它是在中国共产党领导下，全国各民主党派、各人民团体和各族、各界人民代表共同制定的新中国成立纲领；是在中国共产党新民主主义的全部最低纲领的统领下，充分体现了各民主党派长期奋斗的目标，和全国各族人民的共同愿望。……由于《共同纲领》照顾到了工农阶级与小资产阶级、民族资产阶级的政治、经济利益，因此得到了绝大多数人民的衷心拥护，成为各革命阶级、阶层团结奋斗的政治基础，和全国人民共同遵守的宪政纲领。❶

但随着政治和经济的发展，《共同纲领》中的许多规定，已经不能适应国家继续向前发展的需要。比如，它没有明确地提出社会主义奋斗目标，没有确认"不劳动者不得食"的分配原则。之所以没有这么规定，主要是因为"现在暂时不写出来，不是否定它，而是更加慎重地对待它"❷。而一部能够反映国家状况，并能促进国家发展的新的共同纲领——宪法则呼之欲出。

1953 年 1 月 13 日，中央人民政府委员会举行第二十次会议，毛泽东在会上讲：

三年来，大陆上的军事行动已经结束了，土地改革已经基本完成了，各界人民已经组织起来了，办全国选举工作的条件已经成熟。……全国政治协商会议还要不要再搞一届，然后召开全国人大？……与其明年办，就不如今年办。如果过两年再开一次政治协商会议后召开全国人大也不好办，不如索性就开全国人民代表大会。所以，根据这些条件和考虑，还是抓紧召开全国人民代表大会比较好。❸

---

❶ 张晋藩:《中国宪法史》,吉林人民出版社 2004 年版,第 323 页。

❷ 《中华人民共和国宪法资料选编》第一分册,北京政法学院国家法教研室 1981 年编印,第 69 页。

❸ 毛泽东:《关于召开全国人民代表大会的几点说明》(一九五三年一月十三日),《毛泽东文集》第六卷,中共中央文献研究室编,人民出版社 1999 年版,第 257—258 页。

周恩来也指出："及时地召开全国人民代表大会和地方各级人民代表大会，不仅必要，而且也有充分的条件。既然要召开全国人民代表大会，选举政府，共同纲领就不能再作为国家的根本法律了。当初共同纲领所以成为临时宪法，是因为政治协商会议全体会议执行了全国人民代表大会职权。那么，现在不执行这个职权了，这个职权还之于全国人民代表大会，全国人民代表大会就应该有自己的法律——宪法。"❶会议决定成立以毛泽东为主席的中华人民共和国宪法起草委员会，和以周恩来为主席的中华人民共和国选举法起草委员会。

1月15日，毛泽东亲自拟定《宪法起草工作计划》，并转发给刘少奇和中央其他同志。《工作计划》详列了将草案进行复审和在全国进行讨论等计划和事宜，并提出，为便于讨论，要参考社会主义国家宪法和旧中国天坛宪法草案、曹锟宪法草案、蒋介石宪法和法国1946年宪法。❷1954年3月23日，宪法起草委员会举行第一次会议。毛泽东代表中共中央向会议提出宪法草案初稿，宪法起草委员会完全接受中共中央提出的草案初稿，并将草案分发至政协全国委员会、各大行政区、各省市、各民主党派、各人民团体等进行讨论。"从3月25日至5月底，全国政协500多人进行了40天的讨论，提出意见和疑问3900条。各大行政区，各省、市、自治区和省辖市，中国人民革命军事委员会、中国人民解放军、中国人民志愿军等单位，组织了8000多人讨论宪法初稿，提出5900余条修改意见。6月11日，在宪法起草委员会召开的第七次会议上，一致通过了宪法草案。"❸

毛泽东说："每一段本身都有许多修改……前后算起来，恐怕有一二十个稿子。大家尽了很多力量，全国有八千多人讨论，提出了五千几百条意见，采纳了百儿八十条，最后到今天还依靠在座各位讨论修改。"❹6月14日，中央人民政府委员会第三十次会议一致通过了宪法草案，并决定将其向全国人民公布和交付讨论。在会上，毛泽东阐述了宪法起草和讨论的过程，他说：

> 这个宪法草案，看样子是得人心的。……今天很多人讲了话，也都

---

❶ 周恩来：《全国人民代表大会应该有自己的法律——宪法》，《党的文献》1997年第1期。
❷ 参见毛泽东：《宪法起草工作计划》（一九五四年一月十五日），《毛泽东文集》第六卷，中共中央文献研究室编，人民出版社1999年版，第320—321页。
❸ 张晋藩：《中国宪法史》，吉林人民出版社2004年版，第326—327页。
❹ 《宪法起草委员会第七次会议讨论通过宪法草案记录》，《党的文献》1997年第1期。

是这样讲的。这个宪法草案,结合了少数领导者的意见和八千多人的意见,公布以后,还要由全国人民讨论,使中央的意见和全国人民的意见相结合。……一切重要的立法都要采用这个方法。……这个宪法草案所以得到大家拥护,大家所以说它好,就是因为有这两条:一条是正确地恰当地总结了经验,一条是正确地恰当地结合了原则性和灵活性。……通过以后,全国人民每一个人都要实行,特别是国家机关工作人员要带头实行,首先在座的各位要实行。不实行就是违反宪法。……一个团体要有一个章程,一个国家也要有一个章程,宪法就是一个总章程,是根本大法。用宪法这样一个根本大法的形式,把人民民主和社会主义原则固定下来,使全国人民有一条清楚的轨道,使全国人民感到有一条清楚的明确的和正确的道路可走,就可以提高全国人民的积极性。❶

6月16日,《人民日报》公布了宪法草案,并发表了社论,随后全国人民讨论宪法草案的大热潮掀起。前后三个多月的时间里,约1.5亿人参加讨论,提出了1180420条修改、补充意见和建议,为最后通过宪法打下了扎实的基础。

1954年9月15日至28日,第一届全国人民代表大会第一次会议,在北京中南海怀仁堂召开。毛泽东认为:"这次会议所制定的宪法将大大地促进我国的社会主义事业。"❷在会上,刘少奇作了《关于中华人民共和国宪法草案的报告》,《报告》开宗明义地说:"我国的第一届全国人民代表大会第一次会议的首要任务,就是制定我国的宪法。现在提交大会的宪法草案,是经过了郑重的起草工作而完成的。"❸20日下午,会议以全票通过了对宪法草案的表决。

新中国成立初期,在中国共产党的领导之下相继颁布和通过了《共同纲领》和五四《宪法》。透视这一过程,可以看出国家公权力的确立和法律的颁行之间,有着直接的逻辑关系。因为,任何国家都离不开宪法和法律对公权力的赋予

---

❶ 毛泽东:《关于中华人民共和国宪法草案》(一九五四年六月十四日),《毛泽东文集》第六卷,中共中央文献研究室编,人民出版社1999年版,第324—328页。
❷ 毛泽东:《为建设一个伟大的社会主义国家而奋斗》(一九五四年九月十五日),《毛泽东文集》第六卷,中共中央文献研究室编,人民出版社1999年版,第350页。
❸ 刘少奇:《关于中华人民共和国宪法草案的报告》(一九五四年九月十五日),《刘少奇选集》下卷,人民出版社1985年版,第132页。

和规范。新中国成立前后,国家公权力的彻底建立和对国民党统治权力的摧毁,其表现形式集中在社会主义宪法法律的颁行。社会主义性质的五四《宪法》由序言和总纲,国家机构,公民的基本权利和义务,国旗、国徽、首都等四章组成,规定了国体、政体、国家结构、经济制度、权力机构等等。

"通过对旧社会黑暗的揭露和对旧社会的改造,中共拥有了旧社会反面合法性资源。这种资源包括两个方面的内容。即纵向的近代以来晚清政府和国民党政府的反动统治,以及横向的资本主义国家尤其是帝国主义国家的侵略。旧社会反面合法性表现得越充分,人民群众反对它的心理越强烈,对新生政权的拥护就越积极,从而对中共执政合法性资源的积极作用就越明显。"❶但是,新中国政权绝不是封建王朝政权,不能仅仅是依靠武力或暴力获得了"天下"的统治,就可以一劳永逸地获得执政的合法性和权威性,而即便是封建王朝政权,它也要通过所谓的"君权神授"意识形态,来缔造建立自己统治的神话和权威。而对于人民共和国这样一个民主的主权国家而言,须依靠选举和制定宪法,这个世界上民主国家通行的根本大法形式,来解决和奠定自身永久合法性的基础,并以宪法的形式来赋予相关国家机构行使国家公权力的合法性和权威性。

其实,在新中国第一部正式宪法制定的过程中,曾有这样一段并不为众人所知的历史:"斯大林曾经三次建议新中国要制定一部新宪法:第一次是在 1949 年 6 月至 8 月,斯大林在与秘密来访的刘少奇的会谈中,建议中国现在可用《中国人民政治协商会议共同纲领》,但应准备制定一部正式的宪法。第二次建议是在 1950 年初毛泽东第一次访问苏联时,斯大林建议召开全国人民代表大会和制定宪法。第三次建议是在 1952 年 10 月,刘少奇率领中共代表团到苏联出席苏共十九大。受毛泽东委托,他给斯大林写了一封信,其中谈到了中共中央召开全国人民代表大会和制定宪法的设想。斯大林建议,可在 1954 年进行选举和通过宪法。对斯大林提出的建议,刘少奇及时向毛泽东和党中央汇报,刘少奇在给毛泽东和中央的信中说,斯大林的建议主要有三点:一是建议中共通过选举和制定宪法解决自身合法性问题;二是所谓泄密问题,斯大林认为,中国现在是各党派

---

❶　段凡、党江舟:《论中国共产党执政合法性资源再生产——以科学发展观下的社会主义法治理念为视角》,《河南大学学报(社会科学版)》2009 年第 6 期。

的联合政府。他担心有些重要机密情况外国政府知道;三是通过选举向一党政府转换。"❶

中共中央认真考虑了斯大林提出的建议。随后进行的选举和制宪行为,和斯大林的建议是基本吻合的。不能说斯大林就是中国第一部宪法出台的幕后作俑和推动者,不过可以认为,虽然中国宪法制定的决定性因素和根本条件,是基本国情的改变(即大陆上的军事行动已经结束,土地改革已经基本完成,各界人民已经组织起来),但是,政治因素的考量的确是制宪的现时条件。

第二节　私权利的短暂尊重与保护

一、新中国成立初期私权利短暂尊重与保护的历史背景

早在 1939 年 12 月,毛泽东就已经对中国的社会进行了细致、缜密和客观的分析。毛泽东在《中国革命和中国共产党》一文中明确指出:

> 现时中国的资产阶级民主主义的革命,已不是旧式的一般的资产阶级民主主义的革命,这种革命已经过时了,而是新式的特殊的资产阶级民主主义的革命。这种革命……在经济上是把帝国主义者和汉奸反动派的大资本大企业收归国家经营,把地主阶级的土地分配给农民所有,同时保存一般的私人资本主义的企业,并不废除富农经济。❷

这就说明,还处于抗日战争防御阶段时期的毛泽东,就深谙了中国革命的任务和性质,关键是其分析和辨明了中国革命的动力。这个问题的明晰,解决了以往资产阶级革命包括辛亥革命不能在中国成功的原因症结,是对中国革命的伟大贡献,是马克思主义中国化的伟大成就。对于毛泽东所提出的"保存一般的私人资本主义的企业"以及"并不废除富农经济"的观点,才过了一个月左右的时间,毛泽东就道出了一个经济上的根本原因:

---

❶ 王英培编:《中国宪法文献通编》(修订版),中国民主法制出版社 2007 年版,第 263—264 页。
❷ 毛泽东:《中国革命和中国共产党》(一九三九年十二月),《毛泽东选集》第二卷,人民出版社 1991 年版,第 647 页。

这个共和国并不没收其他资本主义的私有财产,并不禁止"不能操纵国民生计"的资本主义生产的发展,这是因为中国经济还十分落后的缘故……中国的经济,一定要走"节制资本"和"平均地权"的路。❶

意即,虽然这个新的共和国将要对地主的土地进行没收,但是没收之后的农村土地却要变为农民的私产,这实现了孙中山所提出的"耕者有其田",以及历代封建王朝均不能实现的"平均地权"。

过了五年之后,在抗日战争即将取得胜利之际,中共七大于 1945 年 4 月 23 日至 6 月 11 日在延安召开。这次会议将毛泽东思想确定为全党的指导思想,并明确其"就是马克思列宁主义的理论与中国革命的实践之统一的思想,就是中国的共产主义,中国的马克思主义"❷。

作为毛泽东思想的缔造者——毛泽东在七大上的口头讲话中,多次说明要使资本主义有一个广大发展的理由,认为在新民主主义政权下资本主义的发展是有益无害的。他说《论联合政府》"这个报告与《新民主主义论》不同的,是确定了需要资本主义的广大发展,又以反专制主义为第一"❸。同时,毛泽东阐述了资本主义发展问题的看法,他指出:

第一,对于资本主义,"我是在这样的条件下肯定的,就是孙中山所说的'不能操纵国民之生计'的资本主义。至于操纵国民生计的大地主、大银行家、大买办、那是不包括在里面的"❹。

第二,一方面允许资本主义的存在,一方面这种存在也不是无度和不受限制的。毛泽东引用孙中山的话语对"节制资本"进行解释:"我们主张的新民主主义的经济,也是符合于孙先生的原则的。在土地问题上,孙先生主张'耕者有其田'。在工商业问题上,孙先生在上述宣言里这样说:'凡本国人及外国人之企业,或有独占的性质,或规模过大为私人之力所不能办者,如银行、铁道、航路之

---

❶ 毛泽东:《新民主主义论》(一九四〇年一月),《毛泽东选集》第二卷,人民出版社 1991 年版,第 678 页。

❷ 刘少奇:《论党》(一九四五年五月十四日),《刘少奇选集》上卷,人民出版社 1981 年版,第 333 页。

❸ 毛泽东:《对〈论联合政府〉的说明》(一九四五年三月三十一日),中共中央文献研究室编:《毛泽东在七大的报告和讲话集》,中央文献出版社 1995 年版,第 100 页。

❹ 毛泽东:《在中国共产党第七次全国代表大会上的口头政治报告》(一九四五年四月二十四日),中共中央文献研究室编:《毛泽东在七大的报告和讲话集》,中央文献出版社 1995 年版,第 125 页。

属，由国家经营管理之，使私有资本制度不能操纵国民之生计，此则节制资本之要旨也。'在现阶段上，对于经济问题，我们完全同意孙先生的这些主张。"❶

第三，对于农民私有的问题，即耕者有其田"是把土地从封建剥削者手里转移到农民手里，把封建地主的私有财产变为农民的私有财产……农民的绝对大多数……无不积极地要求'耕者有其田'"❷。

第四，对于利用外国资本的问题，毛泽东也谈道："在服从中国法令，有益中国经济的条件之下，外国投资是我们所欢迎。对于中国人民与外国人民都有利的事业，是中国在得到一个巩固的国内和平与国际和平，得到一个彻底的政治改革与土地改革之后，能够蓬蓬勃勃地发展大规模的轻重工业与近代化的农业。在这个基础上，外国投资的容量将是非常广大的。一个政治上倒退与经济上贫困的中国，则不但对于中国人民非常不利，对于外国人民也是不利的。"❸毛泽东在当时能够提出这个问题，表明他的思路是很开阔的，思想是很开放的。❹

在解放战争转入战略进攻后，毛泽东思想里面的关于新民主主义经济的观点臻于成熟和完备。1947年12月，毛泽东根据革命形势，提出了新民主主义革命的三大经济纲领，即没收封建地主的土地归农民所有，没收以蒋介石、宋子文、孔祥熙、陈立夫为首的垄断资本归新民主主义国家所有，同时，保护民族工商业。

对于农村的土地问题，1947年9月在河北省平山县西柏坡村举行的中国共产党全国土地会议上，就通过了具有法律性质的《中国土地法大纲》。《土地法大纲》肯定了1946年《五四指示》所提出的"没收地主土地分配给农民"❺原则，而且改正了《五四指示》中对某些地主照顾过多的不彻底性。

对于民族工商业，毛泽东在《目前形势和我们的任务》中说：

---

❶ 毛泽东：《论联合政府》（一九四五年四月二十四日），《毛泽东选集》第三卷，人民出版社1991年版，第1057页。

❷ 毛泽东：《论联合政府》（一九四五年四月二十四日），《毛泽东选集》第三卷，人民出版社1991年版，第1074—1075页。

❸ 上面所引的这段话来自于《论联合政府》书面报告，后来该文在编入《毛泽东选集》第三卷时，经毛泽东本人作了修订，这段话被删去。这可能与新中国成立初期我国所处的国际环境以及后来毛泽东对这个问题认识的变化有关。参见并转引自胡乔木：《胡乔木回忆毛泽东》，人民出版社2003年版，第373—374页。

❹ 参见《胡乔木回忆毛泽东》，人民出版社1994年版，第377页。

❺ 参见沙健孙主编：《中国共产党史稿（1921—1949）》第五卷，中央文献出版社2006年版，第331—338页。

中国土地法大纲上有一条规定："保护工商业者的财产及其合法的营业,不受侵犯。"这里所说的工商业者,就是指的一切独立的小工商业者和一切小的和中等的资本主义成分。总起来说,新中国的经济构成是:(1)国营经济,这是领导的成分;(2)由个体逐步地向着集体方向发展的农业经济;(3)独立小工商业者的经济和小的、中等的私人资本经济。这些,就是新民主主义的全部国民经济。而新民主主义国民经济的指导方针,必须紧紧地追随着发展生产、繁荣经济、公私兼顾、劳资两利这个总目标。一切离开这个总目标的方针、政策、办法,都是错误的。❶

"在中共中央的会议上第一次正式提出讨论这个问题,是1948年召开的中央政治局会议。"❷这个会议于1948年9月8日至13日在河北省平山县西柏坡村召开,九月会议对能够构成新民主主义社会的经济形态等,进行了探索和讨论。刘少奇在会上发言:"新民主主义经济包含着自然经济、小生产经济、资本主义经济、半社会主义经济、国家资本主义经济以及国营的社会主义经济。而上述各种成分,并以国营的社会主义经济为其领导成分。"❸这无疑深化了以前毛泽东关于新民主主义的全部国民经济的说法。

对于新民主主义社会的主要矛盾,刘少奇指出:"在新民主主义社会中,基本矛盾就是资本主义(资本家和富农)与社会主义的矛盾。在反帝反封建的革命胜利以后,这就是新社会的主要矛盾。……要清醒地看见这种矛盾。无产阶级与资产阶级的这种斗争,是社会主义与资本主义两条道路的斗争。在这个斗争中,决定的东西是小生产者的向背,所以对小生产者必须采取最慎重的政策。"❹无疑,这里所说的小生产者,是对从事自然经济、小生产经济、资本主义经

---

❶ 毛泽东:《目前形势和我们的任务》(一九四七年十二月二十五日),《毛泽东选集》第四卷,人民出版社1991年版,第1255—1256页。

❷ 林蕴晖、高化民、丛进、王年一、肖冬连:《强国的方略——中国五十年社会主义战略的演变》,中国青年出版社2000年版,第9页。

❸ 姜华宣、张尉萍、肖甡主编:《中国共产党重要会议纪事(1921—2006)》(增订本),中央文献出版社2006年版,第192页。

❹ 姜华宣、张尉萍、肖甡主编:《中国共产党重要会议纪事(1921—2006)》(增订本),中央文献出版社2006年版,第192页。

济生产的各种人的概称。

"刘少奇强调,最后还要严格地说一句,过早的采取社会主义政策是要不得的。毛泽东在会上插话说,单讲与资本主义竞争,还不能解决问题,还有一个利用它以发展生产的问题。"❶鉴于党中央领导核心和高级领导干部,对新民主主义社会私有性质经济的发展有了高度的共识,1949 年 3 月召开的中共七届二中全会,就对即将建立的新民主主义国家的经济构成,作了更加完整和全面的论述:

> 在今后一个相当长的时期内,我们的农业和手工业,就其基本形态说来,还是和还将是分散和个体的,即是说,同古代近似的。谁要是忽视或轻视了这一点,谁就要犯"左"倾机会主义错误。……国营经济……是社会主义性质的经济,不是资本主义性质的经济。谁要是忽视或轻视了这一点,谁就要犯右倾机会主义的错误。……如果认为应当对私人资本限制得太大太死,或者认为简直可以很快地消灭私人资本,这也是完全错误的,这就是"左"倾机会主义或冒险主义的观点。……单有国营经济而没有合作社经济,我们就不可能领导劳动人民的个体经济逐步地走向集体化,就不可能由新民主主义社会发展到将来的社会主义社会,就不可能巩固无产阶级在国家政权中的领导权。谁要是忽视或轻视了这一点,谁也就要犯绝大的错误。国营经济是社会主义性质的,合作社经济是半社会主义性质的,加上私人资本主义,加上个体经济,加上国家和私人合作的国家资本主义经济,这些就是人民共和国的几种主要的经济成分,这些就构成新民主主义的经济形态。❷

这些论述无疑比《新民主主义论》、《论联合政府》中的相关论述,有了巨大的进步。会议根据毛泽东的报告,通过了决议。

---

❶ 林蕴晖、高化民、丛进、王年一、肖冬连:《强国的方略——中国五十年社会主义战略的演变》,中国青年出版社 2000 年版,第 9 页。

❷ 毛泽东:《在中国共产党第七届中央委员会第二次全体会议上的报告》(一九四九年三月五日),《毛泽东选集》第四卷,人民出版社 1991 年版,第 1430—1433 页。

所以,"在中国的具体条件下,实现由新民主主义到社会主义的转变,说到底,就是工人阶级在夺取政权以后,是否应该立即消灭资本主义,建立社会主义。在这个问题上,中国共产党的领导人当初是比较清醒的,并没有在取得政权的时候打算马上这样做"❶。

新中国成立之后,发展新民主主义经济,进行国家的工业化建设,必须要使得有益于国计民生的私人资本主义经济,有一个发展而非限制或消灭。在国家实现工业化后,再对私人资本主义经济进行国有化和集体化,使得我国从新民主主义社会进入到社会主义社会。这些战略构想无疑是站在历史唯物主义和辩证唯物主义的角度,来看待中国的具体国情和提出发展的思路的。虽然毛泽东和其他中央主要领导人的著作和演说中,均没有提到"私权利",但在这种历史背景中,承载着私权利内容的个体经济、私人资本主义经济的尊重、保护与发展,无疑是为探索中国向社会主义过渡的正确道路,而迈出的极其珍贵的一步。

二、私权利短暂尊重与保护的现实表现

在民族工商业方面,对于民族资产阶级及其生产企业的保护,就是对其生产资料的私权利的一种直接地保护。"新中国成立初期民族资本的私营经济在我国经济领域中占有重要的地位,特别是在解决民生就业、繁荣市场以及国民经济恢复方面发挥了极大的稳定器作用。"❷

根据中国统计出版社 1992 年出版、国家工商行政管理局信息中心编的《中国工商行政管理统计四十年》的统计数字:1952 年年末,全国实有私营工业户数为 149,571 户,占全国工业户数比重为 89.35%;全国私营企业职工人数为 2,056,590 人,占全国工业人数比重为 39.07%;全国私营企业工业总产值达到 1,052,611 万元,占全国工业比重为 39%。在比重上面分别达到新中国成立初期的峰值。

而截至 1953 年,全国实有私营工业户数为 150,275 户,达到新中国成立初期户数的峰值,但在全国工业户数比重上,下降为 85.19%;全国私营企业职工人数为 2,230,940 人,达到了新中国成立初期的峰值,但是在占全国工业人数比

---

❶ 林蕴晖、高化民、丛进、王一一、肖冬连:《强国的方略——中国五十年社会主义战略的演变》,中国青年出版社 2000 年版,第 7 页。

❷ 李小军编:《数读中国 60 年》,社会科学文献出版社 2009 年版,第 140 页。

重上,下降为36.41%;全国私营工业总产值为1,034,12万元,但同样在占全国工业比重上,下降为36.8%。而全国私营工业总产值最高为1950年的727,826万元。这种局面的出现是私营企业自身发展的结果,不可否认国家政策的积极扶持也功不可没。

毛泽东曾经指出,对于资本主义工商业要"有所不同",即使相对于国营企业,它们不是领导经济,但是也要"一视同仁",因为私营工商业对于国家和人民所产生的利,"是超过对资本家的利益"❶。所以"为了恢复经济,发展生产,也为了防止失业,政府对资本主义工商业实行了一系列调整或改组的政策。大部分私营工业企业开始承办加工业务、接受国家的订货和收购包销产品,私营商业企业开始为国营企业代销。改组结果产生了1951年的中国资本主义经济史上前所未有的'黄金时代',工厂和商店的户数都增加了1/10以上。资本主义工业的产值,以1949年为100,则1950年为107,1951年为148;利润1951年比1950年增加了135%。全国私营商业的资本额,1951年比1950年增加10.6%"❷。这其实是一种国家资本主义。

薄一波在回顾这段经历的时候,对关于扶持私营工商业的评价十分精辟,他说:"如果私营工商业被挤垮了,也不利于恢复城乡经济。调节的办法,是在国营经济的领导下,对五种经济成分统筹兼顾。这种统筹兼顾,当时称之为'有所不同',又'一视同仁'。"❸

不过,新中国成立初期私营企业仍然没有脱离出旧社会剥削阶级思想的侵蚀,对工人阶级地位已经发生根本变化的认识不够,没有意识到劳资双方,已经不是简单的雇佣关系而是民主、协商的契约劳资关系了。❹"他们仍然继续克扣工人工资,勒索财礼,对工人进行超经济剥削;他们任意打骂、解雇工人,侵犯工

---

❶ 毛泽东:《对私营工商业要有所不同、一视同仁》(一九五〇年五月二十五日),《毛泽东文集》第六卷,中共中央文献研究室编,人民出版社1999年版,第61页。

❷ 林蕴晖、高化民、丛进、王年一、肖冬连:《强国的方略——中国五十年社会主义战略的演变》,中国青年出版社2000年版,第29页。

❸ 薄一波:《若干重大决策与事件的回顾》上卷,中共中央党校出版社1991年版,第106页。

❹ 1950年4月21日,《劳动部关于在私营企业中设立劳资协商会议的指示》(一九五〇年四月二十一日政务院第二十九次政务会议批准,一九五〇年四月二十九日发布)规定:"在私营工商业企业中,为了便于劳资双方进行有关改进生产、业务与职工待遇各项具体问题的协商起见,在劳资双方同意之下,得设立劳资协商会议的组织。……劳资协商会议为劳资双方平等协商的机关。"见中共中央文献研究室编:《建国以来重要文献选编》(第一册),中央文献出版社1992年版,第197页。

人的基本权利;他们制造宗派纠纷,分化工人团结,打击积极分子,离间工会与群众关系,阻碍工人团结成一个整体。"❶

不可否认,私营经济存在剥削和种种弱点,但是由于"新中国成立之初,我国经济甚为落后,资本主义工商业可以为国家提供部分急需产品,活跃城乡经济;这些企业有一批懂技术和管理的专业人才;它们可以为国家提供部分资金积累;可以维持、吸收部分职工就业,等等。在整个经济生活中,私人工商业的作用不容轻视,必须注意发挥正当的私营工商业有利于国计民生的积极作用,否则,这些企业的大批倒闭歇业,不仅会使民族资产阶级惶惶不可终日,他们与人民政府及工人阶级的关系必将趋于紧张,而且由此招致失业人员的增加,又会带来新的矛盾"❷。

可以说,不管新中国成立初期几年之内的情况如何变化,一个不争的事实就是,"中国私营工业在中国经济中占有非常重要的地位"❸。在个体经济方面,无论是在劳动力数量上,还是在经济单位数量上,个体经济都占大多数。在 1952年的国民收入之中,城乡个体经济占 71.8%。在土地改革完成之后,个体经济的数量继续增加,因为"一些无地雇农等分得土地成为个体经济,致使个体经济数量增加,其产值也增加,但在国民经济中的比重下降"❹。

在合作社经济方面,产生了农业生产互助组,这是个体农民在生产资料私有基础之上,组织起来的一种互助组。以及产生了以少数土地入股与分红的农业生产合作社,它们也是以私有制为基础,建立起来的互助合作组织。

在农村土地所有权方面,"土地改革以前,中国农村土地的所有权形式是大规模的地主、富农土地所有和少量的自耕农土地所有并存的"❺。具体来说,是"占农村户数 5%左右的地主占有耕地 40%—50%以上;占农村户数 3%—5%的富农占有耕地 15%—20%;而占农村户数 90%的贫农、雇农、中农等总共仅占有耕地的 20%—40%"❻。这种占有,从当时的法律来说,就是一种所有权,因为起

❶ 赵德馨主编:《中华人民共和国经济史(1949—1966)》,河南人民出版社 1988 年版,第 107 页。

❷ 李宗植、张润君编著:《中华人民共和国经济史(1949—1999)》,兰州大学出版社 1999 年版,第 38 页。

❸ 李小军编:《数读中国 60 年》,社会科学文献出版社 2009 年版,第 140 页。

❹ 赵德馨:《中国近现代经济史(1949—1991)》,河南人民出版社 2003 年版,第 76 页。

❺ 赵阳:《共有与私有:中国农地产权制度的经济学分析》,生活·读书·新知三联书店 2007 年版,第45 页。

❻ 董志凯:《解放战争时期的土地改革》,北京大学出版社 1987 年版,第 3 页。

着临时宪法作用的《中国人民政治协商会议共同纲领》总纲第三条,就明确要"有步骤地将封建半封建的土地所有制改变为农民的土地所有制",为之后的土地改革定下了基调。1950 年 6 月 14 日,刘少奇在中国人民政治协商会议第一届全国委员会第二次会议上,作了《关于土地改革问题的报告》,对土地改革的基本理由和基本意义作了说明,以及对《土地改革法草案》的立法背景和理由,作了介绍和解释,统一了人民的思想。

1950 年 6 月 28 日,中央人民政府通过了中共七届三中全会讨论后提出的《中华人民共和国土地改革法》,6 月 30 日公布执行。《土地改革法》不光是一部涉及土地改革的专门法律,更是一部将"耕者有其田"落实到具体实施步骤之中的法律,其总则就明确规定"实行农民的土地所有制"。而后,政务院又相继颁布了《农民协会组织通则》、《关于划分农村阶级成分的决定》、《城市郊区土地改革条例》等文件,为实施《土地改革法》提供配套措施和保障。

《土地改革法》本着"地主能生活、富农能生产"的原则,和《中国土地法大纲》相比,其根据实际需要作出了调整。所谓"地主能生活"是指《土地改革法》第二条规定的:"没收地主的土地、耕畜、农具、多余的粮食及其在农村中多余的房屋。但地主的其他财产不予没收。"和第四条规定的:"地主兼营的工商业及其直接用于经营工商业的土地和财产,不得没收。"而所谓"富农能生产"是指《土地改革法》第六条:"保护富农所有自耕和雇人耕种的土地及其他财产,不得侵犯。"这种"地主能生活、富农能生产"的原则,其实依照的是毛泽东于1950 年 6 月 6 日提出来的"我们不要四面出击"、"我们绝不可树敌太多,必须在一个方面有所让步,有所缓和"[1]的要求,"从此,新民主主义革命中长期执行的'消灭富农经济'的土地政策改为'保存富农经济'、'保证富农能生产'的土地政策"[2]。

到 1953 年春,除了一些决定暂不进行土地改革的少数民族地区外,中国大陆的土改基本完成。土改完成后,农村各阶层的耕地占有状况发生了巨大变化。据资料统计,土改之后,占人口比重 2.6% 的地主,占有 2.2% 的耕地;占人口比重 5.3% 的富农,占有 6.4% 的耕地;占人口比重 39.9% 的中农,占有 44.3% 的耕

---

[1] 参见毛泽东:《不要四面出击》(一九五○年六月六日),《毛泽东文集》第六卷,中共中央文献研究室编,人民出版社 1999 年版,第 75 页。

[2] 胡穗:《中国共产党农村土地政策的演进》,中国社会科学出版社 2007 年版,第 89 页。

地;占人口比重 52.2%的贫雇农,占有 47.1%的耕地。❶

　　土地改革最终的结果,是让包含富农、中农、贫雇农在内的农民,拥有"比较完整、独立的土地产权,包括土地的所有权、使用权和收益权,土地的所有权和收益权是统一的"❷。总之,"历史地来看,1949 年新中国成立后,国家实行耕者有其田的原则,将农村土地分归农民所有,是一种土地私有制"❸,是农民实实在在地享有土地私权利的表现。

　　综上所述,可以发现新中国成立初期的私有制存在,不是一个偶然的情况,而是建立在国情基础之上的客观必然存在。因为中国共产党人发现了,在某些领域给予私人一定的经济自主地位,或者赋予其对生产资料的所有权,这对发展当时的经济是非常有益的。"在私权得到保障的基础上……可以破解公私之矛盾。"❹节制资本是为了保证国营经济的领导地位,而调动"私"的因素,发展资本主义经济、合作社经济和个体经济,就是承认和赋予各种主体获得私权利的具体表现。

第三节　过渡与改造

一、起因

　　新中国成立头几年,资本主义工商业得到了空前发展,这主要是由于国家对工商业进行调整的结果。调整工商业包括,调整国营工商业和私营工商业的关系、国营和国营之间的关系、私营和私营之间的关系、工业和商业之间的关系、金融业与工商业之间的关系、城乡关系、国内区域之间的关系、企业内部的关系等,最主要的三个环节是调整公私关系、调整劳资关系和调整产销关系。具体来说,包括扩大加工订货和收购包销、调整公私商业的经营范围、调整价格和增加贷款、调整税负等等。

---

❶ 资料来源参见陈锡文、赵阳、陈剑波、罗丹:《中国农村制度变迁 60 年》,人民出版社 2009 年版,第 10 页。
❷ 赵阳:《共有与私有:中国农地产权制度的经济学分析》,生活·读书·新知三联书店 2007 年版,第 50 页。
❸ 段凡、刘文献:《中国农村改革的法理逻辑:论农村土地承包经营权的国有化改造》,《云南行政学院学报》2008 年第 6 期。
❹ 孙婧毅:《亚里士多德的财产伦理观》,《湖北大学学报(哲学社会科学版)》2013 年第 1 期。

但是工商业的调整，如同胡乔木所说："它们不得不接受政府所实行的一系列调整和改组的政策。……改组的结果产生了一九五一年的中国资本主义经济史上前所未有的'黄金时代'……资本主义工商业的迅速发展，加剧了它们与政府、国营经济乃至社会的矛盾。"❶一些资本家一方面如同旧社会那样，仍然继续克扣工人工资并勒索财礼，甚至对工人进行超经济剥削；另一方面，他们任意打骂甚至解雇工人，侵犯了工人的基本权利。同时，他们制造宗派纠纷，分化工人的团结，打击工人中的积极分子，挑拨离间工会和群众的关系，阻碍工人团结成一个整体。尤其严重的是，1950 年 10 月 19 日中国人民志愿军赴朝参战之后，一些资本家居然拿制造出来的假冒伪劣商品，卖给志愿军将士，不仅危害了他们的生命健康，也破坏了抗美援朝。❷

另外，资本家和政府之间的较量也在进行着：资本家哄抬物价，有时候拒不接受加工订货（比如上海成衣业全行业抵制加工订货），有的拒不履行已经签订的加工订货合同。调整之后的私营工商业，虽然进入了一个历史上最好的发展时期，但是，资本家中的不法分子已经不满足用正常方式获得一般利润，他们妄图用向国家干部行贿等非法手段，来获得高额利润。周恩来在中国人民政治协商会议第一届全国委员会第三十四次常务委员会上，说过：

> 今天的中国民族资产阶级有其积极进步的一面，那就是由于他们长期受过帝国主义、封建主义和官僚资本主义的压迫，他们中间一部分代表人物，在一定时期、一定程度上参加过或同情过人民解放斗争。解放后，他们逐渐参加了人民中国的建设，并在国家的领导下，发挥着一定的积极作用。但是中国民族资产阶级还有其黑暗腐朽的一面，那就

---

❶ 胡乔木：《中国在五十年代怎样选择了社会主义》（一九八九年三月至四月在美国访问时所作的学术演讲），《胡乔木文集》第二卷，人民出版社 1993 年版，第 257 页。

❷ 据资料记载：有的资本家把用废胶、次胶制造的一穿就断底的胶鞋，用方铁等制造的一刨就裂的铁镐，用油桶皮制造的一铲就卷刃的铁锹卖给前线作战的志愿军；有的还丧尽天良地用臭、坏牛肉和死猪肉制成罐头，用坏鸡蛋和胡萝卜粉制成蛋粉，用发霉的面粉制成饼干，把沙子掺进咸菜供应前线，使得志愿军不仅不能吃饱吃好，甚至还出现中毒致死情况；有的奸商更是利欲熏心、胆大包天，制造劣质青霉素；更有甚者竟然把未经消毒的，从尸体上和垃圾堆里拾取的带有化脓菌、破伤风菌、坏疽菌的废棉，制成"急救包"，高价卖给志愿军。使得许多志愿军伤病员没有倒在敌人的炮火下，却死在了奸商的"急救包"和"青霉素"手中。为此，彭德怀曾经对后方的供应大发脾气。参见赵海均：《六十年中国大变革（1949—2009）》（上卷），世界知识出版社 2009 年版，第 89 页；赵德馨主编：《中国近现代经济史（1949—1966）》，河南人民出版社 1988 年版，第 128 页。

是由于他们与帝国主义的、封建的、官僚买办的经济有着千丝万缕的联系，同时，中国资产阶级本身也同世界各国的资产阶级一样，具有唯利是图、损人利己、投机取巧的本质。因此，解放后，他们中间有很多人，正如天津工商界自己所检举的，常常以行贿、欺诈、谋取暴利、偷税漏税等犯法行为，盗窃国家财产，危害人民利益，腐蚀国家工作人员，以逐其少数人的私利。这种情形如果不加以打击和铲除而任其发展下去，则我们革命党派、人民政府、人民军队、人民团体日益受着资产阶级的侵蚀，其前途将不堪设想。❶

鉴于这种严重情况，中共中央决定于1951年年底和1952年年初，在党政机关工作人员中开展"反对贪污、反对浪费、反对官僚主义"的斗争，开展增产节约运动，促进国民经济的发展。这一时期，中共中央发出了《关于实行精兵简政、增产节约、反对贪污、反对浪费和反对官僚主义的决定》、《关于反贪污斗争必须大张旗鼓地去进行的指示》、《关于立即限期发动群众开展"三反"斗争的指示》、《关于在"三反"斗争中惩办犯法的私人工商业者和坚决击退资产阶级猖狂进攻的指示》，政务院也公布了《关于处理贪污、浪费及克服官僚主义错误的若干规定》、《中华人民共和国惩治贪污条例》。

随着"三反"斗争的深入进行，却日益发现一些在国家机关工作人员中也存在的"三害"行为，大多数是和社会上的那些被号称为"五毒"的行为，有着密切联系。"五毒"是指：

第一，偷税漏税，坑害国家利益。❷

第二，盗骗国家资财，为富不仁。❸

第三，在承接加工订货、承包国家工程时，或虚报成本、抬高价格，或在施工、制造过程中偷工减料，以劣充优。盗骗国家资财和偷工减料联系在一起，是一些

---

❶ 周恩来：《"三反"运动与民族资产阶级》（一九五二年一月五日），《周恩来选集》下卷，人民出版社1984年版，第81—82页。

❷ 据上海市棉布商业资本家交代，仅仅这一行业的偷漏方式就有一二十种之多，如设假账，伪造单据，少报资本，抽逃资金，低报销货，抬高成本，隐匿企业账外资产和国外财产，高估期初存货和低估期末存货，出售机头布不入账，飞过海（即进货与销货均不列账，同行之间以货易货，不作进销货处理）等等。

❸ 河北汉沽厚生货栈在为国家代销芦盐时，用每担多称一斤的方法，两年盗窃食盐110万斤。

资本家最普遍的违法行为。

第四，窃取国家有关市场、税收、物价、物资储备、对外贸易和金融方面的信息情报，从而实施不法行为。一般是资本家通过其派进国家机关、经济部门、企事业单位内的"探子"和被他们拉下水充当"内奸"的干部，窃取相关经济情报，进行囤积居奇，投机倒把，牟取非法利益。❶

第五，向政府官员行贿。❷"资本家向国家进攻所发生的一些重大违法案件，多半是通过向国家干部行贿，内外勾结，窃取国家经济情报、盗骗国家资财而造成的。"❸

因此，欲铲除"三害"，必须消灭"五毒"。然而，"五反"斗争的展开，使得人们认为有必要加强对私人资本主义经济活动范围的限制。1952 年 3 月，毛泽东表示要"清除'五毒'……逐步缩小私人商业"❹。同时，"要整党内那些买房置地、入股、当董事经理的人；同时也要搞不法的资本家，这是一场恶战"❺。

现实生活之中出现的种种矛盾现象，改变了毛泽东原来的看法，使得他得出"中国内部的主要矛盾是工人阶级和资产阶级的矛盾"的结论。1952 年 6 月 6 日，他在中共中央统一战线工作部起草的《关于民主党派工作的决定（草稿）》上作出批语，批判了这个部门的主要负责人把民族资产阶级看作是中间阶级的观点。毛泽东说："在打倒地主阶级和官僚资产阶级以后，中国内部的主要矛盾即是工人阶级与民族资产阶级的矛盾，故不应再将民族资产阶级称为中间阶级。"❻

党的主要领导人把阶级矛盾看作是中国社会主要矛盾的看法，使得他们原来的，要经过十五年至二十年乃至三十年，才能从新民主主义社会向社会主义社

---

❶ 朝鲜战争爆发后，奸商通过坐探知道国家存糖不多，就派人到天津、东北等地抢购，利用地区差价进行投机活动，造成了 1950 年 6 月至 8 月两次白糖价格猛涨，京津沪等五大城市的糖价分别上升了 70.5% 和 125%。

❷ 不法资本家采取暗中行贿、请客送礼、奉承拍马甚至施"美人计"方法勾引国家工作人员，使国家工作人员变为他们的代理人。上海大康药房的资本家王康年，设立了一个专门用作拉干部下水的"外勤部"，叫嚣："大康就是干部思想的改造所。"先后将 25 个机关的 65 名干部拉下水。

❸ 赵德馨主编：《中国近现代经济史（1949—1966）》，河南人民出版社 1988 年版，第 126 页。

❹ 毛泽东：《关于"三反"、"五反"》（一九五一年十一月——一九五二年五月），《毛泽东文集》第六卷，人民出版社 1999 年版，第 201 页。

❺ 薄一波：《若干重大决策与事件的回顾》上卷，中共中央党校出版社 1991 年版，第 166 页。

❻ 毛泽东：《现阶段国内的主要矛盾》（一九五二年六月六日），《毛泽东文集》第六卷，人民出版社 1999 年版，第 231 页。

会转变的构想,发生了改变。尤其是现实之中出现的,三年经济恢复时期中央政府对经济工作统一领导的成功,国营经济比私人资本主义经济表现出来的优越性,等等,使得毛泽东在 1952 年 9 月的中央书记处会议上提到"十年到十五年基本上完成社会主义,不是十年以后再过渡到社会主义……从现在逐步过渡到社会主义去"❶,并认为"我国在十年到十五年内有可能基本上实现社会主义的转变"❷。薄一波后来的回顾也证实了这点:

> 在我的记忆中,第一次听到毛主席谈向社会主义过渡问题,是 1952 年 9 月 24 日在中央书记处的会议上。那次会议主要是讨论"一五"计划的方针任务,在听取周总理关于"一五"计划轮廓问题同苏联商谈情况的汇报后,毛主席讲了一段话。大意是:我们现在就要开始用 10 年到 15 年时间基本上完成到社会主义的过渡,而不是 10 年或者以后才开始过渡。……毛主席的这种构想,显然已不同于刚进城时他本人和中央其他领导同志的设想了。❸

之后,毛泽东于 1953 年 6 月 15 日,在中共中央政治局会议上针对刘少奇等提出的"确立新民主主义社会秩序"等观点指出:

> 总路线是照耀一切工作的灯塔。……党的任务是在十年至十五年或者更多一些时间内,基本完成国家工业化和社会主义的改造。❹

毛泽东此时已经下定了要将社会主义改造提前或者要给社会主义改造拟定一个时间表的决心。"基于这个判断,毛泽东开始考虑全面进行生产资料私有制社会主义改造计划。1952 年 9 月,中国共产党就开始酝酿过渡时期的总路线。所以,从一定意义上讲,社会主义所有制改造,既是为了解决所有制问题,同

---

❶　龚育之:《新民主主义·过渡时期·社会主义初级阶段》,《中共党史研究》1988 年第 1 期。

❷　乔东光:《党在过渡时期总路线的由来》,《党的文献》1988 年第 5 期。

❸　薄一波:《若干重大决策与事件的回顾》上卷,中共中央党校出版社 1991 年版,第 213—215 页。

❹　毛泽东:《在政治局会议上的讲话提纲》(一九五三年六月十五日),《建国以来毛泽东文稿》第四册,中央文献出版社 1990 年版,第 251 页。

时也是为了解决阶级矛盾问题。"❶一方面,社会主义改造的实质,是要使社会主义所有制经济,成为国家的唯一的经济基础;另一方面,所谓为了解决阶级矛盾问题,在某种程度上,可以归结为"这些不法资本家利欲熏心,已达到了无以复加的地步。也正是资本家的利欲熏心,造成了党和国家后来对资产阶级政策的改变"❷。

当然,不能将社会主义改造时间提前的原因,归结于中央领导人对资产阶级的隔阂或者愤恨,这样将会犯历史唯心主义的错误。总的来看,胡乔木于1989年3月29日、30日在美国洛杉矶加州理工大学访问时,所作的题目为《中国在五十年代怎样选择了社会主义》的学术讲演中,对中国在20世纪50年代之所以选择社会主义的过程及原因的分析,是比较客观、符合历史唯物主义的:

> 第一个基本因素是中国政府实行了全国财政经济的统一。……这种高度统一,……以后很自然地逐步引向计划经济的轨道。……第二个基本因素是中国国营经济的日益强大。……第三个基本因素是资本主义经济的弱小和发展困难。……1952年上半年的"五反"运动:反行贿、反偷税漏税、反盗窃国家资财、反偷工减料、反盗窃国家经济情报。人们开始认识到,资本主义工商业不仅需要进一步改组,而且需要通过国家资本主义的过渡形式逐步改造为社会主义。……第四个基本因素是新中国的国际环境。……1950年的朝鲜战争,使中国与西方已经很紧张的关系更加紧张。中国受到了长期的外交上、经济上和军事上的严密封锁。中国不但不可能从资本主义大国得到什么援助,而且连普通的贸易和交往都很困难。中国人因此只能从自己受侵略受歧视的记忆中和受敌视受威胁的感受中认识资本主义。只有苏联能够援助中国,……尽管中国在制定具体的经济政策和工作方法时坚持从中国的具体情况出发,苏联的社会主义制度仍然对中国具有重大的榜样作用。……就五十年代中国经济和中国历史的全局而论,重要的是,无论早几年或迟几年,保留多少私有成分,经营管理上和计划方法上具有多

---

❶ 林尚立:《当代中国政治形态研究》,天津人民出版社2000年版,第131页。

❷ 赵海均:《六十年中国大变革(1949—2009)》(上卷),世界知识出版社2009年版,第89页。

大程度应有的灵活多样性,总之,对社会主义的选择是不可避免的。❶

胡乔木这里所说的不可避免的"社会主义",其实是"一大二公"或者叫做苏联模式的社会主义。苏联模式经济体制有三大特点:第一,所有制的高度国有化,国家所有制和集体农庄所有制是其公有制的两种形式;第二,国家主要运用行政手段,对国民经济进行统一领导和管理,排斥市场机制;第三,在经济管理上高度集中化,国家主要通过指令性计划,对生产流通和分配的各个方面,进行监督控制。这种经济体制也有相对应的政治体制,即:党政不分,政企不分和权力高度集中。

二、私权利的消退

在这样的体制下,不仅仅是私的权利被挤压和侵蚀,甚至是私的观念也被压制。其实,私的权利的存在,不一定是和私人资本主义相联系,同时,私的观念的存在也未必会产生亚当·斯密所说的经济理性,从而进一步促进社会整体效益的最大化。但是不可否认的是,20世纪50年代开始的社会主义改造,却是造就了一段"废私"历史的开端。其实,"三反"和"五反"斗争并不是要,也没有完全消灭资本主义经济和资产阶级,更多的是要"打退资产阶级的猖狂进攻",取缔他们所猖獗进行的不法行为,让他们转到严格遵守国家法令,遵守国家公权力,接受国营经济领导的轨道上来,使其能够继续发挥有利于国计民生的作用。

不过,这场斗争的意义不仅仅在于此,重要的是它使得执政党所建立的国家公权力,在私人资本主义面前,树立了前所未有的威信,也使得工人阶级在企业和国家内部,取得了政治上的优势。正如1956年2月24日,中央政治局会议通过的《中共中央关于资本主义工商业改造问题的决议》,对"三反、五反"斗争所作出的评价中说的:

"三反""五反"斗争唤起了工人阶级的高度自觉,打退了资产阶级

❶ 胡乔木:《中国在五十年代怎样选择了社会主义》,中国社会科学院科研局组织编选:《胡乔木集》,中国社会科学出版社2002年版,第239—245页。

用"五毒"行为向国家机关和工人阶级的猖狂进攻，使资产阶级原有的威风在绝大多数企业中扫地以尽；在一部分中小企业中资本家虽然还有一些余威，但是也比过去大大低落了；这就使得工人的监督从此在很多企业中逐步地建立起来，很多资本家实际上丧失了或者基本丧失了控制企业的权力。这是一个根本的变化。这个变化说明作为一个阶级来说，资产阶级已被工人群众和工人阶级所领导的国家的威力所压倒了。❶

这说明，工人群众和工人阶级通过所掌握的国家公权力的行使，产生了一种国家的威力，使得资产阶级威风扫地，情绪大大低落，丧失了或基本丧失了他们控制企业的权利，其实也就是丧失了或者基本丧失了他们的私权利。这种威信和优势，一直持续到日后所进行的历次阶级斗争中。

薄一波说道："这个对'三反'、'五反'斗争意义的基本估计，是符合历史实际的。'五反'以后，民族资产阶级事实上不可能再照旧生存下去，除了接受社会主义改造已没有别的选择。从这种意义上也可以说，'五反'运动是改造资本主义工商业和改造资产阶级分子的重要步骤。"❷如薄一波所说，"三反"和"五反"既是资产阶级所遭遇的一个巧合，也是他们的一个历史宿命。如没有资产阶级的"猖狂进攻"，也许新民主主义社会和新民主主义经济，还会在中国多存在十几年或几十年。"'五反'确实敲响了中国资本主义的丧钟。它的死亡已为期不远了。"❸同时，"这场斗争对广大干部工人也是一次生动的教育，在社会上起了移风易俗、清除旧社会遗毒的作用。所有这些，为大规模的经济建设和进行资本主义工商业社会主义改造创造了条件"❹。

1953年5月，中央统战部部长李维汉，在对上海、武汉、南京等工业比较发达的城市，进行资本主义工商业的变化情况，和国家资本主义发展情况的调查后，向中央提交《关于〈资本主义工业中的公私关系问题〉给中央并主席的报

❶ 《中共中央关于资本主义工商业改造问题的决议》（一九五六年二月二十四日），中共中央文献研究室编：《建国以来重要文献选编》（第八册），中央文献出版社1994年版，第149—150页。
❷ 薄一波：《若干重大决策与事件的回顾》上卷，中共中央党校出版社1991年版，第83页。
❸ 赵德馨：《中国近现代经济史（1949—1991）》，河南人民出版社2003年版，第57页。
❹ 李宗植、张润君编著：《中华人民共和国经济史（1949—1999）》，兰州大学出版社1999年版，第46页。

告》,提出对于资本主义工业,"需要逐步地将他们纳入国家计划的轨道,使有利于向着社会主义过渡,这里由低级到高级的各种国家资本主义形式,是我们已经找到了的一个主要环子"❶。李维汉的报告在 6 月 15 日的中央政治局会议上得到讨论。会上,毛泽东提出要把"一化、三改"作为党在过渡时期的总路线和总任务,这一提法得到"大家心悦诚服地拥护"❷。

以后经过中央多次开会讨论,终于在当年 8 月,毛泽东在审阅周恩来在 1953 年夏季全国财经工作会议上的结论时,作出了一个批示,并在此基础上形成了一个完整的表述。即:"从中华人民共和国成立,到社会主义改造基本完成,这是一个过渡时期。党在这个过渡时期的总路线和总任务,是要在一个相当长的时期内,基本上实现国家工业化和对农业、手工业、资本主义工商业的社会主义改造。"❸

中国共产党关于过渡时期总路线的提出和执行,使得变生产资料私有制为生产资料公有制的进程加快,本来是设想在 15 年或更长的时间内做到的事情,竟然在短短的 4 年内基本完成。改造生产资料私有制为公有制的领域分为三块:

第一,改造农业领域中的个体农民私有制,为农业生产合作社所有制。1953 年,农业互助合作运动由临时性、季节性的互助组,向常年互助组发展,部分常年互助组开始试办初级农业生产合作社。互助组是由农民各自占有土地和其他生产资料,只是在劳动过程中实行技术分工和换工协作,从而增加组员收入。初级农业生产合作社是农户将土地和其他生产资料交至合作社统一使用,但所有权仍属于农民。合作社将劳动产品一部分按生产资料份额分配,一部分按照劳动按劳分配。初级农业生产合作社属于半社会主义性质。1954 年 3 月底,全国已经建立初级社 9.5 万个,"年底发展到 50 万个。1955 年春,发展到 67 万个"❹。不过在发展过程中一些重数量不重质量、急躁冒进的偏向,遭到了

---

❶ 李维汉:《关于〈资本主义工业中的公私关系问题〉给中央并主席的报告》(一九五三年五月二十七日),中共中央文献研究室编:《建国以来重要文献选编》(第四册),中央文献出版社 1993 年版,第 214 页。

❷ 薄一波:《若干重大决策与事件的回顾》上卷,中共中央党校出版社 1991 年版,第 228 页。

❸ 毛泽东:《党在过渡时期的总路线》(一九五三年八月),《建国以来毛泽东文稿》第四册,中央文献出版社 1990 年版,第 301 页。

❹ 赵德馨:《中国近现代经济史(1949—1991)》,河南人民出版社 2003 年版,第 112 页。

中央的纠正。

但到了6月份,毛泽东却对农业社减少2万个十分不满意,7月,他在中共中央召集的省、市、自治区党委书记会上,批评负责农业互助合作工作的中央农村工作部部长、国务院副总理邓子恢等人说道:"我们的某些同志却像一个小脚女人,东摇西摆地在那里走路,老是埋怨旁人说:走快了,走快了。……在发展的问题上,目前不是批评冒进的问题。"❶之后到了1956年春,农业合作化由办初级社为主,转向以办高级农业生产合作社为主。高级社除了社员集体劳动,统一经营外,主要的生产资料包括土地、大型农具、耕畜归集体所有,实行各尽所能、按劳分配的原则,已经是社会主义性质的集体经济。"1956年年底,全国参加农业社的农户占农户总数的96.3%,其中高级社为87.8%"❷,农业生产基本实现了合作化,生产资料的个体农民私人所有,变成了农业生产合作社集体所有。农业社会主义改造基本完成。

第二,改造手工业领域中的个体手工业者私有制,为手工业生产合作社所有制。手工业合作化基本上经历了1950—1952年的重点试办阶段,组织的对象多半是城市中失业、半失业的工人。以及1953—1955年的全面发展阶段,形式分别是手工业合作小组、手工业供销合作社和手工业生产合作社。手工业生产合作小组是个体手工业者,通过向国营商业和供销合作社购买原料、推销产品、接受加工订货而发展起来的,小组内部实行分工协作和按劳分配,并产生一定的公共积累,在生产关系上具有了一定的社会主义因素。手工业供销合作社是由手工业生产合作小组或独立的手工业者,在自愿互利的基础上组成,统一组织集体生产和计算盈亏,生产工具也可以入社,具备了较多的社会主义因素。手工业生产合作社中社员坚持自愿互利的原则,将自己的主要生产工具等生产资料折价归社。社员直接参加集体劳动,帮工和学徒也吸收入社,改变以前的雇佣师徒关系,合作社的收入除向国家缴纳部分所得税外,剩余部分用作公共积累,社员领取工资。它已经是社会主义性质的集体经济组织。

1955年年底,毛泽东根据农业合作化的发展态势,提出手工业的社会主义

---

❶ 毛泽东:《关于农业合作化问题》(一九五五年七月三十一日),《毛泽东文集》第六卷,人民出版社1999年版,第418—429页。

❷ 赵德馨:《中国近现代经济史(1949—1991)》,河南人民出版社2003年版,第113页。

改造"也应当争取提早一些时候去完成,才能适应农业发展的需要"❶,到了1956 年 12 月,"全国 91.7%的手工业劳动者参加了手工业生产合作社组织"❷,手工业的社会主义改造在我国基本实现了。

　　第三,改造工商业领域中的工商业主私有制为国家所有制。在对过渡时期总路线的执行中,"未将资本主义工商业主与小商小贩等小业主区分开……实践中对资本主义工商业的社会主义改造包括了对工商业中小业主的社会主义改造,是将他们和资本家'一锅煮'的,所以对资本主义工商业的社会主义改造实际上是对工商业主私有制的社会主义改造"❸。新中国成立初期,国家动用公权力对资本主义工商业采取利用和限制的政策,产生了代销、经销、加工、订货、公私合营等各种过渡形式的政策,对它们进行改造所采取的办法,是通过国家资本主义从低级到高级的发展,从而使得社会主义经济成分与企业之间的联系,从外部发生过渡到内部发生,直至社会主义取代资本主义。这是一种采取非暴力的、和平渐进形式的私权利剥夺,基本方法是公私合营。即将企业生产资料资本家所有变为公私共有,采取"四马分肥"的利润分配办法,把企业的利润分为四个部分:国家征收的所得税,企业的公积金,工人的奖励基金和资本家的红利,企业变成半社会主义性质。

　　1955 年年底,中央决定把与部分企业的公私合营,推进到全行业的公私合营。取消"四马分肥"的利润分配办法,实行定息制度,即企业不论盈亏,由国家根据私人股额发给私人股东固定息率的股息。在实行全行业公私合营和定息制度之后,资本家的生产资料全部转归国家统一管理和使用,企业资产成为社会主义生产资料的一部分。到了 1956 年年底,私营工业的产值已经不足全国工业总产值的千分之一,"全国私营工业户数的 99%、私营商业户数的 82%实现了所有制改造,私营轮船、汽车运输业在社会主义改造高潮中也实现了全行业公私合营,私营饮食业有 86%实现了改造,资本主义工商业的社会主义改造基本上完成了"❹。

　　至此,"三大改造"提前基本完成。改造之后的中国私营和个体经济基本消

---

❶ 毛泽东:《〈中国农村的社会主义高潮〉序言》(一九五五年十二月二十七日),《建国以来毛泽东文稿》第五册,人民出版社 1991 年版,第 485 页。
❷ 李宗植、张润君编著:《中华人民共和国经济史(1949—1999)》,兰州大学出版社 1999 年版,第 72 页。
❸ 赵德馨:《中国近现代经济史(1949—1991)》,河南人民出版社 2003 年版,第 121 页。
❹ 李宗植、张润君编著:《中华人民共和国经济史(1949—1999)》,兰州大学出版社 1999 年版,第 87 页。

亡,没有消亡的也只是时间问题。改造不仅仅是将中国从新民主主义社会,较早地拉入到了社会主义社会,而且它还对全国民众的思想产生了一个重大的影响,即凡是属于非公有制的经济,一律属于资本主义经济,"进而形成了广泛的抵制'资本主义'的情绪"❶,和产生凡是属于私人所有诸如私有、私权利之类的,都属于资本主义私有制范畴的思想。

三、历史意蕴:从政治革命走向社会革命

可见,公权力建立和兴起之后,对私权利的挤压和剥夺,具体表现为对私人资本主义经济、个体经济和农民土地私有制的改造,也就是通常所说的对农业、手工业和资本主义工商业的社会主义改造。当然,我们并不是说改造是一种历史的倒退,反而,它是一种进步。改造是指"对原有的事务加以修改或变更,使适合需要",或"从根本上改变旧的、建立新的,使适应新的形势和需要"❷。改造其实是一种新的、抽象的方法而不是具体的手段。对于改造,必须有具体的操作手段方能实现。

众所周知,新中国成立之后临时宪法《共同纲领》第三条规定:"中华人民共和国……保护工人、农民、小资产阶级和民族资产阶级的经济利益及其私有财产……"换言之,无论是私人资本主义经济,还是农民的私有土地,似乎应该都是中华人民共和国的保护对象,不得随意侵犯。而改造必然会对它们的所有权进行改变,本质上好像是一种剥夺而非保护了。

其实不然,因为在1956年之前,中国共产党所进行的改造都有一个限定,即"社会主义改造"。所谓社会主义改造就是将《共同纲领》所规定的新民主主义经济或新民主主义社会,改变为新的社会主义经济或社会主义社会,这其实是一种革命。

因为,中国的革命必是像毛泽东所说过的,"'共产主义不是一天做得起来的',只有实行资产阶级民主革命阶段所必需的政策,'才是真正的走向共产主义的良好办法'"❸。对于新中国来说,要分为两步走,经过新民主主义才能到达

---

❶ 王颉:《一条鲇鱼——社会发展理论在中国的传播与实践》,社会科学文献出版社2009年版,第154页。
❷ 中国社科院语言研究所词典编辑室编:《现代汉语小词典》,商务印书馆1980年版,第164页。
❸ 杨雪芳:《毛泽东中央革命根据地经济建设思想述略》,《湖北大学学报》(哲学社会科学版)2013年第6期。

社会主义(共产主义)。但无论是新民主主义还是社会主义,都是新型的国家制度,而任何新型的国家制度的建立,都必须要进行革命才能最终确立。马克思早就说过:"在许许多多国家里,制度改变的方式总是新的要求逐渐产生,旧的东西瓦解等等,但是要建立新的国家制度,总要经过真正的革命。"❶

中国共产党领导中国人民起来革命,绝不是要建立一个新民主主义的中国,而是要建立一个社会主义的中国,实现中华民族的伟大复兴。革命的最终目的,是解放生产力和发展生产力,武装斗争只是革命的形式。革命必然通过两种方式表现出来,一是政治革命,其主要通过武装斗争或者暴力的形式,夺取国家政权或者改变上层建筑。二是社会革命,即用一种新的适应生产力发展需要的生产关系,来代替旧的生产关系。而要改变这种生产关系,必须摧毁以往的旧的阻碍生产力发展的上层建筑,如同恩格斯所说:"迄今所发生的一切革命,都是为了保护一种所有制以反对另一种所有制的革命。它们如果不侵犯另一种所有制,便不能保护这一种所有制。……的确,一切所谓政治革命,从头一个起到末一个止,都是为了保护一种财产而实行的,都是通过没收(或者也叫做盗窃)另一种财产而进行的。"❷

所以,革命有的时候并不是在既有的法律框架之内来进行,究其原因,就在于法律是归类于上层建筑的范畴,而如果上层建筑不适应社会生产力的发展,则改变生产关系的革命,必然是一种"非法"(illegal)的过程,但是反过来,它却又具备了政治(民意)上的合法性。因为,这种革命本身是为了解放和发展生产力,是为了推动国家综合实力和国民福祉的增益。

---

❶ 马克思:《黑格尔法哲学批判》(1843年),《马克思恩格斯全集》第1卷,人民出版社1956年版,第315页。又译为:"全部国家制度总是这样变化的:新的要求逐渐产生,旧的东西瓦解,等等,但是,要建立新的国家制度,总要经过一场真正的革命。"《马克思恩格斯全集》第3卷,人民出版社2002年版,第72页。

❷ 恩格斯:《家庭、私有制和国家的起源》(1884年3月底—5月26日),《马克思恩格斯选集》第4卷,人民出版社1972年版,第110—111页。又译为:"迄今的一切革命,都是为了保护一种所有制以反对另一种所有制的革命。它们如果不侵犯另一种所有制,便不能保护这一种所有制。……的确,一切所谓政治革命,从头一个起到末一个止,都是为了保护一种财产而实行的,都是通过没收(或者也叫做盗窃)另一种财产而进行的。"《马克思恩格斯选集》第4卷,人民出版社1995年版,第113页。还译为:"迄今的一切革命,都是为了保护一种所有制而反对另一种所有制的革命。它们如果不侵犯另一种所有制,便不能保护这一种所有制。……的确,一切所谓政治革命,从头一个起到末一个止,都是为了保护某种财产而实行的,都是通过没收(或者也叫做盗窃)另一种财产而进行的。"《马克思恩格斯文集》第4卷,人民出版社2009年版,第132页。

政治革命的胜利，并不一定就会带来社会革命的胜利，可社会革命如果失败或者没有进展，则可能会连带导致政治革命的成果化为乌有。历史往往也证明了这点，例如苏联的解体。"从中国革命的整个历史进程来看，新民主主义革命属于政治革命范畴，其核心使命是实现国家独立，建立以无产阶级为领导的革命阶级的统治，从而为中国进行更为深刻的社会主义革命创造条件。社会主义革命则属于社会革命的范畴。"❶

然而，社会革命的进行与完成，要尊重社会主体本身活动与发展的规律，要符合社会所处一定阶段的客观实际情况之要求，方能将革命的目的与革命的过程进行有机统一，取得革命的成功。从这个角度来说，可以认为，在从新民主主义社会走向社会主义社会的过程中，对于私权利的挤压与剥夺，并不是对社会客体的一种摧毁反而是一种维新。

而在新的历史时期和发展阶段，重新尊重与赋予社会主体应有的私权利，也并不是一种回归纠错反而还是一种维新。只不过，在同样基于维新目的的过程之中，前一种维新所花费的时间和更新程度超出了原来的想象与计划，而后一种维新所启动的时间和完成程度又稍显滞后和彻底性不足。

但是无论如何，我们不能因为社会主义革命与改革的维新性，都是以私权利的剥夺与赋予作为重要变化表象，而作出新民主主义革命是激进的与不合时宜的，与社会主义改革是纠错的与倒退的，这样一个武断的结论。无论是政治革命还是社会革命，革命的成功与否，都必须以社会生产力的进步与否、国家综合实力的增强与否和国民福祉的增加与否，作为最重要的判断标准。而从这个角度来说，我们可以又作出一个基本的事实判断，即无论是作为政治革命的新民主主义革命还是作为社会革命的社会主义改革，都是以社会生产力的进步、中国国家综合实力的增强和国民福祉的增加，而载入历史史册并为未来的发展与维新，提供生活的历史范例与现实启迪的。

---

❶ 林尚立：《当代中国政治形态研究》，天津人民出版社 2000 年版，第 64 页。

第三章 公权力的畸形崛起与私权利
空间的萎缩

第一节 权力过分集中政治体制的确立

一、体制的起始

在 1945 年 4 月抗日战争胜利的前夕，毛泽东说："毫无疑义，我们这个新民主主义制度是在无产阶级的领导之下，在共产党的领导之下建立起来的，但是中国在整个新民主主义制度期间，不可能、因此就不应该是一个阶级专政和一党独占政府机构的制度。"❶1948 年 1 月，毛泽东就明确指出："新民主主义的政权是工人阶级领导的人民大众的反帝反封建的政权。……这个人民大众组成自己的国家(中华人民共和国)并建立代表国家的政府(中华人民共和国的中央政府)，工人阶级经过自己的先锋队中国共产党实现对于人民大众的国家及其政府的领导。"❷

毛泽东在这里所说的，中国共产党实现对于国家的领导，其实是党的一元化领导，因为在中国只有共产党，而没有也不可能会有其他政党能够领导国家。而党的一元化领导，是中国共产党领导中国革命的一个基本方法和原则。这个原则是随着党对自己缔造的军队的绝对领导局面的形成，而发展起来的。

早在汉口"八七会议"上，毛泽东就指出大革命失败的要害原因之一，是共产党放弃了军事领导权，进而得出"政权是由枪杆子中取得的"即"党要指挥枪"的正确论断。而后在秋收起义之后所进行的三湾改编中，毛泽东认为，坚强有力

---

❶ 毛泽东：《论联合政府》(一九四五年四月二十四日)，《毛泽东选集》第三卷，人民出版社 1991 年版，第 1062 页。

❷ 毛泽东：《关于目前党的政策中的几个重要问题》(一九四八年一月十八日)，《毛泽东选集》第四卷，人民出版社 1991 年版，第 1272 页。

的党组织核心是一切的根本,确定"军队要在党的领导之下,并且确立了'支部建在连上'的原则"❶。毛泽东认为,井冈山的斗争之所以能够坚持并逐步获得胜利,"红军所以艰难奋战而不溃散,'支部建在连上'是一个重要原因"❷。

在之后的 1942 年 9 月 1 日,中共中央针对抗日根据地党政军民各方面工作不协调,影响了抗日根据地的建设等情况,通过了毛泽东和王稼祥起草的《关于统一抗日根据地党的领导及调整各组织间关系的决定》,正式确定了党的一元化领导制度。《决定》的主要内容是:

> 党是无产阶级先锋队和无产阶级组织的最高形式,它应该领导一切其他组织,如军队、政府和人民团体;各根据地要有一个统一的领导一切的党的委员会,为当地的最高领导机关;在同级党政民各种组织的相互关系上,党委是统一的领导机关;在上下级关系上,必须严格执行下级服从上级、全党服从中央的原则。❸

可见,党的一元化领导就是指同一层次的、各个不同类型和性质的组织和领导机关,均须接受同级党组织的统一领导。而党的下级组织,又必须接受上级组织的领导。客观地讲,在残酷的战争年代和新中国成立初期,这种一元化的领导是十分必要和有效的,因为抗日战争和解放战争期间,一元化领导十分符合军事化领导的要求,能够加强决策、统一指挥、集中力量。相反,蒋介石军队内部却各自为战、部署混乱,各个派系和各集团军都有自己的小算盘,所以一元化领导也是共产党获得革命胜利的法宝之一。

到了新中国成立初期,各级政权机构在党的领导下均是刚刚成立。此时国内的环境是,经济上,一穷二白亟待恢复和发展;政治上,国民党反动派残余分子还在进行反革命破坏和暗杀活动。同时,共产党内部组织里尚有少数人充满着较强的封建思想,妄想着能够在革命胜利之后被论功行赏,自己成为封疆大吏或

---

❶ 中共中央文献研究室编、金冲及主编:《毛泽东传(1893—1949)》,中央文献出版社 2004 年版,第171 页。

❷ 毛泽东:《井冈山的斗争》(一九二八年十一月二十五日),《毛泽东选集》第一卷,人民出版社 1991 年版,第 65—66 页。

❸ 王进、齐鹏飞、曹光哲主编:《毛泽东大辞典》,广西人民出版社、漓江出版社 1992 年版,第 822 页。

一方诸侯;等等。这些对新中国政权的稳固造成了一定程度的威胁。国际上,朝鲜战争刚刚爆发,美帝国主义等实施经济封锁,并围绕中国布置了一条"包围圈",试图扼制和消灭尚在襁褓中的新中国。

国内外的客观环境和中国革命斗争的胜利实践,使得党的主要领导人继续在国家(政府)事务中实施着一元化领导,这对我国领导体制的发展产生了非常深远的影响。但是遗憾的是,这种领导体制后来却畸形地发展成了一种权力过分集中的政治体制。

二、体制的成因

从政治学的角度来说,权力过分集中的政治体制,是政党政治而不是王权政治的一种表现,这种体制表现为党在政治领导中,形成了党政不分和以党代政,进而实现了党对国家和社会的绝对领导的政治现象。

该政治体制的核心问题是党政关系。"中国共产党在建立新中国的过程中,有一点是很明确的,在新的国家中,党应保持其核心地位,具体体现为三个方面:一是党对军队的领导;二是党对政府的领导;三是党对社会组织的领导。其中,党对军队的领导已有相当的经验和基础,因而,在新的历史条件下,党对政府的领导就成为保证党的领导的关键。为此,在新中国国家制度建立过程中,党就有意识地确立和保证党对国家制度的有效领导,从而使中国的党政关系从一开始就出现了以党代政的党的集权倾向。"❶

如前所述,权力过分集中政治体制的形成,和党在战争年代在军事上的绝对领导有着千丝万缕的关系。毛泽东早在 1928 年 11 月,就认为以党代政是一种错误的办法:

> 党在群众中有极大的威权,政府的威权却差得多。这是由于许多事情为图省便,党在那里直接做了,把政权机关搁置一边。……以后党要执行领导政府的任务;党的主张办法,除宣传外,执行的时候必须通过政府的组织。国民党直接向政府下命令的错误办法,是要避免的。❷

---

❶ 林尚立:《当代中国政治形态研究》,天津人民出版社 2000 年版,第 323 页。
❷ 毛泽东:《井冈山的斗争(一九二八年十一月二十五日)》,《毛泽东选集》第一卷,人民出版社 1991 年版,第 73 页。

新中国成立初期,面对纷繁复杂的国际和国内形势,党将权力进行集中的做法是合理和必要的。只是权力集中达到了一定的程度并突破一定的极限之后,会引起政治形态乃至生态的变化,因为它只有集中却缺乏民主、忽略法治。宪法所规定的权力、行政、司法机关不能正常依法行使权力,成为党权之下的附属,这才是具有危害的。总的来看,权力过分集中政治体制形成的原因,有以下几个方面:

第一,党的权威转化为个人权威,形成了个人崇拜。中国共产党在历经千辛万苦,最终玉汝于成,取得革命斗争的胜利。这样的革命成就和党的阶级基础,造就了共产党巨大的精神影响力和感召力,"中共早期领导人进行的革命斗争使他们获得了领袖魅力型的合法性,这种合法性是通过党的早期领导人在革命斗争中所表现出的超凡能力而使革命斗争不断获得胜利取得的。魅力型统治并不依赖于法律和制度等传统程序规章的'合法律性',而是依赖于人民群众对领袖的发自内心的崇拜和信仰"❶。所以,中国共产党及其领袖获得了巨大的政治合法性和权威。

但是,"领袖于正统文化中的突出地位使他们赢得了人们普遍的盲目崇拜。……这一方面是由于他们常常是些靠自己努力成功的人;另一方面则在于他们所生活于其中的充满谄媚逢迎的氛围。领袖身上的这种过分的自视高明会释放出一种潜在的强大的影响力(大众对他们的领袖的膜拜就是明证),进而成为强权的重要源泉"❷。尽管毛泽东自己开始也对个人崇拜很敏感和警觉,但是后来也被如潮水般的顶礼膜拜,推上了"神坛"。

第二,社会革命采取的政治动员模式,也使得权力过分集中政治体制的形成成为可能。新中国成立后,之所以政治动员成为一种常态的政治行为,是因为新中国政治革命的胜利,主要是组织起来的无产阶级先锋队政党,获得和占有了公道正道自在人心的民心民意,并在民心民意基础上取得了巨大政治资源和力量,因此,能够顺利采取政治号召和政治发动这一特有但是有效的形式,来获得政治革命的成功。以致后来进行的社会革命也需要借助政治的力量,这便是政治动员的力量。所谓政治动员,是指政党动用政治资源,发动人民群众依照政党的号

❶ 段凡、党江舟:《论中国共产党执政合法性资源再生产——以科学发展观下的社会主义法治理念为视角》,《河南大学学报(社会科学版)》2009 年第 6 期。

❷ [德]罗伯特·米歇尔斯:《寡头统治铁律——现代民主制度中的政党社会学》,任军锋等译,天津人民出版社 2003 年版,第 53—58 页。

召，去进行一定规模的、群众性的，能够影响政治、经济、社会乃至文化的运动。

群众路线是党取得胜利的一大法宝，但是群众路线必须围绕一个纲领，如果以阶级斗争为纲，群众路线则易异化。而凡大事必须通过政治动员的模式，也很容易使党成为政府的替代者，使得法治弱化，甚至形成法治虚无下的权力过分集中之政治生态。

第三，中国传统封建社会的专制制度和文化之根基还比较深厚，一定程度上也使得权力过分集中政治体制，获得了生存和发展的土壤和养分。中国几千年的封建专制统治，使得王权高度集中，"中国传统社会的最大特点是'王权支配社会'。与'王权'意义相同的还有'君权'、'皇权'、'封建君主专制'等等"❶。王权在一定程度上是以武力的强弱，来决定经济利益的分配，在王权社会中最典型的意识，就是王者的至高无上和臣民的谦卑，所谓"普天之下，莫非王土；率土之滨，莫非王臣"❷。而与之形成鲜明具象对应的是，"在中国传统社会的政治祭坛前，就像在明清两代的金銮殿上一样，臣民们双膝下地，俯首唯唯。向祭坛下一眼望去，下跪的人群中，有的蟒袍玉带，粉面乌纱；有的儒冠博带，口诵诗书；有的黔首垢面，短褐褴褛；有的腰缠万贯，面有卑色……"❸

面对这样一种文化的熏陶和浸染，使得新中国哪怕是一下子"闯"入了新民主主义社会和社会主义社会，但是长久以来所形成的封建政治文化的尾巴还剪不断、理还乱。另外，崇尚天朝大国的国家神话，臣民意识之沉渣泛起，政治主体理性意识之缺乏等等，都为权力过分集中政治体制的形成起到了推波助澜的作用。

第四，苏联模式对中国的影响。新中国成立后的很长时间里，我们一直称呼苏联为"老大哥"，"比如，过去有人因为苏联是设电影部、文化局，我们是设文化部、电影局，就说我们犯了原则错误。他们没有料到，苏联不久也改设文化部，和我们一样。有些人对任何事物都不加分析，完全以'风'为准"❹。可见其对我们的影响之大。

---

❶ 刘泽华：《王权主义概论》，刘泽华、葛荃编：《中国政治思想史研究》，湖北教育出版社 2006 年版，第 223 页。

❷ 《诗经·北山》。

❸ 金太军、王庆五：《中国传统政治文化新论》，社会科学文献出版社 2006 年版，第 112 页。

❹ 毛泽东：《论十大关系》（一九五六年四月二十五日），《毛泽东文集》第七卷，中共中央文献研究室编，人民出版社 1999 年版，第 41 页。

苏联模式的政治体制有三大特点:(1)一切权力直接高度集中于苏共。一开始,斯大林的理论对此已经作出了较为正确和详细的说明和理解,"党掌握政权,党管理国家。然而不能把这一点了解为党是越过国家政权,不要国家政权而实现着无产阶级专政的,不能了解为党是越过苏维埃,不通过苏维埃而管理国家的。这还不是说,可以把党和苏维埃,把党和国家政权等同起来。党是政权的核心。但它和国家政权不是而且不能是一个东西。……谁把党的领导作用和无产阶级专政等同起来,谁就是以党代替苏维埃即代替国家政权"❶。可是后来众所周知的是,苏联社会主义政治体制的模式却和斯大林自己的理论图景大相径庭。(2)苏共的权力其实是过分集中于党的个别领导人身上,使苏共的领导变成了少数人的领导。斯大林从1922年起一直担任党的总书记,20世纪40年代后兼任人民委员会主席和国防委员会主席职务,集党政军大权于一身,并且苏共领导人的职务实行终身制。(3)苏联权力机关形同虚设,最高苏维埃只是表决机器,行政机关的职能被党组织取代,司法机关完全由苏共所控制。(4)苏共的监督机关应具备的权力被削弱,变成了党的最高领导人的工具。

从历史的发展和当时的国情来看,刚刚成立的新中国向苏联学习,是符合需要和切合实际的,且主要是学习其在经济建设方面的经验,这"既不是历史的偶然,也不是历史的必然,但有其历史的理由——它在当时情况下是'最可能的选择'"❷。虽然1956年,毛泽东意识到对于苏联和其他社会主义国家的经验,应当采取"有分析有批判地学,不能盲目地学,不能一切照抄,机械搬用。他们的短处、缺点,当然不要学"❸。——这里的短处、缺点,当然包含了苏联模式的"党政不分"、"以党代政",但是,毛泽东的提议在现实之中没有得到正确地贯彻。

第五,国民党蒋介石政权"以党治国"体制遗毒对党内的侵害。"以党治国"是由孙中山提出的,其意是用"三民主义"来治理国家,并不是实行国民党员的个人治国。而蒋介石却把它进行曲解,使其异化为"党外无政、政外无党"的"党国"体制。所谓"党国"指的是:(1)只有国民党才是唯一的合法政党,除此以外

---

❶ 斯大林:《论列宁主义的几个问题》(1926年1月25日),《斯大林选集》上卷,人民出版社1979年版,第417—419页。

❷ 孙代尧、薛汉伟:《与时俱进的科学社会主义》,安徽人民出版社2004年版,第277—278页。

❸ 毛泽东:《论十大关系》(一九五六年四月二十五日),《毛泽东文集》第七卷,中共中央文献研究室编,人民出版社1999年版,第41页。

不允许其他政党存在；（2）国民党的最高权力机关就是国家最高权力机关，党就是国，国就是党；（3）国民党发布的决定具有法律效力，法律的制定、修改和解释均受国民党控制；（4）政府是国民党的附属机构，一切重大事项均须党点头才能决定。

所谓的"党国"，实际上也是蒋介石个人的"党魁"体制，是独裁。邓小平早在1941年，就明确反对"以党治国"，他说："把党的领导解释为'党权高于一切'，遇事干涉政府工作，随便改变上级政府法令；不经过行政手续，随便调动在政权中工作的干部；有些地方没有党的通知，政府法令行不通，形成政权系统中的混乱现象。甚有把'党权高于一切'发展成为'党员高于一切'者，党员可以为非作歹，党员犯法可以宽恕。其结果怎样呢？……政府没有威信，党也脱离了群众。这实在是最大的蠢笨！……总之，'以党治国'的国民党遗毒，是麻痹党、腐化党、破坏党、使党脱离群众的最有效的办法。我们反对国民党以党治国的一党专政，我们尤要反对国民党的遗毒传播到我们党内来。"❶

第六，党的主要领导人对权力过分集中政治体制模式的引导乃至肯定，对权力的掌控者从党的领导集体转向党的主要领导人之局面的形成，起到了一定的作用。新中国成立后，"毛泽东又多次强调，党政军民学，东南西北中，党是领导一切的"❷。1952年12月，政务院直接批准了中财委党组讨论通过的修正税制的方案，税制公布后引起了社会强烈反响和波动，也引起了毛泽东的注意，他为此专门给周恩来、邓小平、陈云、薄一波写了一封"批评……而且词锋甚严"❸的信，之后"毛主席……批评重点仍侧重于'事先没有报告中央'"❹。

1953年5月，毛泽东又对刘少奇和杨尚昆未经其看过就以中央名义发出文件、电报提出批评，"嗣后，凡用中央名义发出的文件、电报，均须经我看过方能发出，否则无效。请注意。……请负责检查……用中央和军委名义发出的电报

❶　邓小平：《党与抗日民主政权》（一九四一年四月十五日），《邓小平文选》第一卷，人民出版社1994年版，第11—12页。

❷　王进、齐鹏飞、曹光哲主编：《毛泽东大辞典》，广西人民出版社、漓江出版社1992年版，第822页。

❸　薄一波：《若干重大决策与事件的回顾》上卷，中共中央党校出版社1991年版，第234页。该信的全文是："新税制事，中央既未讨论，对中央局、分局、省市委亦未下达通知，匆率发表，毫无准备。此事似已在全国引起波动，不但上海、北京两处而已，究应如何处理，请你们研究告我。此事我看始知，我看了亦不大懂，无怪向明等人不大懂。究竟新税制与旧税制比较利害如何？何以因税制而引起物价如此波动？请令主管机关条举告我。"

❹　薄一波：《若干重大决策与事件的回顾》上卷，中共中央党校出版社1991年版，第235页。

和文件，是否有及有多少未经我看过的（我出巡及患病请假时间内者不算在内），以其结果告我；……过去数次中央会议决议不经我看，擅自发出，是错误的，是破坏纪律的"❶。1959 年，毛泽东在为中共八届七中全会而准备的讲话提纲中写道，"权力集中在常委和书记处，我为正帅，邓为副帅"❷。逐渐地，权力从集中在党委身上，演变成为了权力集中在党的主要领导人身上。

综上所述，权力过分集中政治体制在新中国的出现，是复杂因素多方面综合作用的结果，既有个人的原因，也有历史的原因和社会的原因，更有体制上的原因。不能简单地说，就是某一个人或少数人决定了新中国成立初期的政治生态和局面。作为毛泽东本人，其在新中国成立前后就不止一次地在不同场合和著作中，强调要坚持集体领导，防止个人专断。毛泽东的讲话中最典型的例如，他在 1962 年 1 月 13 日的"七千人大会"上说：

> 各级党委是执行集中领导的机关。但是，党委的领导，是集体领导，不是第一书记个人独断。在党委会内部只应当实行民主集中制。第一书记同其他书记和委员之间的关系是少数服从多数。拿中央常委或者政治局来说，常常有这样的事情，我讲的话，不管是对的还是不对的，只要大家不赞成，我就得服从他们的意见，因为他们是多数。听说现在有一些省委、地委、县委，有这样的情况：一切事情，第一书记一个人说了就算数。这是很错误的。哪有一个人说了就算数的道理呢？我这是指的大事，不是指有了决议之后的日常工作。只要是大事，就得集体讨论，认真地听取不同的意见，认真地对于复杂的情况和不同的意见加以分析。要想到事情的几种可能性，估计情况的几个方面，好的和坏的，顺利的和困难的，可能办到的和不可能办到的。尽可能地慎重一些，周到一些。如果不是这样，就是一人称霸。这样的第一书记，应当叫做霸王，不是民主集中制的"班长"。❸

---

❶ 毛泽东：《关于用中央名义发文件、电报问题的信和批语》（一九五三年五月十九日），《建国以来毛泽东文稿》第四册，人民出版社 1990 年版，第 229—230 页。

❷ 毛泽东：《在中共八届七中全会上的讲话提纲》（一九五九年四月），《建国以来毛泽东文稿》第八册，中央文献出版社 1993 年版，第 196 页。

❸ 毛泽东：《在扩大的中央工作会议上的讲话》（一九六二年一月三十日），中共中央文献研究室编：《毛泽东文集》第八卷，人民出版社 1999 年版，第 294—295 页。

应该说，毛泽东对政治体制尤其是对权力分配的认识，今天看来仍然是非常正确的。可惜的是，这些正确的政治思想没有在一定时期的现实政治生活中得到有效的贯彻。后来出现的"文化大革命"使其个人对权力的掌控程度达到了顶峰，在这期间，党的一元化领导一定程度上是毛泽东的个人领导。其最大的特点正如邓小平后来所说的："权力过分集中的现象，就是在加强党的一元化领导的口号下，不适当地、不加分析地把一切权力集中于党委，党委的权力又往往集中于几个书记，特别是集中于第一书记，什么事都要第一书记挂帅、拍板。党的一元化领导，往往因此而变成了个人领导。全国各级都不同程度地存在这个问题。"❶

三、体制运行的基本方式

权力过分集中政治体制的运行，开始表现为党的集权，党的集权是从党的一元化领导开始的。新中国成立初期，党和政府是分别处于两套政治体制之中运行的力量。一般而言，对于国家政权机构和施行于国家的法律法规制度这一整套政治体制来说，党是这套体制外的力量。党虽然可以成为宪法规定的国家领导核心，但是对于这一套政治体制来说，党却必须要通过针对体制的一内一外两种力量或方式，来实现对国家事务和政府体系的领导，这两种方式便分别是体制内的领导和体制外的领导。

党在体制内的领导，是通过共产党员在国家机构中掌握权力，并在国家机构内设立享有和行使决策权、人事权等权力的党委或党组来实现。党在按照行政区划建立了党委之外，又开始在中央人民政府和一切国家机关设立了党委会。这种设置的根据是1949年11月9日中共中央发出的《关于在中央人民政府内组织中国共产党党委会的决定》："鉴于中华人民共和国成立后，中国共产党成为领导国家政权的执政党，许多共产党员在中央人民政府各级机关里工作，根据这种情况和党章有关规定作出这一决定。主要内容是：（一）组织中央人民政府机关内的党委会……在中央人民政府党委下，按照人对于数及工作部门的性质，暂分设六个分党委。……同时，在中央人民政府所属……机关内组织党的总支和支部。（二）中央人民政府机关内党委会的工作任务是：按照中央人民政府的

---

❶　邓小平：《党和国家领导制度的改革》（一九八〇年八月十八日），《邓小平文选》第二卷，人民出版社1994年版，第328—329页。

政策和决议保证行政任务的完成……负责管党员学习,提高党员觉悟程度及精通业务能力……"❶

同月,为了加强中共中央对中央人民政府的领导,以便统一贯彻执行党中央的政治路线和政策,中共中央发出《关于在中央人民政府内建立中国共产党党组的决定》,该文件决定:"依据党章规定在中央人民政府中担任负责工作的共产党员组成党组。在中央人民政府委员会、人民革命军事委员会及中国人民政治协商会议全国委员会担任负责工作的党员中间不设党组,由中央政治局直接领导。政务院成立党组,最高人民法院和最高人民检察署成立联合党组,分别直属中央政治局领导。凡党中央一切有关政府工作的决定,必须保证执行,不得违反。"❷

通过以上两类组织的设置,党中央加强了对中央政府内党员的有效领导,以及对党中央各项政策在中央政府内的有效贯彻执行。而后在1956年9月中共八大上通过的《中国共产党章程》第五十九条规定:"在国家机关和人民团体的领导机关中,凡是有担任负责工作的党员三人以上的,就应当成立党组。党组的任务是在这些组织中负责实现党的政策和决议……"❸这样一来,党就基本上完成了它在所有国家机关和人民团体中的党组的设立。通过这种从上至下的、从中央到地方各级政府的各部门内所设置的党的组织,党中央便能够主导国家制度的制定和事务的运行,保证党对政府的全面领导。

而党的体制外领导,分为两个层次和两个途径。就党中央层次来说,党中央的领导主要是就重大问题制定路线、方针和政策,并向中央国家机关推荐国家领导人的人选,以及对各项工作进行政治领导。就党的地方组织来说,这种领导主要是对本地区的事务进行决策以及推荐本地区的干部等等。对于党的体制外领导途径来说,一个途径是通过党的集体领导、决策机制。一般来讲,各级政府领导集体成员绝大多数是党委常委或党组成员,政府的较重大决策一般事先已经在党委常委会上或党组会议上讨论决定过,所以无论是中央还是地方的党组织,都能够通过这种机制,有效地领导政府。另一个途径是通过对政府干部的选拔

---

❶ 廖盖隆主编:《中国共产党历史大辞典(社会主义时期卷)》增订本,中共中央党校出版社2001年版,第62页。

❷ 盛平主编:《中国共产党历史大辞典》,中国国际广播出版社1991年版,第371页。

❸ 景杉主编:《中国共产党大辞典》,中国国际广播出版社1991年版,第870页。

和录用机制。一般来说,政府干部的选拔和录用,都要经过党的组织部门的考察和批准。通过这种人事权的有效把握,来保证党对政府的政治、组织领导。这种机制在 1951 年全国党的组织工作会议上就已经明确。

而中共中央对于推动党的权力集中功能政策的出台,最早是在 1953 年 3 月,中共中央发出的《中共中央关于加强中央人民政府系统各部门向中央请示报告制度及加强中央对于政府工作领导的决定(草案)》。《草案》规定指出:"今后政府工作中一切主要的和重要的方针、政策、计划和重大事项,均须事先请示中央,并经过中央讨论和决定或批准以后,始得执行。政府各部门对于中央的决议和指示的执行情况及工作中的重大问题,均须定期地和及时地向中央报告或请示,以便能取得中央经常的、直接的领导。……今后政务院各委和不属于各委的其他政府部门一切主要的和重要的工作均应分别向中央直接请示报告。……如应向中央请示报告的事项而竟未向中央提出,则最后经手的政府负责同志应负主要的责任。"❶这样一份文件的出台,其实主要是针对 1952 年的"修正税制方案事件"。但经过中央文件的确定,使得党对政府事务的决定或代替,有了直接的"依据"。

在实际工作中,一些本来应该由政府部门决策和处理的事务,却由党来直接代替,而且这些事务还比较具体。例如,在 1954 年 1 月 8 日的《中共中央对中央文化部党组〈关于目前文化艺术工作状况和今后改进意见的报告〉的批示》中,可以看到中央的相关指示:"中央文化部和中国作家协会必须采取适当办法动员和组织作家从事电影文学剧本的创作,保证每年出产大故事片十二部至十五部,并争取超过,逐步做到年产二十四部。此外,并应制作适合农村的较短的通俗故事片。……文化艺术部门……必须……严格执行向党委和上级请示报告的制度,以便使文化工作受到党的经常领导和监督。为加强各级政府文化行政部门本身的领导,除应健全各省、市文化局(处)的机构外,同意在不增加编制,统一调配的原则下,逐步实行县文教分科;……文教科亦必须有一专人(最好是副科长)专管文化工作。……批准文化部党组起草的'关于加强电影制片工作的决定'、'关于建立电影放映网和电影工业的决定'、'关于整顿和加

----

❶ 《中共中央关于加强中央人民政府系统各部门向中央请示报告制度及加强中央对于政府工作领导的决定(草案)》,中共中央文献研究室编:《建国以来重要文献选编》(第四册),中央文献出版社 1993 年版,第 67—70 页。

强文化馆、站工作的指示'三个文件,望即由中央人民政府政务院和文化部分别予以发布。"❶

从这份批示可以看出,本来隶属于政务院的这些行政事务和职能,无论大小巨细,都是由中共中央提出和要求执行,而政府部门只是负责党在批示之后,再具体实施罢了。而这种事例,在新中国成立初期中共中央的文件中,还可以找到一些。

这样一来,一方面,党通过设置党委会和党组,使党的权力运行机制能够在政府之中建立并运行,另一方面党通过出台类似于《中共中央关于加强中央人民政府系统各部门向中央请示报告制度及加强中央对于政府工作领导的决定(草案)》这样的党内"法规",使得党在政府之内的权力运行,获得了实体和程序两个方面的"合法律性"保证。

从社会学的角度来说,改革开放之前,中国的社会尚未形成充分的自主性。也就是说,新中国成立初期的中国社会,自我发育和成长能力还不具备或者足够,其很大程度上是在国家的统一管理和支配下成长和运行的,党在创造了全面领导国家的体制、机制和条件之后,也为国家统制社会创造了组织资源和体制资源。

> 可以看出,在改革开放前的中国社会和中国政治形态中,党、国家与社会的基本关系是:党领导国家、国家主导社会,党通过国家或自身组织主导社会。在这样的关系格局下,只要党加强控制,党就能迅速积聚权力,从而拥有绝对的权力。这样的党、国家和社会关系,为权力高度集中提供了政治、经济和社会基础。长时间主导中国社会的党的一元化领导就是在这样的"丰厚"基础上形成的。……在一元化领导下形成的党高度集权包括两个方面:一是党委高度集中权力;二是党的中央集权。在党高度集权形成过程中,这两个方面是相互作用和相互促进的,其中党的中央集权对党高度集权局面的形成具有决定性意义。❷

---

❶ 《中共中央对中央文化部党组〈关于目前文化艺术工作状况和今后改进意见的报告〉的批示》,中共中央文献研究室编:《建国以来重要文献选编》(第五册),中央文献出版社 1993 年版,第 18—21 页。
❷ 林尚立:《当代中国政治形态研究》,天津人民出版社 2000 年版,第 322 页。

四、体制的终结

客观地说,由于时代和环境的原因,在国家制度并不是很完善的情况下,这种党将权力高度集中的做法是合理和必需的。但是,国家制度和体制的建设,国家治理体系和治理能力的现代化,是国家长治久安的根本。如果高度的权力集中突破一定的极限,达到了过分集中的状态,就会引起政治形态的改变。具体来说,包含民主集中制的破坏、法治的虚无、宪法成为摆设、政府间关系政党化、党的功能国家化、单位组织政治化,等等。最严重的莫过于十年"文革"的发生。虽然"文革"的发生,并不一定就是(党的)权力过分集中政治体制的必然产物,它是很多很复杂的原因综合在一起的结果,但是如没有权力过分集中政治体制的产生,"文革"应该是不会发生的。"文革"期间,权力过分集中于党,逐渐发展为权力过分集中于党的领导人,可以说是新中国政治建设和发展过程中的一次教训。

具体来说,在中共八大之后,也就是 1956 年秋冬,国内出现了由于部分领域社会改造的急促进行,所导致的一些社会不安定状况。加之经济建设未能完全克服冒进所带来的不稳定状态,社会上又发生了少数人出来闹事的事件。"工人罢工、学生罢课、群众性的游行请愿和其他类似事件,比以前有了显著的增加。全国各地,大大小小,大约共有一万多人罢工,一万多学生罢课。"[1]

同时,"百花齐放、百家争鸣、长期共存、互相监督"的方针提出后,知识分子的思想更加活跃,在文化、教育、科学等问题上,对党和政府工作中存在的一些缺点、失误乃至错误,提出了看法和批评。这里面,有一些意见是正确的,也有一些意见是错误的。

但面对这些新的矛盾,一些党员和干部思想上僵化,被动应对,"用粗暴的而不是说服的办法,用斥责而不是说理的办法,用强迫而不是自愿的办法,来对待知识分子,对待思想问题"[2],视闹事和批评为阶级斗争的表现。这种情况下,党中央决定进行以"正确处理人民内部矛盾"为主题的全党整风。不过,在整风过程中,极少数"资产阶级右派分子"利用党实行的"知无不言,言无不尽;言者

---

[1] 《中共中央关于处理罢工、罢课问题的指示》(一九五七年三月二十五日),中共中央文献研究室编:《建国以来重要文献选编》(第十册),中央文献出版社 1994 年版,第 154 页。

[2] 《中共中央关于传达全国宣传工作会议的指示》(一九五七年三月十六日),中共中央文献研究室编:《建国以来重要文献选编》(第十册),中央文献出版社 1994 年版,第 133 页。

无罪,闻者足戒;有则改之,无则加勉"❶的鼓励批评原则,乘机攻击共产党为"党天下"。公然提出共产党应该退出机关和学校,公方代表应退出合营企业。他们抹杀社会主义改造的成绩,说人民民主专政是主观主义、宗派主义和官僚主义的根源,要从根本上否定社会主义制度的优越性。"在'帮助共产党整风'的名义之下,少数的右派分子正在向共产党和工人阶级的领导权挑战,甚至公然叫嚣要共产党'下台'。"❷究其实,

> 它的核心是反对社会主义,反对党的领导。有些人是杀气腾腾的啊！当时不反击这种思潮是不行的。❸

此时的毛泽东,原来对中共八大关于国内的主要矛盾,"已经是人民对于建立先进的工业国的要求同落后的农业国的现实之间的矛盾,已经是人民对于经济文化迅速发展的需要同当前经济文化不能满足人民需要的状况之间的矛盾"❹这一正确提法的认识,逐渐改变了,而转认为"事情正在起变化",他认为:

> 除了沙漠,凡有人群的地方,都有左、中、右,一万年以后还会是这样。❺

同时,要"注意各民主党派中反动分子的猖狂进攻。……党报正面文章少登(可以登些中间派文章)。……高等学校组织教授座谈,向党提意见,尽量使右派吐出一切毒素来,登在报上。可以让他们向学生讲演,让学生自由表示态

---

❶ 《中国共产党中央委员会关于整风运动的指示》(一九五七年四月二十七日),中共中央文献研究室编:《建国以来重要文献选编》(第十册),中央文献出版社 1994 年版,第 224 页。

❷ 《这是为什么?》(一九五七年六月八日《人民日报》社论),中共中央文献研究室编:《建国以来重要文献选编》(第十册),中央文献出版社 1994 年版,第 289 页。

❸ 邓小平:《目前的形势和任务》(一九八〇年一月十六日),《邓小平文选》第二卷,人民出版社 1994 年版,第 243 页。

❹ 《中国共产党第八次全国代表大会关于政治报告的决议》(一九五六年九月二十七日中国共产党第八次全国代表大会通过),中共中央文献研究室编:《建国以来重要文献选编》(第九册),中央文献出版社 1994 年版,第 341 页。

❺ 毛泽东:《事情正在起变化》(一九五七年五月十五日),《建国以来毛泽东文稿》第六册,中央文献出版社 1992 年版,第 474 页。

度。最好让反动的教授、讲师、助教及学生大吐毒素,畅所欲言。……反动派头脑发胀,极为猖狂……这是一场大战(战场既在党内,又在党外),不打胜这一仗,社会主义是建不成的"❶。同日,《人民日报》发表社论《这是为什么?》,提出:"阶级斗争并没有消灭,在思想战线上尤其是如此。……我们还必须用阶级斗争的观点来观察当前的种种现象,并且得出正确的结论。"❷

到了7月,毛泽东已经认为"资产阶级右派和人民的矛盾是敌我矛盾,是对抗性的不可调和的你死我活的矛盾"❸了。这个时候,反右派斗争被扩大化。在中共八届三中全会上,依照此前毛泽东的判断,会议"改变了八大一次会议关于中国社会主要矛盾的判断。这成为后来党在阶级斗争问题上一次又一次犯扩大化错误的理论根源"❹。

之后在1959年庐山会议上出现的党内分歧,被认为是阶级斗争的继续,会议主题从纠"左"变为反"右"。而且会议一个显著特点是,认为党内也存在阶级斗争。之后便出现了全国范围内的"反右倾"运动。1962年,中共八届十中全会断言:"被推翻的反动统治阶级不甘心于灭亡,他们总是企图复辟。……这是马克思列宁主义早就阐明了的一条历史规律,我们千万不要忘记。……国外帝国主义的压力和国内资产阶级影响的存在,是党内产生修正主义思想的社会根源。"❺

中共八届十中全会以后,到"文化大革命"发动以前,"左"倾错误虽然再度发展,但是还没有成为支配全局的错误。这个时期一个很明显的状况就是,中共中央出台了很多关于发展生产、调整结构、执行计划的正确指示和决定。

但到了1965年11月,在江青的授意和组织下,上海《文汇报》发表了毛泽东批发的署名姚文元的《评新编历史剧〈海瑞罢官〉》一文。可以说,它成为了

---

❶ 毛泽东:《组织力量反击右派分子的猖狂进攻》(一九五七年六月八日),《建国以来毛泽东文稿》第六册,中央文献出版社1992年版,第496—497页。

❷ 《这是为什么?》(一九五七年六月八日《人民日报》社论),中共中央文献研究室编:《建国以来重要文献选编》(第十册),中央文献出版社1994年版,第289—290页。

❸ 毛泽东:《一九五七年夏季的形势》(一九五七年七月),《建国以来毛泽东文稿》第六册,中央文献出版社1992年版,第456页。

❹ 陈述:《中华人民共和国60年》,中共党史出版社2009年版,第44页。

❺ 《中国共产党第八届中央委员会第十次全体会议的公报》(一九六二年九月二十七日中国共产党第八届中央委员会第十次全体会议通过),中共中央文献研究室编:《建国以来重要文献选编》(第十五册),中央文献出版社1997年版,第653—654页。

"文革"的导火索。1966年5月中央政治局扩大会议和8月中共八届十一中全会的召开,是"文革"全面发动的标志。十年"文革"就此拉开序幕。

"文革"成为新中国权力过分集中于党,向权力过分集中于个人全面转变的集中体现。"文革"发生的原因是非常复杂的,但党的主要领导人对国内外形势判断的失误,将阶级斗争扩大化,应该是主要因素之一。

"文革"的发生和发展,说明党的领导人的个人领导实际上已经基本取代了中共中央的集体领导,即便"'文化大革命'中间,我们还是有个党存在。如果现在否定了中共八届十二中全会和'九大'的合法性,就等于说我们有一段时间党都没有了。这不符合实际"❶。但是,"踢开党委闹革命"、"全面夺权"、"炮打司令部"、"全国山河一片红"等那个时期的当红政治话语,都说明了彼时党和国家的领导权,一度处于被迫转移和瘫痪的状态。1967年1月22日的《人民日报》发表题为《无产阶级革命派大联合,夺走资本主义道路当权派的权》的社论,说道:

> 一场无产阶级革命造反派大联合展开夺权斗争的伟大革命风暴,在我们伟大领袖毛主席的伟大号召下,正以排山倒海之势,雷霆万钧之力,席卷全中国,震动全世界。无产阶级革命造反派最盛大的节日来到了! 一切牛鬼蛇神的丧钟敲响了! 让我们高举起双手,热烈地欢呼:无产阶级革命造反派的大联合,夺走资本主义道路当权派的权好得很! 就是好得很! 这是国际共产主义运动中的极其伟大的创举,是人类历史上从来没有过的大事,是关系到世界前途和人类命运的大事。有了权,就有了一切;没有权,就没有一切。联合起来,团结起来,夺权! 夺权!! 夺权!!!❷

各级革命委员会粉墨登场,革命委员会的成员虽然肯定是中共党员,但是"作为执政的中国共产党的各级地方和基层组织便不复存在。虽然后来召开了九大,但各级党组织并没有恢复和重建。这是党的历史上的非常时期,有中央

---

❶ 邓小平:《对起草〈关于建国以来党的若干历史问题的决议〉的意见》(一九八〇年三月——一九八一年六月),中共中央文献研究室编:《三中全会以来重要文献汇编》上,人民出版社1982年版,第459页。

❷ 李成武、戚嘉林:《大陆台湾六十年》,海南出版社2009年版,第112页。

政治局常委没有政治局,有中央委员会没有地方和基层组织,有广大党员却不需要也不可能参加党的组织活动,典型地表现为个人高度集权为主导的无政府状态"❶。

无政府状态在延续,但是国家公权力却仍然存在。这是因为:

第一,无政府状态并不是说没有实际控制和运行权力的机构,而只是说这种机构并不是以人民政府等形式出现,而是以革命委员会的形式出现。"新成立的革委会实行一元化领导,集党、政、军大权于一身,包揽行政、司法、党务等一切权力,是把权力过分集中、党政不分、党政合一、政企不分的诸弊端发展到极端的领导体制。"❷

第二,这个新出现的革命委员会,可以说是世界上绝无仅有的政治组织。这个权力垄断组织的领导程序、规范、方法等,并没有一个成体系并自洽的制度依据,其完成"全面夺权"后,自身却没有建立起一套权力的运作程序和规范,由此导致政治、社会生活陷入了"和尚打伞——无法(发)无天"的状况,"一人当官,鸡犬升天,一人倒霉,株连九族,这类情况曾发展到很严重的程度"❸。而这个权力系统之所以能够存在和继续,是因为这个权力系统的总设计者和制造者是在党内外享有崇高威望的毛泽东。毕竟从1956年年底开始直到"文革"时期,毛泽东个人对形势的看法和判断,很多都形成了中共中央的决议而交由全党执行。人民某种程度上是"出于对毛泽东同志和党的信赖"❹,同时,这种信赖经过少数别有用心的人的鼓吹和利用,加上毛泽东本人"逐渐骄傲起来,逐渐脱离实际和脱离群众,主观主义和个人专断作风日益严重,日益凌驾于党中央之上,使党和国家政治生活中的集体领导原则和民主集中制不断受到削弱以至破坏"❺。

---

❶ 迟福林、田夫主编:《中华人民共和国政治体制史》,中共中央党校出版社1998年版,第260页。

❷ 林尚立:《当代中国政治形态研究》,天津人民出版社2000年版,第360页。

❸ 邓小平:《党和国家领导制度的改革》(一九八〇年八月十八日),《邓小平文选》第二卷,人民出版社1994年版,第335页。

❹ 《中国共产党中央委员会关于建国以来党的若干历史问题的决议》(一九八一年六月二十七日中国共产党第十一届中央委员会第六次全体会议一致通过),中共中央文献研究室编:《三中全会以来重要文献汇编》下,人民出版社1982年版,第810—811页。

❺ 《中国共产党中央委员会关于建国以来党的若干历史问题的决议》(一九八一年六月二十七日中国共产党第十一届中央委员会第六次全体会议一致通过),中共中央文献研究室编:《三中全会以来重要文献汇编》下,人民出版社1982年版,第818—819页。

虽然 1976 年"四人帮"垮台了,但是"文革"期间的系列错误并没有随着"四人帮"的垮台,而得到有力的纠正。这种纠正不力的原因,不是因为革命委员会还在现实政治生活中继续存在的这种表象,而是由于当时的最高领导人坚持"两个凡是",具体体现就是在 1977 年中共十一大报告上,用"坚持'无产阶级专政下继续革命的理论';坚持'文化大革命'完全必要,非常及时;坚持反右,反对反'左';坚持用政治挂帅、群众运动和大跃进的方式搞经济"❶的话语,来对"文革"的路线、方针、政策进行维护,并试图制造一个新的个人崇拜。而这些,直到 1978 年中共十一届三中全会以后,才逐渐在党内被消除。

最终,中国共产党关于明确党的集体领导,反对个人专断的党内决议,在中共十一届五中全会上通过,决议指出:

> 集体领导是党的领导的最高原则之一。从中央到基层的各级党的委员会,都要按照这一原则实行集体领导和个人分工负责相结合的制度。……而不得由个人专断。……在党委会内,决定问题要严格遵守少数服从多数的原则。书记和委员不是上下级关系,书记是党的委员中平等的一员。……不允许搞"一言堂"、家长制。❷

第二节　新中国"公有制"的全面建构与私有制的绝迹

一、所有制的起源和本质

中国封建社会一直存在"公有"和"私有"的观念,不过这里的公有,并不是现代意义上的公有,因为那时候讲究的是"普天之下,莫非王土;率土之滨,莫非王臣"❸,所谓的"公"也就是姓"皇"。

所有制概念的提出,来自于西方的圣西门派。西方的所有制理论,包括了自

---

❶ 郑刚主编:《当代中国三次思想解放实录——献给中共十一届三中全会二十周年》(上册),中共党史出版社 1998 年版,第 78 页。
❷ 《关于党内政治生活的若干准则》(中国共产党第十一届中央委员会第五次全体会议通过),中共中央文献研究室编:《三中全会以来重要文献汇编》上,人民出版社 1982 年版,第 417—418 页。
❸ 《诗经·北山》。

然法上的私有说和乌托邦理论的公有说。后来的马克思和恩格斯将其作为一个基本范畴来使用。《共产党宣言》指出，所有的无产阶级运动，"都特别强调所有制问题，把它作为运动的基本问题，不管这个问题当时的发展程度怎样"❶。但是，"人类早期社会中，所有制不会产生，所有制等经济关系是后来才产生的"❷。因为早期社会中的人们，并没有在生产资料作为一种中介的基础上而形成社会关系。

而随着社会生产力的发展，劳动分工出现了之后，人类社会第一个所有制形态——部落共同体所有制，就通过战争等现实的排他性活动而产生了。因此，马克思恩格斯把剥削和压迫作为所有制的必然内容。而且，他们还高度重视生产资料所有制问题，认为生产资料所有制是整个社会生产关系和社会经济制度的基础，它不仅仅决定着人们在产品的交换、分配和消费中的关系，以及人们在生产关系中的地位，更加重要的是，生产资料所有制决定着社会的性质和发展。

"马克思经常谈到所有制，但在不同场合，所有制的含义并不一样。在德文中，马克思选用的是 eigentum；马克思亲自修订的《资本论》法文版第一卷中选用的是 propriété；恩格斯亲自校订的《共产党宣言》英译本中选用的是 property，而在《资本论》第一卷英文版中既用 property 又用 ownership。"❸马克思在对私有制进行分析时，就涉及到了所有制的本质。他说："私有制不是一种简单的关系，也绝不是什么抽象概念或原理，而是资产阶级生产关系的总和。"❹

所以马克思主义政治经济学，将所有制概念分为三个层次：第一个层次，是生产资料的归属；第二个层次，是生产资料和劳动者的结合方式；第三个层次，是在包括生产、分配、交换、消费各个环节的生产总过程中，体现出来的人与人的生产关系的总和。而综合马克思和恩格斯关于所有制的理论，可以归结为一点：就是实现公有制是历史的必然。正如《共产党宣言》中所讲的："共产党人可以用

---

❶ 马克思、恩格斯：《共产党宣言》(1847 年 12 月—1848 年 1 月)，《马克思恩格斯选集》第 1 卷，人民出版社 1972 年版，第 285 页。又译为："都强调所有制问题是运动的基本问题，不管这个问题的发展程度怎样。"《马克思恩格斯文集》第 2 卷，人民出版社 2009 年版，第 66 页。

❷ 邹东涛、欧阳日辉：《中国所有制改革 30 年 (1978—2008)》，社会科学文献出版社 2008 年版，第 19 页。

❸ 邹东涛、欧阳日辉：《中国所有制改革 30 年 (1978—2008)》，社会科学文献出版社 2008 年版，第 17 页。

❹ 马克思：《道德化的批评和批评化的道德——论德意志文化的历史，驳卡尔·海因岑》(1847 年 10 月底)，《马克思恩格斯全集》第 4 卷，人民出版社 1958 年版，第 352 页。

一句话把自己的理论概括起来:消灭私有制。"❶

二、公有制理论在苏俄及苏联的实践

当人类社会进入到资本主义社会后,它那"每个毛孔都滴着血和肮脏的东西"的资本,在创造着过去整个人类在历史上都未曾创造过的财富的同时,也在敲打着它自己的丧钟。生产资料私有制同社会化大生产之间的矛盾不可能进行调和,生产关系一定要适应生产力的发展,这一人类社会发展的基本规律,决定了用社会主义公有制代替资本主义私有制,是科学和必然的。

但是社会主义公有制不可能自动地在资本主义社会中产生,只有通过资本主义社会自己培养出来的掘墓人——无产阶级的政治革命胜利之后,方能建立社会主义公有制经济。尤其对于那些生产力落后的东方国家而言,在跨越"卡夫丁峡谷",建立了无产阶级专政的社会主义国家之后,其首要任务便是将生产资料变为国家的财产。"资本主义生产方式日益把大多数居民变为无产者,同时就造成一种在死亡的威胁下不得不去完成这个变革的力量。这种生产方式迫使人们日益把巨大的社会化的生产资料变为国家财产,同时它本身就指明完成这个变革的道路。无产阶级将取得国家政权,并且首先把生产资料变为国家财产。"❷

马克思和恩格斯曾经预言无产阶级革命,将首先在最发达的资本主义国家中取得胜利,因为这些国家生产力高度发达,物质已经非常丰富,同时,社会化大生产和生产资料私人所有的矛盾已经不可调和,一旦革命成功之后,建立公有制经济将会有充分的物质现实条件作为基础。由于社会主义公有制经济一直只是马克思和恩格斯的理论设想,在现实之中尚没有现成的国家实践用来印证和实现这种设想,所以马克思恩格斯所设想的公有制是一种理想的公有制,也是一种经典的公有制。

虽然在这种"未来社会"中,还不存在对社会形态的阶段划分,不过马克思

---

❶ 马克思、恩格斯:《共产党宣言》(1847 年 12 月—1848 年 1 月),《马克思恩格斯选集》第 1 卷,人民出版社 1972 年版,第 265 页。相同译文见《马克思恩格斯文集》第 2 卷,人民出版社 2009 年版,第 45 页。又译为:"共产党人可以把自己的理论用一句话表示出来:消灭私有制。"《马克思恩格斯全集》第 4 卷,人民出版社 1958 年版,第 480 页。

❷ 恩格斯:《反杜林论》(1876 年 9 月—1878 年 6 月),《马克思恩格斯选集》第 3 卷,人民出版社 1972 年版,第 320 页。相同译文见《马克思恩格斯文集》第 2 卷,人民出版社 2009 年版,第 297 页。

和恩格斯还是觉得即使是社会主义社会,也是一个经常需要改革的社会,只不过,公有制仍然是这个经常改革着的社会的基础。恩格斯在给奥托·伯尼克的信中就写道:

> 我认为,所谓"社会主义社会"不是一种一成不变的东西,而应当和任何其他社会制度一样,把它看成是经常变化和改革的社会。它同现存制度的具有决定意义的差别当然在于,在实行全部生产资料公有制(先是单个国家实行)的基础上组织生产。❶

只是他们一直保有伟大的共产主义者的谦虚,即他们反复提醒后来者,他们"在这里决不是设计未来的大厦"❷,恩格斯在给卡尔·考茨基的信中就说过:

> 无论如何,共产主义社会中的人们自己会决定,是否应当为此采取某种措施,在什么时候,用什么办法,以及究竟是什么样的措施。我不认为自己有向他们提出这方面的建议和劝导的使命。那些人无论如何也不会比我和您笨。❸

而且,即便是对于公有制的表达,马克思和恩格斯也有很多不同的说法。例如:"'财产公有'、'社会的所有制'、'社会的生产资料'、'社会占有'、'国家财产'、'国家所有'、'集体在国家手里'、'集体占有形式'、'集体占有制'、'公共占有'等。"❹这样一来,便给后来的马克思主义者实践社会主义公有制,提供了探索和构建的空间。

马克思主义创始人逝世之后,马克思主义所有制理论,便肩负着将马克思

---

❶ 恩格斯:《致奥托·伯尼克》(1890 年 8 月 21 日),《马克思恩格斯全集》第 37 卷,人民出版社 1971 年版,第 443 页。

❷ 恩格斯:《反杜林论》(1876 年 9 月—1878 年 6 月),《马克思恩格斯选集》第 3 卷,人民出版社 1995 年版,第 654 页。相同译文见《马克思恩格斯文集》第 9 卷,人民出版社 2009 年版,第 320 页。

❸ 恩格斯:《恩格斯致卡尔·考茨基》(1881 年 2 月 1 日),《马克思恩格斯全集》第 35 卷,人民出版社 1971 年版,第 145—146 页。

❹ 邹东涛、欧阳日辉:《中国所有制改革 30 年(1978—2008)》,社会科学文献出版社 2008 年版,第 34—35 页。

主义创始人所创造的理论,带向理论联系实践并服务于实践的崇高历史使命。这种实践不光是对马克思恩格斯的共产主义学说的实践,也是后来的社会主义实践者,根据其所面临的具体现实情况和问题,实事求是地解决具体问题的实践。

但是,当时国际共运的领导人,将马克思的一些论断当作了神圣的"禁区"。第二国际的伯恩斯坦和考茨基等人又攻击马克思主义,认为"马克思主义的实践跟这种理论上的否定态度有着显然不可调和的矛盾。……人们当然遵守明白的纲领:由作为阶级组织起来的无产者夺取政权,剥夺资本家,生产资料和生产的社会化,于是人们就认为这一来一切空想都排除了。这些确实都是非常具体、现实的事情。但是实践表明,无论人们把这事想象得如何现实,它仍旧并不因此就不带相当大分量的空想"❶。并进一步宣扬"和平进入"社会主义的改良和阶级合作观点。

这种情况下,列宁同"修正主义"❷进行了斗争,他积极应对所谓的理论"禁区"所带来的妨碍社会主义实践的不利条件,不拘泥于这些禁区内理论的禁锢,提出:

> 我们决不把马克思的理论看做某种一成不变的神圣不可侵犯的东西;恰恰相反,我们深信:它只是给一种科学奠定了基础,社会主义者如果不愿落后于实际生活,就应当在各方面把这门科学推向前进。……它所提供的只是一般的指导原理,而这些原理的应用具体地说,在英国

---

❶ [德]爱德华·伯恩斯坦:《社会主义中的现实因素和空论因素》,马元德、严隽旭、彭金安、蔡升译,《伯恩斯坦文选》,殷叙彝编,人民出版社 2008 年版,第 84—88 页。

❷ "修正"一词在中文词汇中,是指修改、修订的意思。德、英、法等国文字中的"修正"一词,来自拉丁词"revidere"和"revisereo"。它的基本意思是"经过深入的考察后得出另一种判断",作为司法用语就是"重判"的意思。因此这个词本身并没有什么贬义。"修正主义"作为特定含义的概念的出现,始于德国党内对伯恩斯坦主义的批判。最早使用修正主义一词来批判伯恩斯坦的是罗莎·卢森堡。她多次把修正主义作为一个独立的概念加以使用来批判伯恩斯坦,但当时并没有为人们所注意。而当时接受伯恩斯坦观点的人,都被称为"伯恩斯坦分子"、"机会主义者"、"新马克思主义者"等等。1901 年后,德国社民党内的马克思主义者,认识到仅仅用机会主义的概念来批评伯恩斯坦的理论是不够了,必须用一个更加科学和准确的概念来揭露其本质。而在这种情况下,社民党内围绕伯恩斯坦问题进行争论时,双方都采用了修正主义一词。此后,修正主义成了伯恩斯坦主义的代名词。而他本人对给他戴的修正主义帽子,也认可了。参见戴清亮、李良瑜、荣民泰等:《社会主义学说史》,人民出版社 1987 年版,第 365—367 页。

不同于法国,在法国不同于德国,在德国又不同于俄国。❶

正是在这样的一种思维和理论的指引之下,之后,由列宁所领导的"十月革命",在一个生产力水平较为落后的俄国取得了胜利。革命胜利后,社会主义实践者自然有了将马克思主义所有制理论,进行实践的机会和场所。具体来说,从"十月革命"到1918年春天,是苏维埃政权采取形式进一步剥夺旧社会中产生并在新社会中遗存的"剥夺者"的时期。从1918年春到夏初,是进行社会主义改造和建设的时期,这一时期的建设计划和行为安排,主要是以列宁的《苏维埃政权的当前任务》中的思想内容,作为实践之中的理论根据之一。

而从1918年夏天到1921年春天,是实行"战时共产主义"政策的时期。这是一个面向和针对特殊时期的政策:在城市,实行全部的工业、商业和运输业的国有化,甚至连革命初期允许存在的小型资本主义经济都被取消;在农村,实行余粮征集制;在经济面临崩溃和大规模饥荒爆发的情况下,垄断贸易并禁止自由买卖。"战时共产主义"政策帮助苏俄渡过了难关,但也由于政策在实行过程中所带来的变化乃至震动过于频繁和激烈,造成了国民生活水平的下降和部分工农和士兵的骚乱,甚至给初生的苏俄政权,带来了一定程度上的危机。

在这种情况下,列宁认识到当社会生产力的发展水平,还没有到达一定程度的时候,就以纯粹的公有制经济来代替私有制经济是不行的。"严酷的事实说明,马克思主义经典作家关于未来社会经济制度的论述,只是一种设想,其前提条件是建立在资本主义高度发达的生产力基础上的。而革命胜利后的俄国,其经济和文化基础十分薄弱,资本主义经济虽有一定的发展,但总体上是一个生产力落后、小农经济占优势的国家。如果不从本国国情出发,照搬经典作家的现成结论,就会事与愿违"❷。

于是1920年,苏俄从"战时共产主义"转向实行"新经济政策"。该政策的内容是:第一,用粮食税取代余粮收集制。主要是将粮食税额降低,并根据

❶ 列宁:《我们的纲领(为〈工人报〉写的文章)》(写于1899年下半年),《列宁选集》第1卷,人民出版社1972年版,第203页。
❷ 张兴茂、李保民:《马克思主义所有制理论中国化研究》,中国社会科学出版社2008年版,第45—46页。

情况确定税额,农民有权在限定的地方,用纳税后的余粮交换必需的工业品;第二,农村和城市,工业和农业,各生产者之间的自由贸易被允许;第三,恢复经济核算制,使企业按照经济规律来从事经营活动,从而让商品经济的规律得到体现。"国营企业改行所谓经济核算,同新经济政策有着必然的和密切的联系,而且在最近的将来,这种企业即使不会成为唯一的一种,也必定会是主要的一种。在容许和发展贸易自由的情况下,这实际上等于让国营企业在相当程度上改行商业的即资本主义的原则。"❶第四,实行租让制度。把国企租给资本家经营,把资本主义纳入国家资本主义的轨道,来帮助国家的发展。国家资本主义包括租让制、小企业合作社、国家委托资本家代购代销、租借、合营公司。

新经济政策的"新"处在于,改变了以往所认定和坚持的全部国有化思想和局面,允许现实中的小农经济、小商品经济、私人资本主义、国家资本主义和社会主义经济共同存在。此外,列宁还提出了要利用外资的观点,引进国外的技术及设备来发展社会主义。对于资本主义的认识和理解,列宁说道:

> 同社会主义比较,资本主义是祸害。但同中世纪制度、同小生产、同小生产者涣散性引起的官僚主义比较,资本主义则是幸福。既然我们还不能实现从小生产到社会主义的直接过渡,所以作为小生产和交换的自发产物的资本主义,在一定程度上是不可避免的,所以我们应该利用资本主义(特别是要把它纳入国家资本主义的轨道)作为小生产和社会主义之间的中间环节,作为提高生产力的手段、途径、方法和方式。❷

这些观点和理论,丰富了马克思恩格斯的所有制理论,也对马克思主义所有制理论的中国化,产生了重要和深远的影响。新中国在社会主义过渡时期采用

---

❶ 列宁:《关于工会在新经济政策条件下的作用和任务的提纲草案》(1921年12月30日—1922年1月4日),《列宁全集》第42卷,人民出版社1987年版,第366—367页。

❷ 列宁:《论粮食税(新政策的意义及其条件)》(1921年4月21日),《列宁选集》第4卷,人民出版社1995年版,第510页。相同译文见《列宁专题文集——论社会主义》,人民出版社2009年版,第225页。

的"总路线",一定程度上受到了新经济政策的影响。

新经济政策的实行,使国家的国民经济摆脱困境而走上了正轨。但1924年1月列宁的过早逝世,使得新经济政策理论和实践方面的很多问题,还没有来得及进一步深化和细化,导致新经济政策理论,还没有完全成熟。也可以认为,一定程度上新经济政策还是一种应急性的对策,而不是真正的理论和纲领。以至于当时托洛茨基等人认为,新经济政策不属于社会主义。

托洛茨基认为新经济政策将把苏联"引向资本主义,如果我们让新经济政策延续太长的时间的话"❶。这样,发生了和布哈林、斯大林等中央多数派的争论。不过,这场争论并不是一场简单的理论论战,而是和党内的政治斗争纠缠在了一起。而且,论战并不是在平等和实事求是的氛围中进行,政治上处于不利地位的人,其意见不是被压制就是其身心受到打压。争论最后以托洛茨基等"左倾反动派分子"被开除出党而告终。

但到了后来,掌权了的斯大林,却将托洛茨基的"超级工业化"理论和托派的"社会主义原始积累"观点,嫁接到自己的理论中来。这反而和布哈林等人又产生了争论。斯大林和布哈林争论的实质其实是,是否继续实行新经济政策。"斯大林的方案适应了苏联国内迫切要求赶上先进的资本主义国家的强烈愿望和迅速增强国家经济实力与国防实力以防御外来侵略的需要,所以很自然地占了上风。令人痛惜和值得引以为深刻教训的是,这些不同理论观点和不同政策方案的争论,同政治斗争、党内派别斗争纠缠在一起,不允许外传和公开讨论,更不允许试验和经过实践检验。"❷这场争论最后以"右倾分子"布哈林,被解除政治局委员职务而告终。

1929年年底,斯大林抛开和放弃了列宁已有的对社会主义所有制理论的探索和实践,正式废除了已经实行和取得成效的新经济政策。斯大林反而认为,公有和私有这两种不同性质和内容的所有制形式,不可能在统一的社会主义所有制下面进行相兼容。斯大林说:"我们所以采取新经济政策,就是因为它为社会主义事业服务。当它不再为社会主义事业服务的时候,我们就把它抛开。列宁说过,新经济政策的施行是认真而长期的。但他从来没有说过,新经济政策的施

---

❶ 转引自孙代尧:《苏联模式的历史选择》,"光明网",网址:http://www.gmw.cn/xueshu/2013-10/29/content_9329281.htm。

❷ 陈锦华、江春泽等:《论社会主义与市场经济兼容》,人民出版社2005年版,第85页。

行是永久的。"❶因此按照这样一种逻辑,对于社会主义所有制的构建者来说,就必须取缔和排挤私有经济,或者将私有经济进行国有化和集体化。

1936年,单一的纯而又纯的社会主义公有制的所有制类型或模式,在苏联基本形成。苏联按照斯大林的设想和理论,建立起了所谓的"苏联模式",或者称之为"斯大林模式"的经济体制。不仅仅包含着经济体制,整个苏联模式(斯大林模式)其实是社会主义国家苏联,在斯大林作为领导人时期所形成的,在政治体制上高度集权,在经济体制上高度单一和集中,在思想文化内容建设上高度一致的体制模式。

这个模式,不光在苏联存在了近70年,直到苏联解体,而且它也曾被广大的社会主义国家所学习和效仿,一度成为社会主义的经典模式。虽然苏联后期的领导人安德罗波夫和契尔年科,提出要适当发展私营经济,但是这个纯而又纯的苏联模式,几乎就成为了社会主义的代名词。其经济模式的基本特征是：

第一,在社会主义所有制的结构上面,力求生产资料归国家或集体所有,即生产资料公有制的两种形式,是全民所有制和集体所有制。在这两种所有制中,全民所有制占有着绝对的优势。生产资料的全民所有制和集体所有制这两种形式,一方面,丰富了马克思主义的公有制理论,并在苏联经济基础还比较薄弱的情况下,能够为迅速调动各方面经济资源,带来促进经济发展所需要的体制上的动力,从而为反法西斯战争的胜利,奠定较为坚实的物质基础。

但另一方面,它也将社会主义公有制模式进行了绝对化和禁锢化,忽略了所有制形式的多层次性和与生产力发展的相适应性,对非公经济存在的长期性还估计不足,对消灭私有制的理解还过于简单化。在现实之中所实行的,单一的纯而又纯的社会主义公有制,到后来却阻碍了社会生产力的发展和人民生活水平的提高。

第二,在经济决策上,实行高度集中的指令性计划。"传统"的社会主义国家认为,市场调节是由商品经济所决定的,而商品经济是由生产力的发展水平和私有制的生产关系所决定。如果说私有制是资本主义经济的本质属性,那么,市场调节则是资本主义经济运行的基本特征。反之,计划调节是由产品经济所决

---

❶ 斯大林：《论苏联土地政策的几个问题》(一九二九年十二月二十七日在马克思主义者土地问题专家代表会议上的演说),《斯大林全集》第12卷,人民出版社1955年版,第151页。

定,而产品经济是由公有制的生产关系所决定,如果说公有制是社会主义经济的本质属性,那么,计划调节则是社会主义经济运行的基本特征。

这即"传统"社会主义经济理论中的"两个等号"公式,即资本主义私有制经济,等于商品经济加上市场调节,社会主义公有制经济,等于产品经济加上计划调节。这种计划经济体制,完全否定市场机制在资源配置方面的基础性作用,排斥市场机制的调节。

第三,经济组织和经济管理的高度行政化。国家行政机关为了便于对企业的管理,一般都按照行业(比如机械工业、纺织工业、电子工业等等),划分成为若干不同的机构和部门,由不同的部门对各行业的企业,实行管理和监督。而从经济组织的机构体制上来说,国营企业则成为行政机关的隶属单位,行政机关不仅依靠行政手段,对企业的一般经济活动进行组织、协调和监管,还对企业的产、供、销和人、财、物,进行着支配和控制。国营企业合同的签订、履行,由国家行政部门决定和支配。

不但如此,国营企业还和行政机关一样,具有行政级别,在行政级别的框架下,国营企业彻底地实现了行政化,其自身也不可避免地成为了行政部门的附庸。这种高度行政化的企业管理,一般注重用行政强制手段和强调用奉献精神,来达到相关目的,很少用诸如物质奖励之类的利益产生机制,来调动生产者的积极性。

第四,在经济结构上,以重工业作为主导。在苏联模式的经济结构和工业发展中,其大力发展重工业包括军事工业,久而久之则造成了重工业和轻工业、民用工业之间的不平衡。具体表现在,为了发展重工业和军事工业,将种种资金和资源投入在重工业的发展上,忽视了关乎人民群众生活需要的民用工业的发展;同时,将重工业发展的所需要的部分资金来源和基础,长期建立在农业生产和发展所获得的收入之上,这忽视了农民的需要和农业的需求;另外,对工人长期实行低工资政策,强调用劳动纪律以及提倡社会主义劳动道德,来作为支撑工人劳动的内在基础和精神动力。

实事求是地讲,重工业包括军事工业,奠定了苏联工业大国的地位,为早期苏联的经济发展,作出了重要贡献。但是,这种发展经济的模式重视一面却忽视了另一面,尤其是忽视了涉及民生的工农业的发展,如同推动苏联经济发展的一只车轮,被戴上了沉重的链条。正如邓小平所说的:

不讲多劳多得,不重视物质利益,对少数先进分子可以,对广大群众不行,一段时间可以,长期不行。……革命是在物质利益的基础上产生的,如果只讲牺牲精神,不讲物质利益,那就是唯心论。❶

马克思主义的创始人,对未来社会的单一所有制设想,是苏联之所以实行这种模式的一个很重要的主观原因。马克思和恩格斯在《共产党宣言》中提到:"无产阶级将利用自己的政治统治,一步一步地夺取资产阶级的全部资本,把一切生产工具集中在国家即组织成为统治阶级的无产阶级手里,并且尽可能快地增加生产力的总量。"❷后来恩格斯在《美国工人运动——"英国工人阶级状况"美国版序言》中进一步说:"美国无产阶级的纲领在最终目的上,归根到底一定会同经过了六十年的分歧和争论才成为欧洲战斗的无产阶级广大群众公认的纲领相一致。这个纲领将宣布,最终目的是工人阶级夺取政权以便实现整个社会对一切生产资料——土地、铁路、矿山、机器等等——的直接占有,供全体为了全体利益而共同利用。"❸其实,列宁在苏俄推行新经济政策,其本身也是一种权宜之计,其"目标仍然是要建立单一公有制为基础的计划经济(产品经济)"❹。

从客观上来看,苏联斯大林时期实行这种经济模式,也和当时的国内外环境有关。当时的国内外环境,在客观上要求国家实行这种高度集中的经济模式。由于帝国主义的侵略,斯大林接手的本身是一个积贫积弱的国家,在国内必须实行国有化和集体化,方可能加快工业和农业的发展步伐。同时,严峻的国际形势也要求苏联必须在短时间内建立强大的国防工业,以对抗有可能出现的新的外国侵略,这使得苏联采取了有计划、有安排地动员人力、动用资源发展国防工业的模式。

从历史唯物主义的角度来评价,苏联(斯大林)模式在苏联历史上的确产生

---

❶ 邓小平:《解放思想,实事求是,团结一致向前看》(一九七八年十二月十三日),《邓小平文选》第二卷,人民出版社 1994 年版,第 146 页。

❷ 马克思、恩格斯:《共产党宣言》(1847 年 12 月—1848 年 1 月),《马克思恩格斯选集》第 1 卷,人民出版社 1972 年版,第 272 页。又译为:"无产阶级将利用自己的政治统治,一步一步地夺取资产阶级的全部资本,把一切生产工具集中在国家即组织成为统治阶级的无产阶级手里,并且尽可能快地增加生产力的总量。"《马克思恩格斯文集》第 2 卷,人民出版社 2009 年版,第 52 页。

❸ 恩格斯:《美国工人运动——"英国工人阶级状况"美国版序言》(1887 年 1 月 26 日),《马克思恩格斯全集》第 21 卷,人民出版社 1965 年版,第 386 页。

❹ 陈锦华、江春泽等:《论社会主义与市场经济兼容》,人民出版社 2005 年版,第 93 页。

过积极的作用。"1928年起到1940年,苏联的工业总产值以每年增长21%的速度向前发展,迅速超过了英、法、德等欧洲资本主义国家,跃居欧洲第一位,成为世界上仅次于美国的第二工业强国。这一成就正好是在世界资本主义1929—1933年爆发大危机及危机后长期萧条的背景下取得的。……70年代中期以后尽管发展速度有所下降,但仍快于大多数资本主义国家。1950年到1984年苏联国民收入增长8倍,而美国只增长了2倍。……而两次世界大战都没有在美国本土上进行……在这种情况下,苏联经济同美国迅速接近……一跃成为世界上两个超级大国之一。……我们只是想说明一点:把70年苏联社会主义实践作为一个整体来考察,这种发展模式,成绩是第一位的,问题是第二位的。"(普京语)❶

　　苏联的这种成就,对社会主义国家产生了巨大的榜样作用,向苏联学习就不仅仅是一种口号而更是一种动力了。加上苏联在国际共产主义运动中的由来已久的"老大哥"地位,苏联模式对中国的影响,就不言而喻和不足为奇了。这也在一定程度上,为后来新中国建立"一大二公"的社会主义公有制经济埋下了伏笔。

三、社会主义"公有制"在新中国的全面建构

　　苏联取得的成功经验和它在社会主义国家中由来已久的"老大哥"地位,自然使得苏联(斯大林)模式,对中国的社会主义建设产生了重要的影响。1956年之前,中国也在相当程度上,按照苏联(斯大林)模式进行过社会主义改造,目的也是为了按照经典马克思主义理论,来解决社会主义国家的所有制问题。

　　但是随着社会主义改造完成后不久,按照这种模式所形成的计划经济体制的固有弊端和局限,就开始出现。比如中央集权过多,权力收得过多过死,在一定程度上却忽视了地方的积极性。而对于国有企业来说,它只是行政机关的附属物,其自身建设和发展的自主性动力也不足,等等。值得提及的是,社会主义阵营里面的南斯拉夫和匈牙利,对苏联(斯大林)模式提出了异议,并对其进行了改革。

---

❶　周新城、张旭:《苏联演变的原因及教训——一颗灿烂红星的陨落》,社会科学文献出版社2008年版,第96—97页。

这个时候，苏共二十大召开，苏共中央总书记赫鲁晓夫在会议期间掀起了公开"非斯大林化"的浪潮，对斯大林的"错误"及其严重性作了批评。在会议完成主要议程之后，又于1956年2月24日深夜，突然召开紧急会议，会上赫鲁晓夫作了题为《关于克服个人崇拜及其后果》的秘密报告。2万多字的报告，揭批了苏联在建设中的诸多问题，并"集中揭露的是斯大林搞个人崇拜给苏共和国家带来的危害，以及如何清除这一后果。'秘密报告'全盘否定了个人崇拜，而并没有全盘否定斯大林，'报告'中也一再声称是揭露斯大林的错误，而不是否定斯大林的功绩。但总体而言，'报告'揭露的内容大多是斯大林执政时期监禁、刑讯、死刑等黑暗面，控诉了斯大林所谓种种'暴行'等等"❶。

这不仅仅在国际上引起了巨大的震惊，也一定程度上启发了中共领导人重新认识苏联（斯大林）模式的思考，虽然毛泽东对此说道："共产党人对于共产主义运动中所发生的错误，必须采取分析的态度。有些人认为斯大林完全错了，这是严重的误解。……我们应当用历史的观点看斯大林，对于他的正确的地方和错误的地方作出全面的和适当的分析，从而吸取有益的教训。……完全不犯错误的人在世界上是从来没有的。……我们中国共产党人深信，经过苏联共产党二十次代表大会这一次尖锐的批判之后，过去被某些错误政策所严重地压抑了的一切积极因素，必将普遍地活跃起来。"❷但是，"苏联方面暴露了他们在建设社会主义过程中的一些缺点和错误……过去我们就是鉴于他们的经验教训，少走了一些弯路，现在当然更要引以为戒"❸。引发了从"以苏为师"到"以苏为戒"的转变。

1956年4月，毛泽东发表了著名的《论十大关系》，这篇在中共中央政治局扩大会议上所作的报告，初步总结了我国社会主义建设的经验，提出要以苏联经验为鉴戒，和探索适合我国国情的社会主义建设道路的任务，揭开了新中国首次经济体制改革的序幕。毛泽东所论述的十大关系中，前五大关系主要涉及的是经济体制方面的关系，后五大关系主要涉及的是调动积极因素方面的关系。在

❶ 刘书林、蔡文鹏、张小川：《斯大林评价的历史与现实》，社会科学文献出版社2009年版，第87页。

❷ 毛泽东：《共产党人对错误必须采取分析的态度》（一九五六年四月），中共中央文献研究室编：《毛泽东文集》第七卷，人民出版社1999年版，第20—21页。

❸ 毛泽东：《论十大关系》（一九五六年四月二十五日），中共中央文献研究室编：《毛泽东文集》第七卷，人民出版社1999年版，第23页。

对农民及个人利益的保障和兼顾方面,毛泽东提出:

> 必须兼顾国家、集体和个人三个方面,也就是我们过去常说的"军民兼顾"、"公私兼顾"。……你要母鸡多生蛋,又不给它米吃,又要马儿跑得好,又要马儿不吃草。世界上哪有这样的道理!❶

这里的公私兼顾,显然包含了顾及并保护个人的合法、合理私人权益的内容。毛泽东还明确地表达了对马克思主义个别论断的看法:

> 如果每句话,包括马克思的话,都要照搬,那就不得了。我们的理论,是马克思列宁主义的普遍真理同中国革命的具体实践相结合。❷

1959 年 2 月,毛泽东在接受智利《最后一点钟》报社社长阿图罗·马特·阿历山德里采访的时候,将"马克思列宁主义的普遍真理同中国革命的具体实践相结合"的科学论断,进行了细化的阐述。毛泽东说:

> 马克思、列宁关于个别问题的结论做得不合适,这种情况是可能的,因为受当时条件的限制,例如马克思关于无产阶级革命首先在西方几个国家同时取得胜利的结论。……马克思活着的时候,不能将后来出现的所有的问题都看到,也就不能在那时把所有的这些问题都加以解决。俄国的问题只能由列宁解决,中国的问题只能由中国人解决。❸

从这段话里,完全可以看出,毛泽东思想之所以能够成为和马克思主义一脉相承但是又自成一体的思想和理论体系,是因为他始终将"中国化"这个灵魂,

---

❶ 毛泽东:《论十大关系》(一九五六年四月二十五日),中共中央文献研究室编:《毛泽东文集》第七卷,人民出版社 1999 年版,第 28—30 页。

❷ 毛泽东:《论十大关系》(一九五六年四月二十五日),中共中央文献研究室编:《毛泽东文集》第七卷,人民出版社 1999 年版,第 42 页。

❸ 毛泽东:《马列主义基本原理至今未变,个别结论可以改变》(一九五九年二月十四日),中共中央文献研究室编:《毛泽东文集》第八卷,人民出版社 1999 年版,第 1—5 页。

紧紧地和马克思主义这个血脉，联系在一起。没有马克思主义，则失去了社会主义革命的主体指导思想，没有"中国化"，则失去了使之画龙点睛、落地生辉的魂魄。

因此，这些突破苏联(斯大林)模式的有益改革，开始在中国出现，过去统得过死的计划体制有所松动。现实中，个体工商户明显增加，农村合作社社员的自留地增多。1956 年 12 月，毛泽东甚至提出，中国需要实行"新经济政策"，"可以开私营大厂，订条约，十年、二十年不没收。华侨投资的二十年、一百年不要没收。可以开投资公司，还本付息。可以搞国营，也可以搞私营。可以消灭了资本主义，又搞资本主义"❶。周恩来在国务院全体会议第四十四、四十六次会议上也明确说：

> 把过去的规定改一下，这样有好处。……大概工、农、商、学、兵除了兵以外，每一行都可以来一点自由，搞一点私营的。文化也可以搞一点私营的。这样才好百家争鸣嘛！在社会主义建设中，搞一点私营的，活一点有好处。❷

但是，国内外形势风云变幻。国际上，波兰和匈牙利先后发生了罢工、示威和骚乱，国内也出现了一些由于社会改造急促进行所带来的一些不安定状况，加之经济建设未能完全克服冒进带来的紧张情况，发生了少数人出来闹事的情况。"工人罢工、学生罢课、群众性的游行请愿和其他类似事件，比以前有了显著的增加。全国各地，大大小小，大约共有一万多人罢工，一万多学生罢课。"❸

而后事情的走向出乎当时许多人的意料，此时，毛泽东对中共八大关于国内的主要矛盾，"已经是人民对于建立先进的工业国的要求同落后的农业国的现实之间的矛盾，已经是人民对于经济文化迅速发展的需要同当前经济文化不能

---

❶ 薄一波：《若干重大决策与事件的回顾》(修订本)上卷，人民出版社 1997 年版，第 438 页。

❷ 周恩来：《在社会主义建设中，活一点有好处》(一九五七年四月六日、十二日)，中共中央文献研究室编：《建国以来重要文献选编》(第十册)，中央文献出版社 1994 年版，第 164 页。

❸ 《中共中央关于处理罢工、罢课问题的指示》(一九五七年三月二十五日)，中共中央文献研究室编：《建国以来重要文献选编》(第十册)，中央文献出版社 1994 年版，第 154 页。

满足人民需要的状况之间的矛盾"❶的正确提法的认识逐渐改变了,而转认为"事情正在起变化"。之后,国内开始了群众性的暴风骤雨式的"反右派"斗争。

在中共八届三中全会上,依照此前毛泽东的判断,会议改变了中共八届一次会议关于中国社会主要矛盾的判断。"这成为后来党在阶级斗争问题上一次又一次犯扩大化错误的理论根源"❷,也给刚刚开始进行的经济体制改革,画上了一个句号。而这最突出的表现,就是"大跃进"和"人民公社"化运动。

1957 年 10 月 27 日,《人民日报》发表了经毛泽东审定的题为《建设社会主义农村的伟大纲领》的社论,要求"有关农业和农村的各方面工作在十二年内都按照必要和可能,实现一个巨大的跃进"❸。从而在党中央机关报上,提出了"跃进"的口号。

1957 年 11 月 13 日的《人民日报》,又发表了题为《发动全民,讨论四十条纲要,掀起农业生产的新高潮》的社论。社论说:"有些人害了右倾保守的毛病,像蜗牛一样爬行得很慢,他们不了解在农业合作化以后,我们就有条件也有必要在生产战线上来一个大的跃进。这是符合于客观规律的。一九五六年的成绩充分反映了这种跃进式发展的正确性。有右倾保守思想的人,因为不懂得这种道理,不了解合作化以后农民群众的伟大的创造性,所以他们认为农业发展纲要草案是'冒进了'。他们把正确的跃进看成了'冒进'。他们不了解所谓'冒进'是没有实际条件,因而是没有成功可能的盲目行动。而我们在一九五六年的跃进却完全不是这样,是有很多可以实现的条件,因而取得了巨大的成绩。"❹

国际上,赫鲁晓夫在庆祝十月革命 40 周年的大会上,提出要与西方国家进行和平竞赛,不仅仅要在 15 年内赶上美国而且还要超过美国。这些鼓舞人心、催发奋进的提法,给在苏联参加会议的毛泽东很大的鼓舞,但也给予了不小的压力。但是不管怎样,国内也适应国际共产主义运动的形势,"应景"提出也要在

---

❶ 《中国共产党第八次全国代表大会关于政治报告的决议》(一九五六年九月二十七日中国共产党第八次全国代表大会通过),中共中央文献研究室编:《建国以来重要文献选编》(第九册),中央文献出版社 1994 年版,第 341 页。

❷ 陈述:《中华人民共和国 60 年》,中共党史出版社 2009 年版,第 44 页。

❸ 《建设社会主义农村的伟大纲领》(一九五七年十月二十七日《人民日报》社论),中共中央文献研究室编:《建国以来重要文献选编》(第十册),中央文献出版社 1994 年版,第 658 页。

❹ 《发动全民,讨论四十条纲要,掀起农业生产的新高潮》,"360doc 个人图书馆网",网址:http://www.360doc.com/content/10/0405/10/276775_21653204.shtml。

钢铁产量方面，15 年内"超英赶美"。

面对国内的实际情况，在 1958 年上半年的几次会议上，"毛泽东严厉批评反冒进，提出了发动'大跃进'运动的一系列任务、指标、口号和方法。……毛泽东在南宁会议的讲话和插话中，批评了分散主义，并再次严厉批评了反冒进。他说，反冒进给群众泄了气，泼了一瓢冷水，搞得群众灰溜溜的，使我们的工作受到很大的损失。六亿人一泄了气不得了。反冒进没有摆对一个指头（缺点）和九个指头（成绩）的关系，不弄清楚这个比例关系，就是资产阶级的方法，是一个方针性的错误。他还说，反冒进使右派钻了我们的空子。右派的进攻，把一些同志抛到和右派差不多的边缘，只剩了 50 米。以后不要提反冒进这个名词，这是政治问题。会上，周恩来、刘少奇等发言时，承担了反冒进的责任"❶。

1958 年 5 月，中共八届二次会议通过了"鼓足干劲、力争上游、多快好省地建设社会主义"的总路线。与此同时，在农村中出现了工、农、兵、学、商合在一起的并社活动。7 月 1 日，《红旗》杂志刊登陈伯达的文章《全新的社会，全新的人》，第一次公开使用"人民公社"这一名称。

1958 年 8 月 27 日的《人民日报》，用通栏标题宣传"人有多大胆，地有多大产"，各地也开始出现了浮夸、吹嘘、虚报等不良风气，粮食亩产几万斤的报道不绝于耳。8 月 29 日，中共中央通过了《关于在农村建立人民公社问题的决议》，《决议》指出："工农兵学商互相结合的人民公社是……提前建成社会主义并逐步过渡到共产主义所必须采取的基本方针。……看来，共产主义在我国的实现，已经不是什么遥远将来的事情了，我们应该积极地运用人民公社的形式，摸索出一条过渡到共产主义的具体途径。"❷此后，中国进入了人民公社化的高潮。1960 年 3 月 9 日，中共中央又发出《关于城市人民公社问题的批示》，要求各地采取积极的态度建立城市人民公社，"上半年全国城市普遍试点"，"下半年普遍推广"。

人民公社本身是一个摸索进入共产主义社会的具体途径实验，这个如天堂般的实验，给当时的人们描绘了一种理想的生活：不仅仅是楼上楼下，电灯电话，

---

❶ 《"大跃进"的发动》，"中国共产党历史网"，网址：http://www.zgdsw.org.cn/n/2012/1123/c244520-19678684.html。

❷ 《中共中央关于在农村建立人民公社问题的决议》（一九五八年八月二十九日），中共中央文献研究室编：《建国以来重要文献选编》（第十一册），中央文献出版社 1995 年版，第 447—450 页。

更是"入了公社如上天","人民公社是万人欢乐的大花园"。实现这个人间理想的途径,要有区别于以往的一切途径,"这个试验不是民粹派式的,避开工业化问题;也不同于以私有经济为基础的西方合作模式;更有别于第二国际先资本主义、再社会主义的主张;不是严格的先社会主义、后共产主义的模式,不走一般工业化、城市化道路,而是想试验一下中国大同世界的理想"❶。

其实说到底,人民公社是"大跃进"的产物,是党的领导人不顾现实社会生产力条件,试图超英赶美的在中国快速实现共产主义的一种理想。它一方面受到了苏联"和平竞赛"的鼓动,"1957 年 11 月毛泽东出访苏联,受到赫鲁晓夫讲话的刺激和影响,就立即改变了他的设想和时间表,为此决意发动大跃进"❷。另一方面也得到了农民群众的支持。农民的支持既是出于对党的领袖的信服乃至崇拜,也是出于不甘落后的心理的驱使。而在这方面,干部对农民的鼓动和施压,也起到了很大的作用。当然,干部的动力很大程度上是出于对中央权威的服从。

所以,人民公社一定程度上可以说是党借助国家公权力,通过政治动员的方法,在自然经济或半自然经济的基础上建立起来的,其带有浓厚的平均主义、军事主义色彩。

在"一大二公"的人民公社里,"共产风"大刮,"一平二调"就准确地揭示了"共产风"的形式。人民公社所奉行的社会主义"公有制",否定了物质利益原则,使得资源配置的效率极其低下,按劳分配被严重扭曲,社员"出工不出力"和"干多干少一个样",也使得农业生产出现了空前的大倒退。加上三年自然灾害,和各种因素的叠加,导致新中国出现了饿死人的悲剧。

这种情况下,毛泽东也开始反思"大跃进"和人民公社化的教训,中共中央据此也对一些政策进行调整。中共八届六中全会通过的《关于人民公社若干问题的决议》指出:

> 生产关系一定要适合生产力的性质,只有生产力发展到某种状况才会引起生产关系的某种变革,这是马克思主义的一条基本原理。……

---

❶ 杜润生:《杜润生自述:中国农村体制变革重大决策纪实》,人民出版社 2005 年版,第 78 页。

❷ 《"超英赶美":预言与启示》,"新华每日电讯网",网址:http://news.xinhuanet.com/mrdx/2011-06/17/c_13935327.htm。

不应当无根据地宣布农村的人民公社"立即实行全民所有制",甚至"立即进入共产主义"……在今后一个必要的历史时期内,人民公社的商品生产,以及国家和公社、公社和公社之间的商品交换,必须有一个很大的发展。这种商品生产和商品交换不同于资本主义的商品生产和商品交换,因为它们是在社会主义公有制的基础上有计划地进行的,而不是在资本主义私有制的基础上无政府状态地进行的。……企图过早地取消商品生产和商品交换,过早地否定商品、价值、货币、价格的积极作用,这种想法是对于发展社会主义建设不利的,因而是不正确的。❶

中共中央的决议说明,党中央和毛泽东本人,对社会主义公有制下存在商品生产和商品交换的理论和现实是肯定的。而进行商品交换的前提,则是对商品的所有权(私权利)的确立和维护,这与"共产风"之中的"一平二调"显然是相对立的。

但是,在当时的条件下,彻底纠正"左"的错误并不是一件简单容易的事情。例如,1959 年 7 月,本来是纠"左"的庐山会议,最后却发展成为了批判彭德怀、黄克诚、张闻天、周小舟"右"倾机会主义反党集团的会议。从而,纠正"大跃进"和人民公社化中的"左"倾错误的进程,被严重干扰。

只是,严峻的形势不得不使中共领导人必须冷静下来。此时,毛泽东在 1960 年连发了《坚决制止重刮"共产风"等违法乱纪行为》、《永远不许一平二调》、《坚决退赔,刹住"共产风"》三篇文章。11 月,中央发出的《中共中央关于农村人民公社当前政策问题的紧急指示信》,重申了"三级所有,队为基础,是现阶段人民公社的根本制度"❷,此后也陆续出台了相关政策。毛泽东还在 1962 年 1 月至 2 月间中共中央召开的扩大的中央工作会议即"七千人大会"上,作了自我批评,对中央所犯的错误承担了责任。

但是事情的发展却是吊诡的。在三年自然灾害时期,安徽省一个名叫徐桥

---

❶ 《关于人民公社若干问题的决议》(一九五八年十二月十日中国共产党第八届中央委员会第六次全体会议通过),中共中央文献研究室编:《建国以来重要文献选编》(第十一册),中央文献出版社 1995 年版,第 606—611 页。

❷ 《中共中央关于农村人民公社当前政策问题的紧急指示信》(一九六○年十一月三日),中共中央文献研究室编:《建国以来重要文献选编》(第十三册),中央文献出版社 1996 年版,第 661 页。

的地方的农民,冲破重压搞了包产到户,结果这个地方嫁出去的姑娘都跑回来,为的是回家吃一顿饱饭。时任安徽省委书记曾希圣向中央请求同意包产到户。全国一些地方也都开始搞了包产到户。这时候,刘少奇和邓小平、邓子恢、田家英等也对实行包产到户、生产责任制,表达了同意和支持。刘少奇在同湖南老家炭子冲农民的谈话中说:"所有制不确定,就没有办法安心生产。……不能动摇所有制,一动摇社员就不安心生产。"❶

邓小平在接见出席共青团三届七中全会的全体同志时,也肯定了包产到户,并发表了著名的"猫论"的前身说:"刘伯承同志经常讲一句四川话:'黄猫、黑猫,只要捉住老鼠就是好猫。'……就是有些包产到户的,要使他们合法化。"❷中央农村工作部部长邓子恢多次对人民公社问题提出意见建议,积极支持生产责任制:"如何调动社员的积极性? 要贯彻按劳分配,要规定合理明确的劳动定额……还要有严格的生产责任制。"❸

可是,毛泽东对包产到户并不认同,他认为包产到户是使农民分化的根源,是农村走向资本主义的源头。虽然在"七千人大会"上,毛泽东作了自我批评,但是其本人还是坚持认为:"在社会主义社会,还会产生新的资产阶级分子。整个社会主义阶段,存在着阶级和阶级斗争。这种阶级斗争是长期的、复杂的,有时甚至是很激烈的。"❹中共八届十中全会上阶级斗争要"年年讲、月月讲、天天讲"的论断,又将阶级斗争扩大化和绝对化。

而国际上,苏共指名道姓地对中国共产党和中共领导人进行恶毒攻击,使得毛泽东认为苏联的修正主义和中共党内的"右"倾机会主义,是归为一类的,阶级斗争进一步扩大化。

1965 年 11 月,在江青的授意和组织下,上海《文汇报》发表了毛泽东批发的署名姚文元的《评新编历史剧〈海瑞罢官〉》一文,它成为了"文革"的导火索。

---

❶ 刘少奇:《同炭子冲农民的谈话》(1961 年 5 月 7 日),《刘少奇选集》下卷,人民出版社 1985 年版,第 332 页。

❷ 邓小平:《怎样恢复农业生产》(一九六二年七月七日),《邓小平文选》第一卷,人民出版社 1994 年版,第 323—324 页。

❸ 邓子恢:《建立严格的生产责任制及人民公社、总路线问题》(一九六二年七月十一日),《邓子恢文集》,人民出版社 1996 年版,第 605 页。

❹ 毛泽东:《在扩大的中央工作会议上的讲话》(一九六二年一月三十日),中共中央文献研究室编:《毛泽东文集》第八卷,人民出版社 1999 年版,第 297 页。

1966 年 5 月中央政治局扩大会议和 8 月中共八届十一中全会的召开,是"文革"全面发动的标志。十年"文革"就此拉开序幕。

"文革"十年对中国的影响是全方位的,是"左"倾错误发展到了极致的体现。其由来、历程、性质、危害、教训等,中共中央《关于建国以来党的若干历史问题的决议》已经作了总结和评价。

只是在所有制层面上,"文革"时期追求纯而又纯的公有制经济,其无视社会生产力的发展水平和条件,去建立所谓的社会主义公有制,却是经济领域里体制僵化登峰造极的集中体现。

第一,"文革"时期,中国把能够增加经济活力和提高经济水平的商品生产、商品交换,当作是所谓的"资产阶级法权"一概加以否定;

第二,把允许农民保留少量自留地、自留畜,批判成"资本主义复辟",将饲养、渔猎、编织等家庭副业和进行集市贸易,认为是"资本主义尾巴",要将其割掉;

第三,将按劳分配认为是腐蚀工人阶级的工具,是产生贫富悬殊和阶级分化的经济根源,要吃"大锅饭";

第四,把城镇手工业、建筑业、运输业合作社,要么关停要么改为国营。搞所谓的所有制升级,把个体所有制向集体所有制升级,把集体所有制向全民所有制升级;

第五,企业的经济管理受到严重破坏。群众运动接二连三,规章制度形同废纸,鼓吹"建立没有规章制度的工厂",要让企业的一切活动,都要服从于阶级斗争。连国营企业的正常经营权都被控制,更何况人的私权利。

总之,是要将一切私有的苗头和迹象,扼杀在襁褓里,"宁要社会主义的草,不要资本主义的苗"。这样一来,私有经济在中国几乎绝迹了。

四、体制下的"公有制"成因及反思

从"人民公社"化运动到"文革"的发生,这段历史或者说这样一条历史脉络,体现着这样一个逻辑,即以阶级斗争为纲,不顾社会生产力的现实条件,通过政治动员和群众运动的方式,来消灭所谓的资产阶级和资本主义,试图人为地创造一个纯而又纯的社会主义公有制社会。正如杜润生所说的:

共产党夺取政权,成为执政党,自然要按本身历史使命探索实现社会主义诺言的新途径。当时没收了官僚买办资本,充实国营经济,接着实现了土地改革,完成民主革命遗留的反封建任务。又有个社会主义阵营,相继走十月革命道路,由落后国家实行革命跳跃,要树立社会主义样板。于是乘解放战争胜利的鼓舞,来一次跳跃,放弃原来的新民主主义渐进设想,转上全面消灭私有制。在全面公有制基础上,依靠群众运动,实施所谓"大兵团作战",伴随着反倾向斗争,加快实现工业化步伐。这是个诱人的前景,可以在短期内调动群众参与的积极性。各种乐观信息反映到上层,助长了领导者的冒进情绪。❶

这是一个比较客观和中肯的评价,既说明了国内情况,又介绍了国际背景,既有主观因素,又有客观条件。也就是说,它们的发生在中国既是偶然的,但更是必然的。"如果斗争只是在有极顺利的成功机会的条件下才着手进行,那末创造世界历史未免就太容易了。另一方面,如果'偶然性'不起任何作用的话,那末世界历史就会带有非常神秘的性质。这些偶然性本身自然纳入总的发展过程中,并且为其他偶然性所补偿。但是,发展的加速和延缓在很大程度上是取决于这些'偶然性'的,其中也包括一开始就站在运动最前面的那些人物的性格这样一种'偶然情况'。"❷

说它偶然,是因为其实从"大跃进"和"人民公社",一直到"文化大革命"这一期间,党和国家在对待私营经济和人的私权利方面,有过一些调整甚至是反复。尤其是在自然灾害发生后,国内出现了新中国成立以来最悲惨的饿死人事件,这不光是引起了毛泽东本人的反思甚至是自我批评,也引起了党中央其他领导成员的警醒。各级地方也对"共产风"出现了反感情绪和抵触行为。

这说明,根据中国的国情,要立即实现全面的纯粹的公有制是不可能的。也就是说,社会革命不同于政治革命,政治革命能够跨越"卡夫丁峡谷",在落后的资本主义国家率先实行革命并取得成功,转而建立一个无产阶级专政的国家。但是社会革命即生产关系要实现根本性的跨越,必须要先发展生产力,也就是马

---

❶ 杜润生:《杜润生自述:中国农村体制变革重大决策纪实》,人民出版社2005年版,第81页。

❷ 马克思:《马克思致路德维希·库格曼》(1971年4月17日),《马克思恩格斯全集》第33卷,人民出版社1973年版,第210页。

克思所说的："无论哪一个社会形态，在它们所能容纳的全部生产力发挥出来以前，是决不会灭亡的；而新的更高的生产关系，在它的物质存在条件在旧社会的胎胞里成熟以前，是决不会出现的。"❶也是如同毛泽东自己也认为的，可以先消灭了"资本主义"，再搞"资本主义"，搞列宁搞过的"新经济政策"。这些思想在毛泽东的《论十大关系》等著作里均提到过。

意即，这种不顾生产力条件的"人民公社"化和"文化大革命"，并不是领导人一贯的主张和思维，或者并不是所有领导人的主张和思维。在党的内部，也并不是铁板一块地都主张要"冒进"到社会主义和共产主义。纯粹的社会主义公有制，在新中国成立头三十年的建立，既不是领导人的初衷，也不是后来产生了之后就坚定不移的设想。

再者，国际上，社会主义阵营的"老大哥"苏联在斯大林时期的成就，对社会主义国家也产生了巨大的榜样和示范作用，向苏联学习就不仅仅是一种口号，苏联(斯大林)模式对中国的影响也就不言而喻和不足为奇了。这也在一定程度上，为后来新中国建立纯之再纯的社会主义公有制经济，埋下了伏笔。

但是，唯物辩证法说得对，"在历史的发展中，偶然性起着自己的作用，而它在辩证的思维中，就象在胚胎的发展中一样包括在必然性中"❷。以毛泽东为首的共产党人，领导中国人民在解放战争中取得胜利，建立了新民主主义国家，获得了巨大的合法性并使共产党和毛泽东本人，都获得了巨大的威望。这种威望加上权力，使得群众很容易陷入对党的领袖的盲目崇拜之中，加上领袖的身边人不遗余力地鼓吹"天才论"和"一句顶一万句"❸，加速使得新中国成立初期党的一元化领导，演变成为了党的领导人个人的领导，乃至形成了权力过分集中政治体制。

而权力过分集中政治体制在中国的成因，包括了封建糟粕文化的侵害，国民

---

❶ 马克思：《政治经济学批判》(1858年8月—1859年1月)，《马克思恩格斯全集》第13卷，人民出版社1962年版，第9页。

❷ 恩格斯：《自然辩证法》(1873—1883年)，《马克思恩格斯全集》第20卷，人民出版社1971年版，第565页。又译为："在历史的发展中，偶然性发挥着作用，而在辩证的思维中就像在胚胎的发展中一样，这种偶然性融合在必然性中。"《马克思恩格斯文集》第9卷，人民出版社2009年版，第486—487页。

❸ 1966年5月18日，中共中央在北京召开了政治局扩大会议第三次会议。时任中共中央副主席的林彪在会上鼓吹"个人崇拜"，他说："毛主席活到哪一天，90岁，100多岁，都是我们党的最高领袖。他的话都是我们行动的准则。毛主席的话句句是真理，一句超过我们一万句。谁反对他，全党共诛之，全国共讨之！"参见李晨、李健主编：《中国共产党九十年历程》(第八卷 文化大革命)，吉林人民出版社2011年版，第26—28页。

党一党独裁流毒的浸染,苏联集权模式的影响等。在这么多合力因素的影响之下,导致权力过分集中政治体制在新中国的出现,导致民主集中制的政治原则和政治规矩,在党内被扼制乃至逐渐消失。

在这样的形势下,社会的发展就被领袖的判断所掌控和左右了。这种权力过分集中的好处也许就是,只要领袖的决策是英明的,领袖振臂一呼,群众自然跟进,国家就会发展,社会就会前进。但一旦领袖对国内外形势的判断出现失误,或者领袖身边存在一帮别有用心之人甚至"奸臣"妖言惑众,则"文革"这类的动乱就不可避免。

同时,毛泽东本人是具有公有制和社会主义情结的,囿于对社会主义公有制的认识,还不可能完善,和对社会主义建设的经验,还不可能具备得充足,因此,在建设社会主义社会的过程中犯了错误,但"这是一个伟大的革命家犯错误,是一个伟大的马克思主义者犯错误"❶,是在所难免的,而"在毛泽东的一生中,想把中国建设成为一个能够自立于世界民族之林的强大国家的决心是一以贯之的"❷。当然,如同邓小平所说:

> 毛泽东同志头脑发热,我们不发热?刘少奇同志、周恩来同志和我都没有反对,陈云同志没有说话。在这些问题上要公正,不要造成一种印象,别的人都正确,只有一个人犯错误。这不符合事实。中央犯错误,不是一个人负责,是集体负责。❸

偶然性里面体现着必然性,必然性里面包含着偶然性。在历史合力的共同作用下,中国出现了史无前例的"文革",和前所未有的"公有制"局面。然而,也正如毛泽东所说的:"事物发展的根本原因,不是在事物的外部而是在事物的内部,在于事物内部的矛盾性。"❹当然,内因的改变性作用的产生,要等到中共十一届三中全会以后了。

---

❶ 邓小平:《对起草〈关于建国以来党的若干历史问题的决议〉的意见》(一九八〇年三月——一九八一年六月),《邓小平文选》第二卷,人民出版社 1994 年版,第 307 页。

❷ 张素华:《变局——七千人大会始末》,中国青年出版社 2006 年版,第 164 页。

❸ 邓小平:《对起草〈关于建国以来党的若干历史问题的决议〉的意见》(一九八〇年三月——一九八一年六月),《邓小平文选》第二卷,人民出版社 1994 年版,第 296 页。

❹ 毛泽东:《矛盾论》(一九三七年八月),《毛泽东选集》第一卷,人民出版社 1991 年版,第 301 页。

第三节　私权利的消弭与公权力的独行

一、体制下公权力组织的特立独行

在中国,由于各种复杂因素的合力所致,形成了政治(国家)权力过分集中的政治体制,这种权力过分集中政治体制的表现形式,是从党的一元化领导到党的权力过分集中,再到党的领导人的个人权力过分集中,其内在机理其实是共产党和党的领袖,凭借其在革命中所形成的巨大威望,而对权力进行的一种过分集中使用。

但是,由于党的权力集中和党的领袖的个人的权力集中之行使边界较为宽大,行使路径较为漫长,因此,在权力走向国家和社会的具体过程和细节中,又必须依赖经过安排和领导人或首长首肯的各种组织,对公权力进行统一调配和收支,从而,在公权力发生效力的具体过程中,形成了公权力组织。

相反,由于私权利的萎缩、市民社会的虚无和社会组织的孱弱,使得以各种公权力组织为外在表征的政治权力,成为了几乎畅通无阻的进入者。公权力组织统一占有并"发号施令",以对"阶级利益"的争取和保护,作为行使权力的理由,从而形成了在"人民公社"化和"文化大革命"两个主要阶段的不同公权力行使者。这分别是人民公社和各级革命委员会。

两种公权力组织的出现,在新中国的历史上是一种特殊的政治现象,这两种组织按照自己的理念和逻辑独自地运行,一度清扫宪法和法律上的法定公权力组织,使自己成为法定公权力组织的独一无二的代替者,在历史的舞台上进行自己的"独行",这不能不说是一种"特立独行"的公权力组织。其"独"之处在于:

第一,人民公社其实是一个政社合一的公权力组织,其公权力的行使更多的是依仗党委和党支部,而并非是法定的部门。在社会主义改造时期的农业生产合作社时,实行的是乡社分设的体制,乡是农村基层政权,社是经济组织,通常是一个乡要领导几个甚至十几个社。

但《中共中央关于在农村建立人民公社问题的决议》却明确要求:"要实行政社合一,乡党委就是社党委,乡人民委员会就是社务委员会。"❶社既是生产、

---

❶ 《中共中央关于在农村建立人民公社问题的决议》(一九五八年八月二十九日),中共中央文献研究室编:《建国以来重要文献选编》(第十一册),中央文献出版社 1995 年版,第 447 页。

生活单位,也是政权的基层组织,社里工、农、商、学、兵都有。这样,人民公社下面就设立了很多部门。如山东省委《关于人民公社的若干问题的意见(第二次修改稿)》,就在人民公社下设工业部、农业部、财政部、水利部、林业部、供销部、内政部、粮食部、水产部、组织部、人武部等十五个部。❶ 这些部门在公社里面,行使着国家行政机关才有的权力。

同时,在政社合一的体制下,公权力的真正行使者,其实也不是理论上的公社,和生产大队的社员代表大会及其所产生的管理委员会,而是公社和生产大队的党委和支部。这样人民公社就将1954年《宪法》,这个国家根本大法中第六十二条所规定的"地方国家人民委员会,即地方各级人民政府,是地方各级人民代表大会的执行机关,是地方各级国家行政机关"之原则给颠覆了,改变了乡人民政府这个法定公权力主体的地位。这种颠覆无疑是具有"革命"性的,其"革命性"体现在两个方面:

(一)中共中央的一纸决议,就将根本大法宪法的明确规定进行了改变,说明宪法和法律的作用,在当时的历史条件下没有体现,或者说法制(法治)没有得到领导人和群众的认同。一方面,毛泽东在制宪的过程中,多次重申国家机关工作人员要带头遵守根本大法,全国每一个人都要遵守宪法;另一方面,在毛泽东等人的鼓励和支持下(虽然"毛泽东一再讲,人民公社是群众自发搞起来的,他无发明之权,只有建议之权"❷,但是即便只是领袖的"建议",其实是一种肯定和鼓励的变相说法而已。而领袖的变相鼓励和支持,在很大程度上会得到对最高权力服从以及顶礼膜拜的人的跟进),人民公社政权化又轰轰烈烈地搞起来了。这给接下来的法制被破坏、法制虚无的并不短暂的过程,开了一个头。

(二)人民公社通过其严密的组织体系,不仅几乎垄断了农村地区的公权力行使,而且在行使公权力的过程中,不时践踏着人的私权利和尊严,用实际行动对法制的破坏和虚无,起到了不可忽略的作用。

据中共福建省委党史研究室的资料显示,福建省寿宁县平溪公社,曾经采取过五种办法处罚群众,即分别是:不给人饭吃(社员是吃大锅饭,但是饭是公家给的,公家不给你饭吃,你还真没有办法。但是这种公家的权力,其实被干部掌

---

❶ 参见罗平汉:《农村人民公社史》,福建人民出版社2006年版,第66页。

❷ 罗平汉:《农村人民公社史》,福建人民出版社2006年版,第88页。

握，所以农民社员有"现在吃的是干部的饭"的说法）；组织开斗争会，给人以人格侮辱；"炒花生"，所谓"炒花生"，就是把人围起来，推来推去，这应该算是一种变相打人；封闭门户，即将人从家里给赶出来，不让其住；再就是，将人送集训队劳动教养。还有不少公社组织敢想、敢说、敢作、敢为，其实是敢捆、敢吊、敢打、敢"炒花生"的"四敢队"，强迫群众办公共食堂和大炼钢铁。❶ 而在河南省内乡县，有的干部借机打击报复群众，随便找一个借口就将社员送去劳动教养。邓县一个公社的党委书记，在公社里面私设监狱，一些干部以种种名义被关押。❷

第二，各级革命委员会是在"无政府"主义施行之下的公权力的实际运行机关，是当时历史条件下在相应法律制度基本被搁置或废置后而设的一种权力机构，是在原有的制度和权力体系之外，新设的一套权力组织体系，其对公权力的行使，达到了有法不依和监督缺失的状态。

（一）革命委员会当时曾经被誉为是亿万民众向"党内一小撮走资派"进行夺权，所形成的斗争创举，但是这种所谓的"创举"，却是建立在对宪法秩序和法律尊严的破坏和侵蚀基础之上的。即革命委员会的组成人员，不是经过权力机关——全国人民代表大会和地方各级人民代表大会的选举和任命，其成员完全是通过党组织酝酿、协商和政治审查推选出来的，这既不符合民主程序，也没有一套法律程序对其成员的组成，进行相应的规定。

（二）革命委员会的成立，迎合了当时一切都"以阶级斗争为纲"的政治需要。基于对当时政治形势的错误判断，党的领导人指出"天下大乱，方能达到天下大治"，即只有发动不受任何条条框框约束（无法无天）的群众运动，通过制造和形成所谓"天下大乱"的手段，冲破由于一些人对"文化大革命"持不支持意见而形成的阻力，方能夺回"走资本主义道路当权派"的权。

而一旦通过武力"夺回"公权力以后，夺权者夺取权力的过程和他们今后行使权力，则丧失了明确的法律依据。这种情况下，不仅仅是"砸烂公检法"、破坏和捣毁法律实施机关，而且权力机关、政治协商机关也被中断停止活动。"文革"开始之后八年的时间里，全国人大及其常委会再没有举行过一次会

---

❶　参见中共福建省委党史研究室：《"大跃进"运动（福建卷）》，中共党史出版社 2001 年版，第 74—75 页。

❷　参见中共河南省委党史研究室：《河南人民公社化运动》，河南人民出版社 2005 年版，第 172—173 页。

议,各级政协也因为"政治岂能协商"而被停止。而革命委员会则是集党、政、军大权于一身,包揽行政、司法和党务等一切权力,是党政不分、党政合一、政企不分、权力极端集中的领导体制。

二、体制下私权利的消弭

从"大跃进"之后的"人民公社化"运动,到反右倾直至"文化大革命"的出现,这段近二十年的中国历史,在某种意义上是私有被消灭和私权的消亡史。

"大跃进"的提出,其意就是要"超英赶美"实现共产主义。而通过建立公有制生产关系的并社运动,又为"共产主义"的"提前"实现提供了"体制"保证。人民公社就是通过建立纯而又纯的公有制,来实现所谓的"共产主义"。只不过这种"共产主义",不是通过生产力的自然发展,而是通过人为地提前制造生产关系,以便让生产力来适应生产关系的手段来实现。

在偏向"左"倾的年代里,一方面是动用一切资源,来加紧建设"共产主义",另一方面却是用各种手段来对付持有"资本主义想法"或从事"资本主义行为"的人。而"文化大革命"不惜用能够"文攻武卫"的手段,试图从政治上消灭资产阶级政治力量,从个人名誉和职务上打倒资产阶级当权派,和在经济上"割资本主义尾巴"。

这样一来,在所谓的"社会主义公有制"旗帜下面其实隐现或暴露的,是"从上至下"的所谓的"资产阶级当权派"的被打击,和"资本主义的苗"的被摧毁。在"打击"和"摧毁"之下,人所享有的系列权利的被侵犯也必然是应有之义。即便人权的具体形式是随着时代的发展而变迁着的,但在那种历史条件之下的人权,毫无疑问地也必然和必须以人格权和财产权(私有财产权)等私权利的形式表现出来。虽然人权一般被定义为人之作为人都享有的权利,可这是一个非常抽象的定义,而这也反映出,要给人权下一个准确的定义是非常困难的。

但从公认的国际人权法包括 1948 年《世界人权宣言》、1966 年《经济、社会和文化权利国际公约》和《公民权利和政治权利国际公约》来看,生命权、健康权、财产权、人身自由和安全权、被拘禁者享有人道待遇权等等,都属于人权的范畴。所以,所谓"资产阶级法权"的被消灭,其实很大程度上也包含了人权的被侵犯之意:

第一,私人财产权的被侵犯和剥夺。私人财产权又称为公民财产权、个人财产权或私有财产权等,而与之相对的是公有财产权。而所谓的公有财产权,是指国家或集体所拥有的财产权。私人财产权意味着"在资源的利用上明显地以独立的私人使用为取向,排除了所有的公共性和共同性"❶,也就是说,私人在自己的独立空间内,有权对其合法占有的财产作出支配和处分权利。

只是,对于财产权这一传统法学术语和概念来说,把财产权分为私人财产权和公有财产权,在法学领域中却是较少涉及的。因为,财产权本质上是一种人与人之间关系的体现,在完全公有的状态下,界定财产权没有任何意义。❷

在改革开放之前,财产权是作为典型的资产阶级法权而受到批判,"1975 年时,主持国家政治工作的张春桥就提出了'对资产阶级全面专政'的要求,其核心就是将民众个人的所有权压抑到极端,因为涉及生产资料公有制的要求,当时许多地区农村中农民家庭饲养的母鸡都要有数目限制,农民出售鸡蛋都被定义为资本主义。这种一方面盲目崇拜领导者的公共权力、一方面强烈压抑民众权利的封建观念,事实上在中国一直没有清理过"❸。

在"人民公社"化期间,由于对所谓的"共产主义"进行了不科学的理解和推崇,致使在所有制建设方面,进一步向并非科学的公有方向盲目地发展。毛泽东曾经概括"人民公社"的特征是"一曰大,二曰公",即通常所说的"一大二公"。所谓"大",是指公社的规模很大,很多都是一乡一社甚至一县一社。所谓"公",是指将社员的生产资料和个人财产无偿地收归公社所有,由公社统一经营和核算。社员"全部自留地、私有的房基、牲畜、林木等逐步转为全社公有,私人暂时留下少量的家畜和家禽,也将逐步转为公有"❹。有甚者如湖北省当阳县跑马公社,该公社党委第二书记说:"今天是社会主义的尾,明天是共产主义的头,共产主义社会已经到了。共产主义要消灭私有制,消灭家庭,除了老婆以外,什么都不私有了。"❺

据杜润生回忆到,在这种社会主义"公有制"思想的指导下,"引发了'共产

---

❶ [美]詹姆斯·布坎南:《财产与自由》,韩旭译,中国社会科学出版社 2002 年版,第 6 页。

❷ 从这个角度来说,正是实行改革开放和社会主义市场经济之后,才催生出了如此多的私有财产权,才使得所谓的公有财产权概念得以产生。但本书沿用法学话语传统,将私有财产权与财产权放置在同一的意义上使用,如没有特别说明,本书的财产权均是指私有财产权。

❸ 孙宪忠:《中国物权法总论》,法律出版社 2009 年版,第 3 页。

❹ 罗平汉:《农村人民公社史》,福建人民出版社 2006 年版,第 53 页。

❺ 罗平汉:《天堂实验:人民公社化运动始末》,中共中央党校出版社 2006 年版,第 196 页。

风'的泛滥。如任意到群众家里收'金银铜铁锡',除'一铺一盖,一碗一筷'之外都要归公。连农民家里的自行车都要交出来,'按需'归干部使用。……'公有制'就成了'大家拿'"❶。反过来,既然"共产主义"是不分你的和我的、公家的和私人的,则社员和社员之间也互相拿对方的财产,社员甚至也拿公社的物品。

1961 年,刘少奇在他的家乡湖南省宁乡县花名楼公社炭子冲大队调查时,针对这种现象,就同基层干部说过:"现在社员随便拿东西,稻谷、小菜,随便就拿走了,红薯种上就被人拿走了……个人的东西被随便拿走,公家的东西被社员随便拿走……公社、大队拿社员的东西,社员就拿公家的东西,也拿别的社员的东西。"❷在这种情势之下,不仅仅是公权对私人财产权有着不应有的侵害,同时,还由于个人无视私人财产权的存在,或者没有私权的观念,个人与个人之间,也对各自所本来应该具有的私人财产权互相侵害着。而这样一种个人与个人之间互相侵害的背后,其实是公权力的撑腰。

而在"文化大革命"期间,对私人财产权的忽略和侵害,也可谓是有过之无不及。在这种极端思想影响和指导下,一度成为"自力更生、艰苦奋斗"典型的山西省昔阳县大寨大队,在"文革"开始后,也"不断地限制或剥夺农民,而且这种剥夺是七斗八斗地使用强制手段进行的。大寨成了推行'左'倾路线的样板,它已不再是原来的形象,彻底背弃了大寨精神"❸。在农村中,把允许农民保留少量自留地、自留畜,批判成"资本主义复辟"而被禁止,将饲养、渔猎、编织等家庭副业和进行集市贸易,认为是"资本主义尾巴"要将其割掉。在城镇中,还"对残存的私有制进行'扫荡',甚至强行把集体所有制转为国有企业"❹。

这种对私产的随意侵占的做法,实质上是法治虚无年代里,人权观念也同样虚无的生动具体体现,因为,财产权和人权之间存在着天然的关系。西方将财产权作为一项基本人权进行论述的,分别是洛克和黑格尔。洛克认为,私人财产权是人的天赋人权,保护人的私有财产是人民成立国家、组成政府的目的。黑格尔用人的"绝对精神"和"意志自由",为财产权是基本人权进行了论证:"人有权把

---

❶ 杜润生:《杜润生自述:中国农村体制变革重大决策纪实》,人民出版社 2005 年版,第 78 页。
❷ 刘少奇:《同炭子冲农民的谈话》(一九六一年五月七日),《刘少奇选集》下卷,人民出版社 1985 年版,第 331—332 页。
❸ 李宗植、张润君编著:《中华人民共和国经济史(1949—1999)》,兰州大学出版社 1999 年版,第 266 页。
❹ 陈锦华、江春泽等:《论社会主义与市场经济兼容》,人民出版社 2005 年版,第 151 页。

他的意志体现在任何物中,因而使该物成为我的东西;人具有这种权利作为他的实体性的目的,因为物在自身中不具有这种目的,而是我从意志中获得它的规定和灵魂的。这就是人对一切物据为己有的绝对权利。"❶

马克思也从唯物主义的高度,阐述了人类要实现自由和全面发展的理想,则必须要将理想和现实联系起来,把个人和社会连接起来,不能虚无缥缈地脱离实际,那未免是一种唯心主义。马克思认为:"把人和社会连接起来的唯一纽带是天然必然性,是需要和私人利益,是对他们财产和利己主义个人的保护。"❷

马克思恩格斯在《德意志意识形态》中写道:"当人们还不能使自己的吃喝住穿在质和量方面得到充分保证的时候,人们就根本不能获得解放。'解放'是一种历史活动,不是思想活动,'解放'是由历史的关系,是由工业状况、商业状况、农业状况、交往状况促成的……"❸

虽然在"人民公社"化的时代,社员能够在公共食堂吃大锅饭,似乎是基本需要得到满足的表现,是人权得到尊重的体现,其实这种基本需要的满足,是公社依靠强制力来推行的某种结果。在破除一切"封、资、修"的年代里,社员的财产被"充公",市民禁止进行集市贸易,究其实质,是通过对个人"治产"权利的剥夺,起到对个人"治身"权利的限制,是对人权的一种侵害。正如,"个人自治的核心是个人对其财产的独立的排他的支配权,连治产的权利都没有,就不会有治身的权利。没有私有财产,个人会缺乏起码的个人活动的空间,个人价值不受尊重,个人自治的能力受到限制"❹。

第二,人格权也难以避免地遭到各种程度的侵害。人格是一个人享有的与生俱来的身体自主和精神尊严,是人之所以能够成为人的基本资格。失去了人格,则人失去了生命和生活部分或全部意义。"人格权是自然人对其自身享有的权利,这个'自身'分为精神的和物质的两方面"❺,精神性人格权包括一般人

---

❶ [德]黑格尔:《法哲学原理》,范扬、张企泰译,商务印书馆1961年版,第52页。

❷ 马克思:《论犹太人问题》(写于1843年秋),《马克思恩格斯全集》第1卷,人民出版社1956年版,第439页。又译为:"把他们连接起来的唯一纽带是自然的必然性,是需要和私人利益,是对他们的财产和他们的利己的人身的保护。"《马克思恩格斯文集》第1卷,人民出版社2009年版,第42页。

❸ 《马克思恩格斯文集》第1卷,人民出版社2009年版,第527页。

❹ [美]路易斯·亨金、阿尔伯特·J.森塔尔编:《宪政与权利》,郑戈、赵晓力、强世功译,生活·读书·新知三联书店1996年版,第150页。

❺ 徐国栋:《民法总论》,高等教育出版社2007年版,第297页。

格权和具体人格权。一般人格权是"对人格权的概括性的规定,是一种'兜底'性或弹性的权利"❶,它是人格尊严、人格自由和人格平等的完整概括,是相对于具体人格权而言的。具体人格权包括姓名权、名誉权、荣誉权、人身自由权、隐私权等等,而物质性人格权则包括了身体权、健康权和生命权。

人格权和人权的关系十分紧密。人权一般被定义为人之作为人都享有的权利,这是一个非常抽象的定义,这也反映出,要给人权下一个准确的定义是非常困难的。但是无论如何,"从人权概念的起源来看,哲学上的人道概念和法学上的权利概念是人权概念的两大构成要素。人权概念的萌芽和形成的历史,也就是这两大要素萌芽、形成并相互结合的历史。……倘若离开人道来谈人权,就会将人权囿于法律权利。倘若离开权利来谈人权,就会流于空泛的人道主义"❷。

从公认的国际人权法,包括1948年《世界人权宣言》、1966年《经济、社会和文化权利国际公约》和《公民权利和政治权利国际公约》来看,生命权、健康权、财产权、人身自由和安全权、被拘禁者享有人道待遇权等等,都属于人权的范畴。也就是说,人格权和人权有很多交叉,或者说人格权是人权的一部分。

在一定意义上来讲,人格权是人权从应有权利变为法定权利的逻辑结果,也是"以人为本"在权利领域的生动体现。"以人为本,也就是以人善思、善欲、善求为本"❸,而"在法律上,表现为以权利为本;而在政治伦理上,则表现为以人权为本"❹。

新中国的成立,本来就是国人的解放和中国人权建设和发展事业的巨大进步。但是,由于相当长一段时间内,受到"左"的错误思想和以"阶级斗争为纲"错误纲领的影响,国人人格权的充分尊重和保障状态,并没有得到全面和彻底的体现。虽然,在"人民公社"化和"文革"那个年代中,国家没有制定民法规范,也没有人格权观念和制度,甚至连人权也被说成是抽象的概念,是"资产阶级人权",但是,即便在法律制度上确实还存在权利规范的缺失,可在现实生活中,对人的身体和人格的基本尊重,无论对谁来说,都是十分应该和必要的。

虽然"人民公社"是领导人的美好跃进理想和人民群众狂热动力相结合的

❶ 王利明:《人格权法研究》,中国人民大学出版社2005年版,第160页。
❷ 夏勇:《人权概念起源——权利的历史哲学》,中国社会科学出版社2007年版,第139页。
❸ 段凡:《胡锦涛法律思想初探(上篇)》,《武汉理工大学学报(社会科学版)》2009年第1期。
❹ 徐显明:《人权与人类和谐(代序)》,徐显明主编:《人权研究》(第五卷),山东人民出版社2005年版,第2页。

产物。但是，这些人为地、要一厢情愿地走"共产主义"道路，以求建构"公有制"社会的种种想法和做法，在公社的实际运作过程中，却难以避免地走样和异化。"政社合一"的模式，赋予了公社极大的权力，但实际权力在党委和支部的手中，即在公社的党委书记和社队干部手中。这些干部的动辄胡乱使用公权力的强暴做法和违法行为，使得部分人民群众的人身权利被侵犯。

这样的例子可以举出不少：福建省海澄县浮宫公社一个党委委员，发现三个中队队长（相对于生产队长）和一个记工员工作不积极，便开会判处他们死缓，两天后其中两个人由于表现好又被释放。而惠安县涂寨公社在大办工业中，用捆绑社员的方式，强迫一些不愿意的社员投资，有的社员被送劳改，有的还被迫自杀。某位妇女将多年积攒的 400 元钱缝在被子中被发现，要被强行收走，该妇女在哀求留下几元钱遭拒后，投河自尽。而寿宁县很多公社组织敢捆人、敢吊人、敢打人、敢"炒花生"的"四敢队"，强迫群众办公共食堂和大炼钢铁。❶"共产主义试点"河北省徐水县的商庄公社，曾经对"劳动不积极"、"说话生硬"、"走路慢"、"干活慢"的人集中进行劳改。❷ 而最具有"共产主义"形式特征的，莫过于人民公社的大办公共食堂吃大锅饭，但是，某些社员本来是不愿意但被强迫去吃公共食堂的大锅饭，使得社员吃饭的权利被公社掌握，以至于有的社员说，吃饭是干部的"刀把子"，不如自己挣来自己吃。对此，如杜润生说："上面的高指标、高征购，到了下边就可以搞行政强制、瞎指挥，甚至打人、批斗人，侵犯人身权利。"❸

在偏向"左"倾的年代里，一方面是动用一切资源，来抓紧建设"共产主义"社会，另一方面，却是用各种手段来对付和打击持有"资本主义想法"或从事"资本主义行为"的人。"文革"的爆发，不仅仅是将"左"倾错误做法延续，更是因为阶级斗争的进一步升级，导致了侵犯人格权的事例不断发生。

在"文革"中常见的"大鸣、大放、大辩论、大字报"等"口诛笔伐"的言论方式，是通过贬损和非法揭露人的名誉、荣誉、姓名、隐私等来进行的。所谓"打倒"的字眼，其实蕴含的有一种对人的言语攻击、词汇暴力，甚至是诬陷、诬蔑和

---

❶ 参见中共福建省委党史研究室：《"大跃进"运动（福建卷）》，中共党史出版社 2001 年版，第 74—75 页。

❷ 参见徐水县地方志编纂委会：《徐水县志》，新华出版社 1998 年版，第 530 页。

❸ 杜润生：《杜润生自述：中国农村体制变革重大决策纪实》，人民出版社 2005 年版，第 78 页。

发泄,可是,它在 1975 年还是被写进宪法,成为了"宪法权利"。

这样一种所谓的"宪法权利",实际上在没有厘清权利的本质的前提下,对权利和政治运动的方式方法二者,进行了混同。因为,宪法上的权利是公民基本权利❶的"宪定"和人权的一种法定,但是,任何人的权利,都是具有边界性的和相对性的,即单纯就权利内容来说,没有一项权利的内容,能够被贴上至高无上的标签,至高无上的只能是权利本身。权利的获得和行使,不可以以侵害或防止他人权利的获得和行使为途径或代价。

而"大鸣、大放、大辩论、大字报"等,其实是运用于特定政治年代之中的一种政治运动之方式和方法,它只不过是全民泛政治化年代下的畸形产物,也只不过是一种看似民主实则民粹的方式,和貌似依据(宪)法治实则人治的方法,所以它大部分的时光,非常难为情地沦为了披着权利的外衣而行侵犯权利之事的政治工具。

至于在"文革"中能够见到的"批斗"、"抓人"、"迫害"等方法和现象,不仅仅是对普通公民的权利进行了程度不同的侵害,更是将侵害的触角伸向了曾经功勋卓著的老党员、老帅、"老革命"和老干部。具有讽刺和悲剧意味的就是,国家主席刘少奇手拿《宪法》,居然也挡不住对他进行的凌辱和批斗。但是,他在试图进行合法自卫的时候,说的一番话,时至今日还是令人沉痛和深思:"我是中华人民共和国主席,你们怎样对待我个人,这无关紧要,但我要捍卫国家主席的尊严! 谁罢免了我国家主席? 罢免我是要通过全国人民代表大会的。你们这样做,是在侮辱我们的国家! 我个人也是一个公民,为什么不让我讲话? 宪法规定了每一个公民的民主权利和人身权利都要受到保障,侵犯破坏宪法的人,是要受到法律的严厉制裁的!"❷

那是一个私权消亡的年代。这里所说的消亡,并不是指现实生活之中,这种道德意义上的私人生活空间的消除,或者伦理意义上的私的观念的消灭。因为无论如何,哪怕一个社会和年代再"动乱"不堪,以及国民经济再濒临崩溃和百姓生活再困难,现实生活中的私人行为和私权现象还是存在的。比如,像工厂员

---

❶　一般来说,基本权利主要包含宪法上的公民权利,以及其他人之能成为人所不能不具备的权利。现实生活中,基本权利是其他权利的基础性权利,决定着公民在国家和社会生活中的基本地位。见段凡、李媛:《基本权利:科学发展观的法学核心价值》,《前沿》2009 年第 7 期。

❷　刘爱琴:《我的父亲刘少奇》,人民出版社 2009 年版,第 287 页。

工工资的发放，或者农民自种田地的收成的获得，以及文人发表文章后稿费的获得，再比如，男方与女方之间的婚姻行为和生活，等等。

社会再无视私人所有，混乱的动态再挤占私人空间，一个社会也不可能混乱到或者能够容忍乱到，甲的工资能够随便被乙签收的情况出现，甲的田地作物能够可以允许他人任意采摘收取，甲的稿费可以未经其允许而被人乱领，甲的私人空间可以随意被人进出。而这些不能够被乱象或者容忍乱象的背后机理其实就是，"你的"和"我的"财产和空间之分，既是一种物质生活一定条件下的社会人性之通显，也是人类社会走出原始状态，一直发展到今天而未曾更改的基本文明通则。

既然如此，哪怕是所谓的"资产阶级法权"被打倒，民法等规制私的权利的法律制度的缺失，但现实生活之中的"私权现象"和"私的归属"，并没有或者无法被消除或否定。而真正意义上的私权消亡，是指从法制（治）观念和法律制度上，无视和否定社会普通个体的权利。一方面，以争取和扩大私权利界限的个人行为，几乎要被扼制和打倒，而这既不认为是侵权也不认为是违法；另一方面，以规定私权为内容的规范性制度（毋论法律制度），也几乎缺位。因为在现实生活中，没有太多的需要规范的交易行为，有的可能只是在菜市场里面存在的"讨价还价"的零星的简单交易行为。

而在这种社会物质生活条件下，是根本不需要多少规范私权的法的，如同马克思所认为的，法其实是物质生活的一种反映，"法不过是被奉为法律的你们这个阶级的意志一样，而这种意志的内容是由你们这个阶级的物质生活条件来决定的"❶。如果没有这种物质生活，则也不会需要法的规定，哪怕是一种形同虚设的"纸上的法"。而没有法律对权利的认可，则也不会有对法律的重视和尊重观念。那么，在那个年代里面发生了诸如查抄、没收和批斗等"无法无天"的行为，却并不被视为无法无天，也许就不足为奇了。

---

❶ 马克思、恩格斯：《共产党宣言》（1847 年 12 月—1848 年 1 月），《马克思恩格斯选集》第 1 卷，人民出版社 1995 年版，第 289 页。相同译文见《马克思恩格斯文集》第 2 卷，人民出版社 2009 年版，第 48 页。

第四章　私权利的人性成长与公权力的理性退让

第一节　商品经济催生私权利的萌芽

一、历史的回声:解放思想与商品经济

在"四人帮"被打倒、"文革"结束之后,中国开始进入了解除思想禁锢的时代。人们开始反思"左"的路线,并对"十年动乱"造成的党风不正、社会道德水平下降、无休止的政治运动表示了不满。更是有很多人,对出现了物质缺乏和精神危机的中国,而感到忧心忡忡。

可是,当时的最高领导人仍然保持"左"倾思想,"两个凡是"❶的出台,意味着彼时的中国,依然想继续走以前走过的路,即在政治领域继续以"阶级斗争为纲",在经济领域搞"一大二公"的公有制经济和计划经济体制。"它的实质是要

---

❶ "两个凡是"的提出有一个过程。1972年,中共中央在解决一个省的领导人问题时,汪东兴就说过:"凡是毛主席批示的文件,凡是毛主席的指示,都不能动。"1976年10月26日,时任中共中央主席华国锋对中共中央宣传部门负责人说:"凡是毛主席讲过的,点过头的,都不要批评。"11月30日,吴德在四届人大常委会第三次会议上讲:"凡是毛主席指示的、毛主席肯定的,我们要努力去做,努力做好。现在把'四人帮'的破坏和干扰除掉了,我们应该做得更好,也一定能够做得更好。"1977年1月21日,华国锋的一个讲话稿中,出现了"凡是毛主席作出的决策,我们都必须维护,不能违反;凡是损害毛主席的言行,都必须坚决制止,不能容忍"。2月7日,在华国锋的授意之下,《人民日报》、《红旗》杂志、《解放军报》发表了题为《学好文件抓好纲》的社论,指出:"凡是毛主席作出的决策,我们都坚决拥护;凡是毛主席的指示,我们都始终不渝地遵循。"这就是"两个凡是",它成为全社会判断政治是非和行为对错的标准。它不是华国锋的创造,但是华国锋对"两个凡是"的产生负有直接的责任。参见中共中央党史研究室:《中国共产党历史大事记(1915.5—2005.12)》,中共党史出版社2006年版,第288页;谢春涛主编:《中国共产党重大历史事件纪实》,宁夏人民出版社2006年版,第326页;朱元石等访谈、整理:《吴德口述:十年风雨纪事——我在北京工作的一些经历》,当代中国出版社2004年版,第254页;舒以主编:《大旗帜:邓小平理论二十年》上卷,改革出版社1998年版,第15页。

把毛泽东晚年的'左'倾错误延续下来"❶。思想上禁锢,思想不解放,成为了"后四人帮"时期,笼罩在人们头上最大的一片精神乌云。

在这样的局面下,邓小平、陈云、叶剑英、聂荣臻、徐向前等老一辈革命家,以毛泽东思想中的"实事求是"之理论精髓,来坚决抵制"两个凡是"的推行,为后来全国人民思想上的大解放作出了历史功绩。1977 年 4 月 10 日,还未复出的邓小平,就最早对"两个凡是"提出了异议:

> 我们必须世世代代用准确的、完整的毛泽东思想来指导我们全党全军和全国人民,把党和社会主义事业,把国际共产主义运动的事业,胜利地推向前进。❷

此刻的邓小平还是处于"台下"之人,他并没有明确地指出"两个凡是"不符合马克思主义和毛泽东思想,但是他提出"准确的、完整的毛泽东思想"概念,其实就是针对"教条地、片面地、错误地"理解和引用毛泽东的论述和著作的行为。这为纠正"两个凡是"的错误创造了条件,毕竟已经有人公开地和明确地提出对"两个凡是"的异议了。同时,尽管此时邓小平并没有复出,但是作为一个多次受到毛泽东重用的,并在党内和全国人民心目中享有崇高威望的,在战争时期有过战功,并在新中国成立前后担任过党内外重要领导职务的老党员,他的这番话,为之后的全党和全国进行解放思想起到了先导作用。5 月 24 日,邓小平在对王震和邓力群谈话时,更是明确提出:

> "两个凡是"不行。……这是个重要的理论问题,是个是否坚持历史唯物主义的问题。彻底的唯物主义者,应该像毛泽东同志说的那样对待这个问题。马克思、恩格斯没有说过"凡是",列宁、斯大林没有说过"凡是",毛泽东同志自己也没有说过"凡是"。❸

---

❶ 中共中央党史研究室:《中国共产党历史大事记(1915.5—2005.12)》,中共党史出版社 2006 年版,第289 页。

❷ 中共中央党史研究室:《中国共产党历史大事记(1915.5—2005.12)》,中共党史出版社 2006 年版,第290 页。

❸ 邓小平:《"两个凡是"不符合马克思主义》(一九七七年五月二十四日),《邓小平文选》第二卷,人民出版社 1994 年版,第 38—39 页。

邓小平继续"以子之矛,攻子之盾",用正确的毛泽东思想,来对付歪曲和篡改了的"毛泽东思想"。在中共十届三中全会闭幕会上,被恢复了党内外一切职务的邓小平,进一步阐述要完整地准确地理解毛泽东思想:

> 要对毛泽东思想有一个完整的准确的认识,要善于学习、掌握和运用毛泽东思想的体系来指导我们各项工作。只有这样,才不至于割裂、歪曲毛泽东思想,损害毛泽东思想。……毛泽东同志在这一个时间,这一个条件,对某一个问题所讲的话是正确的,在另外一个时间,另外一个条件,对同样的问题讲的话也是正确的;但是在不同的时间、条件对同样的问题讲的话,有时分寸不同,着重点不同,甚至一些提法也不同。所以我们不能够只从个别词句来理解毛泽东思想,而必须从毛泽东思想整个体系去获得正确的理解。❶

邓小平此时的"完整的"和"准确的"已经和上一次不同,这次它包涵着强烈的政治内蕴,即如果凡事都要按照毛泽东生前的决策和指示去办,那粉碎"四人帮"只是一个形式,其只不过是从政治上终结了"文革",而并没有从根本上澄清和反思"文化大革命"的性质和根本原因。也就是说,如"两个凡是"在思想上继续对人们进行钳制,思想上的"文革"其实还是在继续。"凡是"论成为了阻碍历史进程的障碍。

同时,邓小平的话语实际上也进一步、深层次地批评了"两个凡是",它所要抗争和颠覆的就是"两个凡是"的樊篱。邓小平大张旗鼓地和"两个凡是"论进行斗争,用"完整"和"准确",作为理解毛泽东思想的根本,为思想解放提供了一个坚实的理论依据,也为从思想上终结"文化大革命"提供了理论支持和动力。

"由于无数人是以理所当然的态度和相当虔诚的政治信仰参与'文化大革命'政治运动的,所以'文化大革命'的严重错误不可避免地使党内外许多人的思想意识和政治信仰出现混乱和迷茫,形成意识和信仰危机。正是基于这两大现实要求,邓小平把思想上终结'文化大革命'作为全面终结'文化大革命'的关

---

❶ 邓小平:《完整地准确地理解毛泽东思想》(一九七七年七月二十一日),《邓小平文选》第二卷,人民出版社 1994 年版,第 42—43 页。

键"❶。这不仅仅得到了很多党内同志的支持,也引起了全国范围内的对真理标准的讨论。一旦人们不再对最高领导人的"只言片语"迷信的时候,一个巨大的革命能量便能够聚集。这种巨大能量的聚集,就是接下来的关于真理标准的大讨论。

所谓真理标准的讨论,来源于1978年5月10日刊登在中共中央党校内部刊物《理论动态》上的一篇题为《实践是检验真理的唯一标准》的文章,文章后来被《人民日报》全文转载。❷该文指出:

> 检验真理的标准只能是社会实践。理论与实践的统一,是马克思主义的一个最基本的原则。任何理论都要接受实践的检验。即便是已经在一定的实践阶段上证明了的真理,在其发展过程中仍然要接受新的实践的检验而得到补充、丰富和纠正。毛主席在第二次国内革命战争时期曾经批评过的"圣经上载了的才是对的"这种倾向仍然存在。社会主义对于我们来说,有许多地方还是未被认识的必然王国,面临着许多新的问题,需要我们去认识,去研究,躺在马列主义毛泽东思想的现成条文上,甚至拿现成的公式去限制、宰割、裁剪无限丰富的飞速发展的革命实践,这种态度是错误的。

---

❶ 林尚立:《当代中国政治形态研究》,天津人民出版社2000年版,第371页。

❷ 该文能够刊发,大致情况是这样的:邓小平提出要"完整地、准确地"理解毛泽东思想后,陈云、叶剑英、徐向前、聂荣臻等老一辈革命家,也在毛泽东逝世一周年之际发表谈话或文章,要"坚决反对将马列主义、毛泽东思想中的一些词句当作脱离时间、地点和条件的教条"。1977年年底,中共中央党校主持工作的副校长胡耀邦,组织力量对第九次、第十次、第十一次路线斗争史,也就是"文革史"进行研究时,提出了研究的两条重要原则:一是以实践为检验真理、分辨路线是非的标准,实事求是地研究;二是要完整地、准确地理解和运用毛泽东思想。与此同时,胡耀邦在中央党校创办内刊《理论动态》,进行相当活跃的内部大讨论。1978年3月,"两个凡是"提出一年后,《人民日报》发表了题为《标准只有一个》的思想评论,强调真理的标准只能是社会实践,引起了社会反响。同月,主持《光明日报》工作的杨西光,审阅该报"哲学专刊"第77期大样时,看到了南京大学哲学系教师胡福明撰写的题为《实践是检验一切真理的标准》的文章,非常重视,便邀请来京开会的胡福明与中央党校也在写同一主题文章的孙长江,一起来进行加工和修改,《光明日报》编辑部也参加了修改。最后,经过修改定名为《实践是检验真理的唯一标准》的文章,在胡耀邦亲自审定后,于1978年5月10日刊登在《理论动态》上。5月11日,该文在《光明日报》头版以"特约评论员"的名义发表,新华社当天也全文转发。12日,《人民日报》《解放军报》全文转载。接着,许多省、市、自治区也相继转载。参见谢春涛主编:《中国共产党重大历史事件纪实》,宁夏人民出版社2006年版,第327—328页;舒以主编:《大旗帜:邓小平理论二十年》上卷,改革出版社1998年版,第43页。

　　这篇文章的刊发，是政治上的一件具有"破冰"意义的大事。在当时的条件下，在《人民日报》等大报刊发的文章，和党中央以及党的领导人的政治"口径"不一致，这不光说明，在中央层面上，"凡是派"对思想言论的"控制"，已经力所不逮，更是说明解放思想在党内和国内，已经成为了一种呼声和民意。真理标准的大讨论，不是一种纯粹的学术上的哲学思辨和理论探讨，它其实是关系到党和国家前途和命运的重大政治问题，是一次思想上的政治解放。

　　"据不完全统计，到 1978 年年底，报刊发表的关于真理标准问题的文章达650 余篇，全国召开同主题座谈会、讨论会 68 次，全国各省、市、自治区，各大军区和军队各大单位也纷纷表明对真理标准的支持态度。到 1978 年 12 月，先后有黑龙江等 27 个省、市、自治区党委或主要负责人表明了对真理标准问题讨论的支持，沈阳等各大军队党委或主要领导也对真理标准的讨论公开表示了支持。"❶

　　真理标准的讨论，开启了一个闸门，它是 20 世纪的中国，继五四运动、延安整风运动之后的又一次大的思想解放运动。五四运动是科学与民主思潮进入中国的发端，被看作是"中国的文艺复兴"，开启了民智与民主，也将爱国主义精神提升到了一个新的层次。延安整风运动是纠正党内存在的具体表现为教条主义和经验主义的主观主义、宗派主义和党八股。通过整风，真正在全党树立起了马克思主义的思想和行为作风，使得中共成为一个崭新的无产阶级政党，增强了党的战斗力，在党的思想建设上是一个伟大的创举。

　　而真理标准的大讨论，和前两次思想解放运动的最大不同之处在于，它是在中共已经掌握国家政权的情况下的一次思想解放，其思想解放的最终目的，在于使得全党继续坚持马克思主义和毛泽东思想的理论精髓，并使人们认识到，马克思列宁主义和毛泽东思想的最大生命力，是在实践中不断发展和完善。只有这样，才能打破一切"左"的思想的禁锢，将人们从教条主义和个人崇拜的精神枷锁和误区中解放出来，并使得当时社会上存在的，可能危及到共产党领导的马克思主义信仰危机、社会主义信念危机得以扭转和转化。关于这一点，邓小平已有先见之明，他在 1978 年年底召开的中央工作会议上，发出掷地有声和振聋发聩的声音：

　　　　目前进行的关于实践是检验真理的唯一标准问题的讨论，实际上

---

❶　谢春涛主编：《中国共产党重大历史事件纪实》，宁夏人民出版社 2006 年版，第 329 页。

也是要不要解放思想的争论。……从争论的情况来看,越看越重要。
一个党,一个国家,一个民族,如果一切从本本出发,思想僵化,迷信盛
行,那它就不能前进,它的生机就停止了,就要亡党亡国。……只有解
放思想,坚持实事求是,一切从实际出发,理论联系实际,我们的社会主
义现代化建设才能顺利进行,我们党的马列主义、毛泽东思想的理论也
才能顺利发展。从这个意义上说,关于真理标准问题的争论,的确是个
思想路线问题,是个政治问题,是个关系到党和国家的前途和命运的
问题。❶

邓小平大力提倡的解放思想,其实和毛泽东提倡的"实事求是"是具有内在
统一性的。党在解放思想、实事求是方面,一直就具有深厚的理论传统和扎实的
实践作风。毛泽东在1941年延安整风时期,曾告诫全党说:

要使马克思列宁主义的理论和中国革命的实际运动结合起来,是
为着解决中国革命的理论问题和策略问题而去从它找立场,找观点,找
方法的。……"实事"就是客观存在着的一切事物,"是"就是客观事物
的内部联系,即规律性,"求"就是我们去研究。我们要从国内外、省内
外、县内外、区内外的实际情况出发,从其中引出其固有的而不是臆造
的规律性,即找出周围事变的内部联系,作为我们行动的向导。而要这
样做,就须不凭主观想象,不凭一时的热情,不凭死的书本,而凭客观存
在的事实,……这种态度,有实事求是之意,……就是理论和实际统一
的马克思列宁主义的作风。❷

而邓小平所说的解放思想则是,"指在马克思主义指导下打破习惯势力和
主观偏见的束缚,研究新情况,解决新问题"❸,是"使思想和实际相符合,使主观

---

❶ 邓小平:《解放思想,实事求是,团结一致向前看》(一九七八年十二月十三日),《邓小平文选》第二
卷,人民出版社1994年版,第143页。

❷ 毛泽东:《改造我们的学习》(一九四一年五月十九日),《毛泽东选集》第三卷,人民出版社1991年
版,第801页。

❸ 邓小平:《坚持党的路线,改进工作方法》(一九八〇年二月二十九日),《邓小平文选》第二卷,人民出
版社1994年版,第279页。

和客观相符合,就是实事求是"❶。江泽民指出:"解放思想同实事求是是统一的,就是要求我们的思想认识符合客观实际,在马克思主义指导下,冲破落后的传统观念和主观偏见的束缚,改变因循守旧、不接受新事物的精神状态。"❷并用了"三个解放"将解放思想的内涵进一步深化,即"自觉地把思想认识从那些不合时宜的观念、做法和体制中解放出来,从对马克思主义的错误和教条式的理解中解放出来,从主观主义和形而上学的桎梏中解放出来"❸。

一言以蔽之,无论是从方法还是从内容上来看,解放思想和实事求是,都是强调要在马克思主义指导下,理论联系实际,不拘泥于教条、书本和主观臆断,实现主客观的有机统一,从而能够发现事物的真正规律,和解决新的问题。也就是说,实事求是和解放思想,并不是对立和割裂的,解放思想是实事求是的内在要求,实事求是是解放思想的必然目的。

正是有了解放思想的开端,1978年11月10日至12月15日召开的中共中央工作会议,在陈云等人的努力之下,突破了原定的议题,开成了一次拨乱反正的会议。

这次会议实际上为三天后的中共十一届三中全会,作了理论上的先锋准备,12月18日至22日,中共十一届三中全会举行,这次会议的历史功绩在于:

第一,坚决抛弃"两个凡是",并将真理标准讨论的现实及深远意义,进行了高度评价,为在全党和全国范围内,进一步地解放思想、实事求是、团结一致向前看,进行了有力地铺垫;

第二,会议果断停止使用了自"反右倾"运动扩大化以来,使用的"以阶级斗争为纲"和"文革"时期使用的"无产阶级专政下继续革命"的口号。并根据中央工作会议的精神,作出了把全党工作的着重点,转移到社会主义现代化建设上来的战略决策。"实现了新中国成立以来我们党历史上具有深远意义的伟大转折,开启了我国改革开放的新时期。从此,党领导全国各族人民在新的历史条件

❶ 邓小平:《贯彻调整方针,保证安定团结》(一九八〇年十二月二十五日),《邓小平文选》第二卷,人民出版社1994年版,第364页。
❷ 江泽民:《加快改革开放和现代化建设步伐,夺取有中国特色社会主义事业的更大胜利》(一九九二年十月十二日),《江泽民文选》第一卷,人民出版社2006年版,第246页。
❸ 江泽民:《在庆祝中国共产党成立八十周年大会上的讲话》(二〇〇一年七月一日),《江泽民文选》第三卷,人民出版社2006年版,第284页。

下开始了新的伟大革命。"❶

中共十一届三中全会是一次解放思想的大会,它的召开是我国实行改革开放的前奏。自此之后,人们不再裹足于"两个凡是"的困扰而不前。思想总是行动的先导,思想观念支配着行动,所以思想上一解放,行动上也必然解放。真理标准的大讨论,是新中国成立以来最大的一次思想解放,正是有了这次思想上的解放,才有了转变我国发展历史轨迹的十一届三中全会的召开,才有了此后的改革开放。伴随着这些,新中国的政治、经济、文化、社会建设都进入到了一个空前活跃的时期,而首先还是表现为经济体制的改革和商品经济的发展。

二、迷途知返:商品经济在新中国的重新出现

解放思想最根本的是,要重新认识什么是社会主义和如何建设社会主义,并从过度照搬苏联(斯大林)模式的僵化思维中解放出来。正如邓小平后来所讲到的:

> 社会主义究竟是个什么样子,苏联搞了很多年,也并没有完全搞清楚。可能列宁的思路比较好,搞了个新经济政策,但是后来苏联的模式僵化了。❷

众所周知,马克思恩格斯所设想的社会主义,是建立在已经具备一定基础的生产力之上的社会主义。只有生产力得到了发展,才会引起生产关系的变革。即便共产主义是要消灭私有制,但是,"无论哪一个社会形态,在它们所能容纳的全部生产力发挥出来以前,是决不会灭亡的;而新的更高的生产关系,在它存在的物质条件在旧社会的胎胞里成熟以前,是决不会出现的"❸。

这和"唯生产力论"不同。马克思恩格斯所设想的社会主义,是发达国家的无产阶级,通过政治革命和社会革命逐步确立起来的,而不是斯大林式的离开和

---

❶ 胡锦涛:《在纪念党的十一届三中全会召开 30 周年大会上的讲话》,《人民日报》,2008 年 12 月 19 日。

❷ 邓小平:《改革是中国发展生产力的必由之路》(一九八五年八月二十八日),《邓小平文选》第三卷,人民出版社 1993 年版,第 139 页。

❸ 马克思:《政治经济学批判》(1858 年 8 月—1859 年 1 月),《马克思恩格斯全集》第 13 卷,人民出版社 1962 年版,第 9 页。

不顾生产力的发展状况和条件,而进行的社会主义。因俄国的社会主义革命,是在一个生产力落后的国家进行的政治革命,革命后所建立的社会主义,和马克思恩格斯所设想的社会主义有一定的距离,所以列宁要继续进行"新经济政策"。

可惜随着列宁的去世,斯大林放弃了"新经济政策",转而搞起高度中央集权的计划经济模式。这种模式的"理论基础是教条式的马克思主义,实践方式是从教条的理论、群众的激情和个人的意志出发,策略上不顾客观存在的经济和社会发展规律,强调用行政和政治手段组织社会和经济管理。强调上层建筑的反作用,行动上是通过阶级斗争来进行广泛的政治动员,运行方式是通过政治权力和个人专断所形成的政治高压和行政高压,推动社会动员,强行配备社会资源"❶。

斯大林模式一度也被毛泽东所怀疑,强调不能照搬苏联的经验,可是,随着毛泽东对国内形势的判断失误以及"文革"的爆发,僵化的体制反而愈演愈烈。新中国成立将近三十年的时间里,我们建立了纯而又纯的社会主义公有制经济,这种公有制经济以苏联(斯大林)体制为样本,以全民所有制经济和集体所有制经济为基础,以中央计划制度和高度集中统一的预算、购销为资源的配置方式,以严格的行政等级制度和命令手段,作为经济运行的组织保证。这样的一种经济模式在新中国成立初期发挥了优势,使得国家的工业基础初步建立和国民经济逐步增长。

但是,这一经济体制难以规避的内生性矛盾,必然在经济发展的长期过程中逐步显现,反而成为了国民经济发展的掣肘。具体表现就是:国营企业内部事无巨细、无所不包的行政管理,使得企业难以根据外部的发展和自身的变化,作出及时的决策调整,使得企业经营机制僵化;中央集权式的计划管理,使得产品和生产要素的价格扭曲,资源难以得到有效配置;社会主义公有制下长期进行的平均主义分配机制和低工资政策,使得企业职工积极性下挫。

在城市,"人民生活水平徘徊不前。1960—1977 年,城市职工工资增长基本停滞,职工住房、公用事业和文教卫生事业发展缓慢。主要轻工业产品和农副产品严重短缺,粮食、食用油、糖和棉布等基本生活必需品长期凭票定量供应。城镇就业形势严峻,70 年代末,城市待业人口约为 2000 万,其中包括 10 年累积的

---

❶　林尚立:《当代中国政治形态研究》,天津人民出版社 2000 年版,第 397 页。

1020 万返城知识青年"❶。

在农村,在脱离了农村生产力实际水平和农业生产实际的,"一大二公"的人民公社体制下,农民的生产积极性长期被束缚。农村长期落后,农业长期处于低水平,农民生活水平长期得不到提高。据相关资料表明,"1976 年人均年消费粮食只有 381 斤,低于 1952 年的 395 斤。1966—1976 年,农民人均从集体分配中得到的年收入徘徊在 60 元左右,1976 年农民人均分配只有62.8 元,其中现金 14.9 元;有 22.7%的人民公社的人均口粮在 180 公斤以下,其中半数在 150 公斤以下。一亿多农民没有解决温饱问题,全国贫困人口达 2.5 亿"❷。

而根据经济学家的研究,"如果将 1952 年中国农业生产效率定为 100 的话,1978 年仅为 71.1,最高的计算也仅为 92。……经过 20 多年的合作化、公社化、'学大寨',中国农业生长率反而大为降低。高于 1952 年生产率的,只有 1955年。这一年的数字为 104。而在 1955 年,正是中国农村集体化运动的前夕,也是家庭拥有独立经济地位的最后时刻"❸。

从多方面的数据和状况来看,临近新中国成立三十周年的中国,经济体制的僵化和长期"左"倾路线的实行,再加上"文革"的严重影响,国家长时间没有把精力集中投入到经济建设中来,此时经济和社会发展面临严重制约。

从偶然性和必然性的关系上来理解,经济、社会发展出现制约和"文革"的发生,其实在一定程度上可以理解为是偶然的历史现象,但是它却透着一种必然性,必然性的原因才是真正的根本原因。意即,僵化经济体制或"文革",并不是使国民经济陷入困境的根本原因,或者说,僵化经济体制和"文革",其实是过于学习苏联(斯大林)模式和权力过分集中政治体制,所导致结果的一个集中和全面的显示。经济和社会发展面临严重制约的根本原因,还在于当时的中国,对于究竟什么是社会主义,和究竟如何建设社会主义,并没有真正地搞

---

❶ 《经济体制改革文件汇编(1978—1983)》,中国财政经济出版社 1984 年版,第 10 页。转引自国家发展改革委经济体制综合改革司、国家发展改革委经济体制与管理研究所:《改革开放三十年:从历史走向未来——中国经济体制改革若干历史经验研究》,人民出版社 2008 年版,第 11 页。

❷ 国家发展改革委经济体制综合改革司、国家发展改革委经济体制与管理研究所:《改革开放三十年:从历史走向未来——中国经济体制改革若干历史经验研究》,人民出版社 2008 年版,第 10 页。

❸ 邹东涛、欧阳日辉:《中国所有制改革 30 年(1978—2008)》,社会科学文献出版社 2008 年版,第74 页。

清楚。

而对于究竟什么是社会主义,和如何建设社会主义这个问题的解答和实践,其实就蕴含着是否具备解放思想的重要元素。基于旧式的对社会主义和公有制的理解,这样一种社会主义的观点认为,资本主义和社会主义是绝对对立的,"社"和"资"之间,是两种完全不同的制度和生产、生活方式,不可能达到借鉴和兼容。所以,建设社会主义社会,就应该彻底地铲除资本主义,一点也不能留,所谓"宁要社会主义的草,不要资本主义的苗"。

于是,按照这样的理论,商品制度、按劳分配、物质利益、奖金、利润、货币交换、农村的个体小生产,都属于应该加以限制并逐渐消灭的资本主义范畴,而能够带来生产力发展的,比如包产到户、学习国外先进技术和管理经验等,都被视为引进资本主义。更可怕的是,将积极进行生产、搞社会主义建设和发展生产力的人,诬蔑为"唯生产力论"❶。

在这样的社会条件下,一方面,人们生活水平长期得不到提高,生产力长期处于低水平徘徊,另一方面,积极争取改善人们生活条件和发展生产力的行为,都被视为是搞资本主义。这就是思想僵化和禁锢带来的恶果。

这种由于思想僵化和体制僵化,所带来的社会主义实践危机,其实并不是社会主义本身的失败,而是错误的社会主义理论和实践的失败。而要重新走到正确的道路上来,就必须解放思想并找到正确的理论。正确的理论来自于正确的实践,实践是检验真理的唯一标准。

总体来看,中国进行思想解放,突破理论上的坚冰,将经济运行的基本规律

---

❶　对所谓"唯生产力论"的批判,最早是由康生挑起的。1967 年 1 月 10 日,他在中央党校的讲话中说:"刘少奇有这样一个理论,这个理论同欧洲社会民主党、托洛茨基、布哈林是一样的。总起来就是'唯生产论'。什么是'唯生产论',就是讲这样一个理论,生产力没有发展到足够水平的时候,那就没有条件实现社会主义,要实现社会主义就要走一段资本主义道路,使资本主义经济大大发展,使农村富农经济大大发展,然后再走社会主义道路。"1969 年 5 月 24 日,他又在中央直属机关讲话中说:"刘少奇用生产力水平不发达、经济文化落后,来反对社会主义革命,反对走社会主义道路。这并不是刘少奇的发明,而是一切老修正主义、新修正主义的共同的发动'理论',这种'理论',人们叫做生产力论,或者叫做唯生产力论。"从字面上理解,就是把生产力看作是历史过程中"唯一"的决定性因素,也就是一种庸俗的"生产力论"。但是,"四人帮"实际上是以批"唯生产力论"为幌子,攻击马克思主义关于生产力在社会历史发展中所起的最终决定性作用的原理,把发展生产力同庸俗的"生产力论"混为一谈,实际就是用唯心史观反对唯物史观。而"唯生产力论"成为了"四人帮"手中挥舞的大棒,谁要是不跟他们去搞阶级斗争而去搞社会主义建设,谁就要受到批判。参见刘吉主编:《碰撞三十年——改革开放十次思想观念交锋实录》,江苏人民出版社 2008 年版,第76—78 页。

和人们实际生活要求的内容,反映到实践当中来的基本过程,分为三个阶段。

第一个阶段,是 1978—1984 年。1978 年 12 月 18 日,中共十一届三中全会召开,正式拉开了改革的序幕。中共十一届三中全会《公报》指出:"实现四个现代化,要求大幅度地提高生产力,也就必然要求多方面地改变同生产力发展不适应的生产关系和上层建筑,改变一切不适应的管理方式、活动方式和思想方式,因而是一场广泛、深刻的革命。"❶不过,此时的中国是"摸着石头过河"❷,是改革的启动和局部试验阶段。

在中国农村,"包产到户"拉开了农村改革的大幕。1978 年 12 月 12 日,安徽省凤阳县梨园公社小岗生产队 18 户农民,实行"包产到户",这一冒着"坐牢杀头"危险的行为,得到了邓小平的充分肯定。鉴于它在解决农民温饱问题上发挥了积极作用,中央对它的政策进一步放宽。1982 年 1 月 1 日,中央发出的一号文件指出:"目前实行的各种责任制,包括包工定额计酬,专业承包联产计酬,联产到劳,包产到户、到组,包干到户、到组等等,都是社会主义集体经济的生产责任制。""包产到户"为中国的个体和私营经济的出现,提供了土壤。乡镇企业和长途贩运者,私营服务业和个体工商户,都异军突起。中共十一届六中全会通过的《关于建国以来党的若干历史问题的决议》指出:"一定范围内的劳动者个体经济是公有制经济的必要补充。"

而在城市的国营企业中,以"扩权"为核心的改革,使得过去行政权力大包大揽的僵化体制得以改变,"打破大锅饭"成为全国企业改革中的最响亮口号。而后,国营企业先后进行了"扩大企业自主权"试点和推行经济责任制,并试行"利改税",从局部上打破了国营企业仅仅是作为计划单元的传统体制。

在开放方面,随着四个经济特区于 1980 年 8 月创办之后,1984 年 5 月,又开

---

❶ 《中国共产党第十一届中央委员会第三次全体会议公报》(一九七八年十二月二十二日通过),中共中央文献研究室编:《三中全会以来重要文献选编》上,人民出版社 1982 年版,第 4 页。

❷ "摸着石头过河"最早是由陈云提出来的。1951 年 7 月 20 日,陈云在中共中央统战部讨论工商联工作会议上所作的总结中指出:"即使如此,办法也应该稳妥,这叫摸着石头过河。搞急了是要出毛病的。毛毛草草而发生错误和稳稳当当而慢一点相比较,我们宁可采取后者。尤其是处理全国经济问题,更须注意这点。"(陈云:《做好工商联工作》(一九五一年七月二十日),《陈云文选》(一九四九——一九五六年),人民出版社 1984 年版,第 152 页)后来,陈云在改革开放中,继续强调"摸着石头过河"的重要性,并且得到邓小平的完全赞同。

放了 14 个沿海港口城市。这种主动"引进资本主义"的行为，使得僵化的思维进一步被解放。

第二个阶段，是 1984—1992 年。实践上的突破和成功，给了改革开放以极大的推动，也给了国家继续进行改革的信心和决心。1984 年 10 月，中共十二届三中全会通过了《中共中央关于经济体制改革的决定》。该《决定》指出："改革计划体制，首先要突破把计划经济同商品经济对立起来的传统观念，明确认识社会主义计划经济必须自觉依据和运用价值规律，是在公有制基础上的有计划的商品经济。商品经济的充分发展，是社会经济发展的不可逾越的阶段，是实现我国经济现代化的必要条件。只有充分发展商品经济，才能把经济真正搞活……实行计划经济同运用价值规律、发展商品经济，不是互相排斥的，而是统一的，把它们对立起来是错误的。"❶

社会主义制度下的商品经济的充分发展，是社会主义初级阶段❷经济发展不可逾越的阶段。社会主义商品经济与自然经济、产品经济不同，它具有商品经济的共同属性，服从商品经济的一般规律。所以该《决定》的出台，使得中国的改革进入到了全方位空间和多层次领域。虽然现在看来，《中共中央关于经济体制改革的决定》有一些缺陷和局限，但是它在思想理论上已经有了明显的突破，特别是其中突破了把计划经济和商品经济对立起来的论述，所体现出来的一种思维和观念，具有划时代的意义。

而后，在中共十三大上，关于商品经济的论述进一步深化，"社会主义商品经济的发展离不开市场的发育和完善，利用市场调节决不等于搞资本主义"❸。这一系列改革，使得"1984 年至 1988 年，国民生产总值历年的增长率分别达到

---

❶ 德辰主编：《光荣与辉煌——中国共产党大典》(下卷)，红旗出版社 1996 年版，第 2412 页。

❷ 中共十一届三中全会后，我国逐步形成社会主义初级阶段理论。1979 年叶剑英《在庆祝中华人民共和国成立三十周年大会上的讲话》中指出："社会主义制度还处于幼年时期……它还不成熟，不完善"，是社会主义初级阶段的初步阐述。1981 年 6 月中共十一届六中全会通过的《关于建国以来党的若干历史问题的决议》，首次明确提出了"我们的社会主义制度还是处于初级的阶段"的理论，得到了中共十二大报告的确认。1987 年 8 月，邓小平在会见意大利共产党领导人约蒂和赞盖里时指出："我们党的十三大要阐述中国社会主义是处在一个什么阶段，就是处在初级阶段，是初级阶段的社会主义。社会主义本身是共产主义的初级阶段，而我们中国又处在社会主义的初级阶段，就是不发达的阶段。"参见余源培主编：《邓小平理论辞典》，上海辞书出版社 2004 年版，第 179 页。

❸ 赵紫阳：《沿着有中国特色的社会主义道路前进》(一九八七年十月二十五日)，中共中央文献研究室编：《十三大以来重要文献选编》上，人民出版社 1991 年版，第 27 页。

了 15.2%、13.5%、8.8%、11.6%、11.3%"❶。虽然市场化改革也遇到阻力,但是,邓小平在中共十三届七中全会前夕又谈道:"我们必须从理论上搞懂,资本主义与社会主义的区分不在于是计划还是市场这样的问题。社会主义也有市场经济,资本主义也有计划控制。"❷进一步地解放了思想。

第三个阶段,是从 1992 年邓小平南方谈话到现在。由这三个阶段的历程可见,从 1978 年到 1992 年,中国的改革开放是以动摇僵化的计划经济体制为路径的,经历了发动、试验、逐步展开和有所反复的过程。虽然这段时期,计划经济体制并没有在根本上被动摇,但是经过这一段时间的解放思想,最终,中国不仅牢固树立了商品经济的观念,而且使得市场化改革成为了趋势。

三、商品经济与私权利的关系

在马克思主义看来,没有什么力量比经济基础的变化更加具有决定意义。"人们在自己生活的社会生产中发生一定的、必然的、不以他们的意志为转移的关系,即同他们的物质生产力的一定发展阶段相适合的生产关系。这些生产关系的总和构成社会的经济结构,即有法律的和政治的上层建筑竖立其上并有一定的社会意识形式与之相适应的现实基础。"❸

一旦社会主义商品经济得到确立,社会结构就会为市民社会和政治国家的二元分立和各自发展,提供了可能和基础。在传统计划经济体制下,表现为政治权力的国家公权力,对整个社会形成了一种强大的控制,在这种权力的控制和渗透下,国家和社会成为一体。在这样的社会结构中,社会本身也显示出了强烈的政治属性,社会主体的言行,也被打上了政治标签,即社会主体的一切言论和行为,都要看其是否符合政治的要求,否则便可能是"右"倾或"修正"甚至是"资产阶级"。一旦社会主体失去了独立自主的空间,很多言论和行为都要受到政治评判时,这个社会便被极大的政治权力给压制住了,它自己也失去了活力,经济的发展也必然会陷入停滞,社会本身也成为了国家和政治

---

❶ 陈锦华、江春泽等:《论社会主义与市场经济兼容》,人民出版社 2005 年版,第 175 页。
❷ 邓小平:《善于利用时机解决发展问题》(一九九〇年十二月二十四日),《邓小平文选》第三卷,人民出版社 1993 年版,第 364 页。
❸ 马克思:《政治经济学批判》(1858 年 8 月—1859 年 1 月),《马克思恩格斯全集》第 13 卷,人民出版社 1962 年版,第 8 页。

的附庸。

只是,僵硬的国家和社会关系,一旦遇到商品经济的软化,它们便走向了自然的分野。"市民社会与国家的区别说到底不是它们的构造特征,而是它们各自所具有的内在规定性以及由此而产生的不同的终结目标。市民社会的所有活动追求是以个人私欲为目的的特殊利益,是人们依凭契约性规则进行活动的私域,个人于此间的身份乃是市民;而国家关心的则是公共的普遍利益,是人们依凭法律和政策进行活动的公域,个人于其间的身份乃是公民"❶。

虽然我们并不同意说市民社会的所有活动,都是追求以个人私欲为满足的利益,但是,公有制的结构调整,确实使得商品经济条件下的个体经济和私营经济有了自己的利益,这种利益和国家的利益在取得协调一致的情况下,也使得自己获得了满足。例如税的征收,其实就是国家公权力和私人利益的一次协调,过高或过低的税收水平,都不是一个使得双方获得最优的选择。所以,"这种分化的最直接表现就是社会以及社会中的个人开始从国家权力的控制中逐渐独立出来"❷。

而国家和社会也并不是两种一旦分野就不再结合的不同场域,因为市民社会的有效存在,还是得有赖于国家的权力维护,没有政治国家的公共权力对这个市民社会空间,提供强有力的支持和保护,市民社会自发形成的规律性秩序,就难以得到自觉维护。对这种自发的规律性秩序的维持,必须用带有强制力性质的法律,也正是基于这样一种逻辑,才使得我们的私权利和保护私权的私法,才有可能重新产生。

也正如中共十一届三中全会公报所指出的那样:"最重要的是,人民公社、生产大队和生产队的所有权和自主权必须受到国家法律的切实保护。"❸所以,商品经济的发生和私权利的成长有着必然关系,没有商品经济,就不会存在一定程度上"自私自利"的私权利。具体来说:

第一,商品经济的独特性质,使得社会主体获得私权利有了可能和基础。

---

❶ 邓正来:《市民社会与国家——学理上的分野与两种架构》,邓正来、[美]杰弗里·亚历山大主编:《国家与市民社会:一种社会理论的研究路径》,上海人民出版社 2006 年版,第 97 页。

❷ 林尚立:《当代中国政治形态研究》,天津人民出版社 2000 年版,第 416 页。

❸ 《中国共产党第十一届中央委员会第三次全体会议公报》(一九七八年十二月二十二日通过),中共中央文献研究室编:《三中全会以来重要文献选编》上,人民出版社 1982 年版,第 7—8 页。

所有权是商品最基本的特点。根据孙冶方的观点,商品的本质或质的规定性有两点:(1)商品生产是通过市场、买卖,来保持相互独立的生产者之间的相互联系的生产。商品生产者除了市场买卖关系之外,相互之间没有什么别的联系;(2)商品生产者是独立的财产所有者,他们只有交出自己的等价的产品同人家交换,才能取得其他商品生产者的产品。"如果他们不是独立的财产所有者,他们就不会独立生产;不会独立生产,那么第一个特点——通过市场联系、自由竞争,也就不存在了。所以这两点是密切联系的。归结起来,基本的一点,就在于商品生产者是其财产的独立所有者,要承认其所有权。"❶

在商品经济的条件之下,所有权一旦被确认之后,所有权的交易便自然产生。而交易行为必然会尊重商品的价值规律,等价交换就必须要被遵守,这些都是商品经济带来的自然现象和客观规律。所以,商品经济社会的第一个任务,便是赋予各种各样的社会(经济)主体获得权利,这些权利归属于合法获得者,权利未经法律程序不得被随意侵害和剥夺,它们属于私权利的范畴。

第二,商品经济的发生,使得一个只遵从经济规律和市场规律的商品社会也自然而然地产生。在计划经济中,生产、流通、分配和消费等行为,都是依据行政指令完成,这些行为本质上就不属于商品经济行为,不符合商品经济的价值规律及其他规律。在商品经济中,这些行为是否发生、何时发生,都应该依赖于社会(经济)主体自己的决定。而社会(经济)主体的生产、流通、分配和消费等行为或相互之间的行为,必须建立在意思自治的基础之上,这种意思自治的延伸之意,是平等协商和等价有偿。

为了维护这种商品社会的基本经济秩序,需要用法律和法治的形式将秩序予以维护和保障,因此,法治建设是商品社会发展的必然结果。法治建设的终极目标是依法治国,依法治国在一定程度上,更多的是限定国家的公权力,以及维护和保障社会主体的私权利。所以,依法治国的真正含义是,国家的一切行为都必须严格按照法治的轨道进行,不得有违反和超越法律的行为,否则会对法权的另一部分——私权利造成侵害。

第三,在商品社会中,随着个体经济和私营经济这种所有制形式的企业的逐渐产生,和国有企业逐渐获得经营自主权,它们的经济生活和社会交往,必然突

---

❶ 孙冶方:《社会主义经济论稿》,中国大百科全书出版社 2009 年版,第 167 页。

破以前被国家严格控制的状态,从而形成自己"自说自话"的场域。在这种自己的"公共领域"之中,原来国家的一种主导作用,逐渐被这个公共领域的"意志"所代替。这种意志就是这个公共领域的自身生长规律。国家不但不可以按照自己的国家意志,来安排这个公共领域的发展,反而国家的意志要受到它的制约。这也是经济基础决定上层建筑的一个侧面。"国家不但不能像以往那样能随意主宰社会发展,相反将直接受到社会发展的决定和制约。"❶

第二节　公权力的退让与私权利的成长

一、化茧成蝶:解放思想与政治体制改革

解放思想最根本的,是要重新认识什么是社会主义和如何建设社会主义,并从过度照搬苏联(斯大林)模式的僵化思维中解放出来。从这种僵化的思维之中解放出来,不仅仅催生出来了中国的社会主义商品经济,更是要循着马克思主义的"经济基础决定上层建筑"的客观规律,使得一种适合商品经济的权力安排和分配体制建立起来。如果说商品经济的建设,是新中国成立以后在经济领域之内进行的某种体制上的改革,那么也要建立一种和商品经济相适应的上层建筑体系,则应该将其称之为政治领域的改革,这便是政治体制改革。

政治体制改革无疑是在政治领域之内进行的,但是,这种改革往往不会自发进行,因为它的进行,需要一种强大的动力来进行推动。在既有体制之内的利益获得者,是难以成为这个推动力量的,而要成为决定性的推动力量者,往往又必须拥有相当的地位和权力,而他们也往往需要"化茧成蝶"的动力和勇气。

所以在这一点上,邓小平无愧为"改革开放的总设计师"这样一个称谓。因为,他不仅仅从解放思想、实事求是的高度,最早地提出了要将经济领域的体制改革进行到底,更是极其敏锐地判断出了这种旧的体制将会危害社会主义的建设,并果断地将政治领域之内的改革也纳入到了解放思想、实事求是的视野。

早在1978年12月的中共中央工作会议上,邓小平就已经明确地指出,党内

❶　林尚立:《当代中国政治形态研究》,天津人民出版社2000年版,第420页。

存在思想僵化状态，并且造成这种状态的原因之一，就是"党内确实存在权力过分集中的官僚主义。这种官僚主义常常以'党的领导'、'党的指示'、'党的利益'、'党的纪律'的面貌出现，这是真正的管、卡、压"❶。

官僚主义实际上是党内不民主的表现之一，也就是说党的权力过分集中，造成了党内的奇怪的"家长制现象"、"干部领导职务终身制现象"和"特权现象"。这些现象，不仅仅是对党委委员权利、党员权利的侵犯，更是对公民权利的侵犯，也是对民主的侵犯。而要纠正和解决这些弊端，则必须要进行党和国家领导制度的改革。

在1980年的中共中央政治局扩大会议上，邓小平深刻地剖析了我国政治体制方面的制约性因素，并尝试地进行了较深层次的改革。"都已达到令人无法容忍的地步"❷的官僚主义，之所以在党和国家政治生活中广泛存在，同"我们长期认为社会主义制度和计划管理体制必须对经济、政治、文化、社会都实行中央高度集权的管理体制有密切关系"❸。在这种高度集权的管理之下，却没有一套能够带来提高权力行使效率的方法和制度。

一方面是权力的过分集中，"党的一元化领导，往往因此而变成个人领导。全国各级都不同程度地存在这个问题。权力过分集中于个人或少数人手里，多数办事的人无权决定……个人凌驾于组织之上，组织成为个人的工具。……家长式的人物，他们的权力不受限制，别人都要唯命是从，甚至形成对他们的人身依附关系"❹。而另一方面则是，"党政机构以及各种企业、事业领导机构中，长期缺少严格的从上而下的行政法规和个人负责制，缺少对于每个机关乃至每个人的职责权限的严格明确的规定，以至事无大小，往往无章可循，绝大多数人往往不能独立负责地处理他所应当处理的问题……甚至遇到责任相互推诿，遇到

---

❶ 邓小平：《解放思想，实事求是，团结一致向前看》（一九七八年十二月十三日），《邓小平文选》第二卷，人民出版社1994年版，第141—142页。

❷ 邓小平所称的"令人无法容忍的"官僚主义现象包括：高高在上，滥用权力，脱离实际，脱离群众，好摆门面，好说空话，思想僵化，墨守成规，机构臃肿，人浮于事，办事拖拉，不讲效率，不负责任，不守信用，公文旅行，互相推诿，以至官气十足，动辄训人，打击报复，压制民主，欺上瞒下，专横跋扈，徇私行贿，贪赃枉法，等等。参见邓小平：《党和国家领导制度的改革》（一九八〇年八月十八日），《邓小平文选》第二卷，人民出版社1994年版，第327页。

❸ 邓小平：《党和国家领导制度的改革》（一九八〇年八月十八日），《邓小平文选》第二卷，人民出版社1994年版，第328页。

❹ 邓小平：《党和国家领导制度的改革》（一九八〇年八月十八日），《邓小平文选》第二卷，人民出版社1994年版，第329—331页。

权利互相争夺,扯不完的皮。……干部缺少正常的录用、奖惩、退休、退职、淘汰办法,反正工作好坏都是铁饭碗,能进不能出,能上不能下"❶。

在这种情况下,"解放思想"在政治领域的进行和发展,无疑要求对上述局面进行改革。而面对僵化的政治体制和党政不分、高度集权的现象,如果仅仅以实事求是,作为改革的一种理论支撑的话,反而其有可能成为对不合理的现实,进行辩护的理论借口。或者以"以实际出发"为依据,回避或遮掩在实际之中存在的种种制约和矛盾。而这却是对实事求是的理论精髓和实质,进行了某种阉割。所以,

在实事求是之前加上解放思想,这就给实事求是注入了革命的、积极进取的精神。这就使那种把"实事求是"或"从实际出发"变成消极地迁就不合理的甚至丑恶的现实,以至为之辩护的守旧倾向(因循"左"的东西)失去了理论支撑。这是直接针对思想僵化而发的。❷

对于政治体制改革而言,它同经济体制改革一样,也是一场革命。因为就政治体制改革来说,其不是对原有体制的一般调整,而是要从根本上,改变那些有严重弊端的原有体制,例如,对干部职务终身制的废除,以及对党政不分、以党代政等权力过分集中现象的纠正。通过这些内容的改变,即是改变束缚生产力发展桎梏的旧有体制,使得人从原来体制的束缚中被解放,"使得人——马克思主义所阐释的生产力中最活跃的因素——的能量得以巨大释放,极大地促进生产力的发展"❸,从而使得政治体制改革,具有解放生产力和发展生产力的性质。

二、政治体制改革与公权力的退让

1980 年,邓小平在中共中央政治局扩大会议上的讲话《党和国家领导制度

---

❶ 邓小平:《党和国家领导制度的改革》(一九八〇年八月十八日),《邓小平文选》第二卷,人民出版社1994 年版,第 328 页。

❷ 王贵秀:《中国政治体制改革之路》,河南人民出版社 2004 年版,第 37 页。

❸ 段凡、党江舟:《论中国共产党执政合法性资源再生产——以科学发展观下的社会主义法治理念为视角》,《河南大学学报(社会科学版)》2009 年第 6 期。

的改革》，正式拉开了政治体制改革的帷幕。这在一定程度上，是政治体制改革的指导性文件，在这篇指导性文件中，主要阐述了六大方面的改革措施：

第一，进行修宪，使得宪法更加完备、周密、准确，并明确不允许权力过分集中的原则；

第二，设立中央顾问委员会，为干部职务终身制的废除，进行基础性铺垫；

第三，建立和完善独立的、强有力的从中央到地方的政府工作系统，停止党委指示政府的工作方式，为进一步实行党政分开打好基础；

第四，逐步实行和推广党企分开、党事分开；

第五，在企事业单位建立职工代表大会或职工代表会议，推进企事业单位的民主建设；

第六，完善党委集体领导和个人分工负责相结合的制度。

可惜的是，这些改革措施被提出之后，却并没有在实际之中，被全面地提上实践日程。而政治体制改革的不能推进，则意味着现有的公权力存续和使用格局，和以往相比不会有什么变化。

但随着经济体制改革的深入进行，不仅仅商品经济的观念逐步深入人心，社会主义商品经济建设也取得了重大的发展。在这种情况下，政治体制改革再次被邓小平郑重提及。1986 年 6 月 10 日，他在听取中央负责同志汇报经济情况时明确指出："现在看，不搞政治体制改革不能适应形势。改革，应该包括政治体制的改革，而且应该把它作为改革向前推进的一个标志。我们要精兵简政，真正下放权力……一九八○年就提出政治体制改革，但没有具体化，现在应该提到日程上来。不然的话……必然会阻碍经济体制改革，拖经济发展的后腿。"❶

显然，中国的政治体制改革是以经济体制改革的进行作为自身的发端的。如果没有经济体制的改革，则政治体制改革不会或者不会较快地被提上讨论决策议程，所以，在很大程度上讲，政治体制改革是为经济体制改革服务的。

但是，另一方面，经济体制改革在中国的进行，并不是一个"人化"的产物，

---

❶ 邓小平：《在听取经济情况汇报时的谈话》（一九八六年六月十日），《邓小平文选》第三卷，人民出版社 1993 年版，第 160 页。

而是一个"自化"的过程。也就是说,经济体制改革的进行,客观上是由生产力的发展水平决定的,生产关系一定要适应生产力的发展状况这一客观规律,在任何时候都不会发生变化,只是在这一过程里面,部分人物尤其是领导人的人为推动,对这一过程的到来,起到了催化的作用。

于是,在邓小平的推动下,中共中央于1986年成立了中央政治体制改革研讨小组。该小组由中共中央书记处、中共中央顾问委员会、国务院、全国人大常委会的负责人组成,在中央政治局常委会的直接领导下开展研讨工作。小组联系理论工作者和实际工作者,专门就党政分开、党内民主、机构改革、干部人事制度改革、社会主义民主、社会主义法制建设、政治体制改革的基本原则等问题,进行了专题研讨和论证,提出了各个专题的研讨报告。最后,形成了《政治体制改革总体设想》的方案。该设想的基本内容,被写进了中共十三大的报告里面。十三大报告专门将"关于政治体制改革"作为专门的一章,进行了阐述。明确了改革的目标,包括长远目标和近期目标。长远目标是建立高度民主、法制完备、富有效率、充满活力的社会主义政治体制。近期目标是建立有利于提高效率、增强活力和调动各方面积极性的领导体制。而政治体制改革的近期目标,是一种高度现实性的改革,其改革的具体方法实际上从一定程度上可以说,是对权力的产生、分配和行使的规范,其改革的具体思考路径从很大程度上可以说,是对权力的重新定位和重新评价。中共十三大报告围绕着这个目标,从七个方面对即将要进行的政治体制改革进行了明确阐述:

第一,政治体制改革的关键是党政分开。党的领导是政治领导,即政治原则、政治方向、重大决策的领导和向国家政权机关推荐重要干部。党对国家事务实行政治领导的主要方式是:使党的主张,经过法定程序变成国家意志,通过党组织的活动和党员的模范带头作用,带动广大人民群众,实现党的路线、方针和政策。应当改革党的领导制度,划清党组织和国家政权的职能,理顺党组织与人民代表大会、政府、司法机关、群众团体、企事业单位和其他各种社会组织之间的关系,做到各司其职,并且逐步走向制度化。

第二,进一步下放权力。既有的现实是,权力不仅过分集中于党委领导机关,也过分集中于上级领导机关,而克服这一弊端的有效办法是下放权力。凡是适宜于下面办的事情,都应由下面决定和执行,这是一个总的原则。同时,在政府与企事业单位的关系上,要将经营管理权下放到企事业单位,政府的责任是,按照法规政策为企业服务并进行监督。下放权力以扩大中心城市和企事业单位的权力为重点。

第三,改革政府工作机构。官僚主义在政治生活中严重存在着,而政府机构的庞大臃肿,层次过多,职责不清和互相扯皮,是形成官僚主义的重要原因。要按照经济体制改革和政企分开的要求,合并裁减专业管理部门和综合部门内部的专业机构,使政府对企业由直接管理为主,转变到以间接管理为主。

第四,改革干部人事制度。建立国家公务员制度是改革的重点,同时,还要按照党政分开、政企分开和管人与管事结合的原则,对各类人员进行管理。主要是党组织的领导人员和机关工作人员由各级党委管理,而国家权力机关、审判机关、检察机关的人员,则建立类似国家公务员的制度进行管理。

第五,建立社会协商对话制度。社会协商对话制度,主要是要继续发扬党的"从群众中来、到群众中去"的优良传统。建立和健全该制度,能够使得群众的意见和呼声,及时有效地反映上去,同时党的重大情况和重大问题,能够被群众知道和讨论,从而有效地克服官僚主义。

第六,完善社会主义民主政治的若干制度。这些制度包括人民代表大会制度、多党合作和政治协商制度、工青妇等群众团体的建设、民主选举制度、基层民主生活的制度化、民族区域自治制度。

第七,社会主义法制建设。国家的政治生活、经济生活和社会生活的各个方面,都应有法可依、有法必依、执法必严、违法必究。使社会主义民主政治一步一步走向制度化和法律化,这是实现国家长治久安的根本保证。

通过对这部分主要内容的解读,可以发现,它们都是和公权力的下放,以及公权力的限制有关。

首先,改革的关键是党政分开。党政分开的实质,是党和政府的职能进行分离。党的领导主要是政治、组织和思想领导,领导并非是要事无巨细、包揽一切,而是党要从国家行政事务和公共事务之中解脱出来,也就是"从'公共权力领域退出来',不再与国家组织'分享'国家公共权力,不再充当'公共权力的主体',不再与国家'共同'行使公共权力。在这个意义上,可以说,党政分开,实质上也就是党和公共权力分开"❶。

---

❶ 王贵秀:《中国政治体制改革之路》,河南人民出版社 2004 年版,第 174 页。

其次,权力的下放和政府机构的改革,在某些方面来讲,其实也就是公权力的退让。权力的下放,一方面,是上级领导机关要将管理具体事务的权力,赋予下级机关和部门,充分调动基层的自主权和积极性。另一方面,则是政府要将经营管理企业的权力,交还给企业自身,政府的责任是从直接经营企业转到宏观管理。通过政策引导、培育市场、协调关系、创造环境、提供服务、依法监督等手段,组织经济的发展和促进社会的进步。

复次,改革干部人事制度,实际上是政府对自身权力进行限定和约束的一个重要举措。这项改革不光是单纯地按照公务员的类别和性质,进行归类管理以使其正规化,另一重要的涵义还在于,通过公务员制度这一科层制的建设,尽可能地将公务员建设成为具有开放性、流动性的国家工作人员队伍,从而防止具有封闭性的特殊利益集团的产生。同时,通过正规化的公务员制度建设,能够把公共事务和私人活动区分,公共财产和私人财产区分,建立公私分明的制度构架和行为规范。公和私的界限划分,实际上也是扼制和消灭现实中存在的部分以权谋私的现象和行为,让公权力从它本来不应该占据和存在的领域里面全身而退。

再次,协商制度和民主制度的建设和完善,实际上是对公权力的重新审视和定位。在旧有的政治体制下,公权力扮演着无所不能和无所不包的角色,做了许多不该做也做不好的事情。布坎南曾经认为,政治活动者似乎有一种天然的倾向,去扩展政府行动的范围和规模,去超越任何可以想象的公共界线。而协商制度和民主制度的构建,实际上意味着已经树立了公权力并非是万能的全新理念,从而需要和人民群众进行对话协商,来化解公权力的某种无能。这种化解,一方面是基于获取群体性智慧的考量,另一方面,是基于获得普遍性的支持以取得合法性。另外,更是通过民主制度的确立,充分地明确公权力的来源,使得公权力自始至终懂得带有一种谦卑的品格。

最后,法律制度的建设是公权力退让的制度基础。要让公权力从原有不合理领域中退让出来,要从集权走向去集权乃至民主,首先是要加强法治。从邓小平法制思想的基本论述来看,邓小平很早就注意到了法治,在建立健全社会主义民主过程中的不可阙如的作用和地位,并运用辩证唯物主义的方法,深刻地阐明了两者之间的关系:民主是法治的基础,而法治是民主的保障。法治的加强,也就是邓小平所说的,"民主制度化、法律化,使这种制度和法律不因领导人的改变而改变,不因领导人的看法和注意力的改变而改变"❶。

这七个方面的改革,使得公权力在中国,不再像过去那般无所不在和无所不包,因此,可以将党在政治体制方面所进行的改革,称之为公权力的退让。

随着商品经济的发展,到社会主义市场经济体制的建立,改革继续深化,法治政府、有限政府、责任政府、高效政府、廉洁政府的打造,实际上就是国家公权力的继续自我抑制、更新和完善。公权力从原来的一匹肆意暴虐的烈马,要慢慢地变成一匹不须扬鞭自在蹄的良马了。

三、私权利的成长

生产力的发展水平决定了要进行经济体制的改革,经济体制的改革,注定了新中国不能在原有的"公有制"经济上,继续撞了南墙也不回头,因此,必须要发展商品经济。商品经济的发生,又催生了新中国私权利的再次萌芽,商品经济和私权利之间是前因后果的关系。

但是,中国的改革,并不是因为一个天生的商品社会的产生而自然推动的。中国的改革,一方面的确是顺应客观社会规律而自觉发生,但是另一方面,中国社会的背后,往往也会存在一只只看不见和看得见的手,使得改革沿着或脱离本来的历史轨道而自在进行。所以,如果要破除那一只只看不见和看得见的手的束缚,必须在体制上消除那一只只手的力量,使得其无法对整个经济体制改革的进程,产生滞后甚至破坏的影响力。从这个角度来讲,政治体制改革则是经济体制改革的保障,没有政治体制改革,经济体制改革所取得的成就,也迟早会付诸东流。基于这一点,所以,

> 当人们已经习惯于不假思索地使用"社会转型"这个概念时,我……一直坚持使用"国家转型"这个概念,因为没有国家转型实际上就不可能出现社会转型,或者说社会转型没有特别的意义。
>
> ……
>
> 正是基于国家的政治主体意识,使得我们将"国家转型"与"社会

---

❶ 邓小平:《解放思想,实事求是,团结一致向前看》(一九七八年十二月十三日),《邓小平文选》第二卷,人民出版社 1994 年版,第 146 页。

转型"区分开来。国家转型是国家基于政治主体意识而进行的治理转型,而"社会转型"其实只是国家转型的一部分,是服务于国家转型的政治任务。正是由于西方文明的压力引发中国从传统帝国向现代民族国家的转型才导致了国家政权建设下的社会转型,国家才会对社会进行全面的改造和治理;而改革开放以来由于全能国家的转型才导致所谓的市民社会的出现,这就是我们所熟知的"政府推动型改革",是国家在推动社会的转型。离开国家转型的背景,我们其实无法真正理解社会转型。用人口、自然环境、技术等变量来理解社会转型无疑是舍本逐末。❶

这里面所说的国家转型,其实是国家赖以存在的社会本身,足以产生了一定量的经济因素,使得带动经济车轮旋转的部分主体,获得了自主决定其发展方向和模式的力量拥有。而这种力量的拥有,即便在当时的历史条件下,没有获得宪法赋予的权利肯定,但是由于它自上而下地获得了最高权力和广大人民群众的热烈拥护,从而获得了实际上的合法性,这种力量拥有便是私权利。

私权利的获得,使得社会产生了转型的动力,也就是说私权利本身就是社会转型的原动力。这可从两个方面来理解,一方面,获得私权利的社会主体,产生了自主经营和自主退出的原动力,另一方面,获得私权利的社会主体,成为原有权力控制或束缚体制下的摆脱者,并将改变原有社会结构的僵硬状态,使得私权利主体能够借助权利的行使,获得权利背后的收益,从而带动自身和社会的发展。

只是,这种原动力的产生过程,较之其他国家要复杂一些,也就是说,其并不是自动产生的,而是在国家权力行使者的自动改变之下,被动地产生的。当然,按照历史唯物主义的观点,人民才是决定历史发展的动力和主人。但是,在这种拥有超级庞大数量或者其实是一个"无数"的数量下的"人民"概念中,人民决定历史车轮的前进,存在一个在时间和空间上无法消解的滞后的因子,那就是人民群众内部的信息不对称和信息不流畅,使得决定权下面的"决策"难以即时

---

❶ 强世功:《我们究竟贡献了什么?——法律社会学研究的初步反思(自序)》,强世功:《法制与治理——国家转型中的法律》,中国政法大学出版社 2003 年版,第 6—19 页。

产生。

于是，在这种情况下，需要改革者的审时度势和当机立断。一方面，准确无疑地获得来自人民内部的呼声和信息，另一方面，明察秋毫地在一个较合适的时段之内，将顺应历史唯物主义客观规律的决策，作出来并执行下去。无疑，在这一点上，总设计师邓小平做到了。

所以，与其说是政府推动型的改革，毋宁说是公权力退让型的改革。因为，根本上来说，并不是政府主动地并带有强制性地，让一个个社会主体获得了私权利，从而产生推动"市民社会"出现的基础因素，而是最高权力的代表者，审时度势顺应历史规律和执政要求，通过公权力的自动退让，而使得私权利的主体产生。正是"邓小平所确立的这种渐进的发展战略，表达了一个坚定的信念：经济发展是政治发展的决定因素。在这种战略和信念下，民主化所要求的分权，不是从最难把握的政治上的放权分权开始，相反，而是从对政治发展最具决定性意义的经济上的放权分权开始"❶。

于是乎，在这种改革趋势和思路的影响和要求之下，在农村，农业生产责任制尤其是家庭承包制的恢复和发展，赋予了农民及其家庭以经营自主权。也不光是在农村，在城市，经济责任制的实行和多种经济形式和经营方式的开展，这些都使得"经济上的放权分权"催生出了私权利，私权利在中国的成长则顺理成章了。

---

❶ 林尚立：《当代中国政治形态研究》，天津人民出版社 2000 年版，第 386 页。

第五章　历史的结语与现实的照映：公权力与私权利共置空间的生成

第一节　体制的深化与产权制度的崛起

一、意识形态与经济模式的兼容

解放思想在中国是伴随着更新观念、打破陈旧观念的束缚，而不断进行和开展的。新中国成立之后，其目标是在完成新民主主义社会的过渡之后，再走向社会主义社会，实现人民民主专政。

然而，人们对社会主义的认识并不是十分清晰和完整的。虽然马克思和恩格斯描述过未来社会主义社会的特征，但是这种所描述的特征却和商品经济之间似乎是不兼容的。马克思在《资本论》中全面深刻地剖析了，在商品经济发展的典型形态即资本主义商品经济中，货币是如何转化为资本，资本又是如何通过剩余价值的生产而不断积累，劳动力的商品化又是如何构成资本主义雇佣剥削的前提的。其认为未来的社会不能保留商品经济。恩格斯也认为，"一旦社会占有了生产资料，商品生产就将被消除，而产品对生产者的统治也将随之消除"[1]。即在消灭了私有制的未来社会，不存在商品货币关系。

之后，列宁坚持了上述观点，并在苏联实行大规模的社会化计划经济，但是遭遇到了挫折。随即苏联采取了以发展商品交换为主要标志的新经济政策。但是列宁逝世之后，斯大林没有按照列宁的思路继续探索，反而中止了新经济政策。斯大林在其影响之下编撰的《社会主义政治经济学》中，"把商品

---

[1]　恩格斯：《社会主义从空想到科学的发展》（1880年1—3月上半月），《马克思恩格斯全集》第19卷，人民出版社1963年版，第245页。相同译文见《马克思恩格斯文集》第9卷，人民出版社2009年版，第300页。

经济或市场经济当作资本主义特有的经济形式"❶,形成了后来所谓的苏联模式。

毛泽东虽然也不断地探索中国的社会主义道路,他曾经对发展商品经济提出过很好的意见,指出商品生产不能与资本主义混为一谈,不过后来随着认识的变化,其又在一定程度上对商品经济做了否定,"毛泽东对商品生产曾经有过肯定,主要是从全民所有制和集体所有制两种不同所有制的存在来认识的,而不是从商品经济是社会经济发展不可逾越的阶段和实现社会主义现代化必由之路的全局高度来认识的"❷,最终也没有走出苏联模式的窠臼。

"从苏联传来中国的传统社会主义政治经济学把社会主义的基本经济特征定义为国家所有制的支配地位和以此为基础的计划经济"❸,而经历过"文革"的中国,愈发更改不了"左"倾思潮的影响,对社会主义的认识仍然停留在教条式的理解上,而导致行动裹足不前。一些认识和做法,超越了中国依然处在社会主义初级阶段生产力发展水平的现实国情,违背了历史唯物主义的客观规律,从而严重地影响了中国经济的发展,阻碍了人民生活水平的提高。

面对这种情况,邓小平指出:"不解放思想不行,甚至于包括什么叫社会主义这个问题也要解放思想。经济长期处于停滞状态总不能叫社会主义。人民生活长期停止在很低的水平总不能叫社会主义。……讲社会主义,首先就要使生产力发展,这是主要的。……生产力是否发展,人民收入是否增加。这是压倒一切的标准。空讲社会主义不行,人民不相信。"❹

这里的解放思想实际上是要突破传统的、禁锢的对社会主义的认识。所谓传统的认识,即认为社会主义总是具备这样一些"经典的"基本特征:政治上是"以阶级斗争为纲"为统领,经济上是以"公有制、计划经济和按劳分配"三驾马车为匹配。尤其是,是否实行计划经济,一度成为人们判别是否是社会主义的基本标准之一。这样一种认识,使得人们把一切市场因素当作资本主义来扫除。而邓小平早在 1979 年 11 月 26 日会见吉布尼和林达光时就指出:

---

❶ 姜汉斌:《沉思:在历史的交汇点上——一个跨越世纪的话题》,西苑出版社 1999 年版,第 301 页。
❷ 唐家柱:《现代化进程中的中国特色社会主义理论体系研究》,人民出版社 2008 年版,第 130 页。
❸ 吴敬琏:《呼唤法治的市场经济》,生活·读书·新知三联书店 2007 年版,第 97 页。
❹ 邓小平:《社会主义首先要发展生产力》(一九八〇年四月——五月),《邓小平文选》第二卷,人民出版社 1994 年版,第 312—314 页。

说市场经济只存在于资本主义社会,只有资本主义的市场经济,这肯定是不正确的。社会主义为什么不可以搞市场经济,这个不能说是资本主义。……市场经济不能说只是资本主义的。市场经济,在封建社会时期就有了萌芽。社会主义也可以搞市场经济。❶

邓小平对于僵硬的计划经济体制运行走势的预先判断,得到了应验。高度集中的计划经济体制,束缚了包括苏联在内的许多社会主义国家的社会经济发展。在1989年前后,这些国家的社会主义事业相继遭遇到重大挫折。虽然不能说计划经济体制就是导致苏联解体和东欧剧变的根本原因,但是这些国家的社会生产力发展经历了高峰之后,就难以继续向前,人民生活水平不能进一步得到改善和提高,却是和计划经济的僵硬体制的实行有着不可分割的联系。

而在国内,一些比较"左"的人士,却从自己的角度来看待这一系列变化。他们的认识是计划经济始终是和社会主义紧紧捆绑在一起的"难兄难弟",主张以计划经济为主导,取消个体和私营经济,认为在当时的情况下,要注重反对"和平演变"避免蹈苏东的覆辙。他们判断所谓"资本主义化的改革"的主要标准是:是否取消计划经济、实行市场经济;是否取消公有制为主体、实现私有化。

他们主张对于任何一项改革措施出台之前,都要先问一问姓"社"还是姓"资",以及对于中国的改革都要先问一问,是"社会主义改革"还是"资本主义化的改革"。而一些媒体和学者、专家也发出了质问改革和反对市场取向的声音。

面对这种议论和看法所造成的局面和形势,在中共十三届三中全会召开前夕,邓小平召集几位中央负责同志谈话,继续解放思想、实事求是地指出:"我们必须从理论上搞懂,资本主义与社会主义的区分不在于是计划还是市场这样的问题。社会主义也有市场经济,资本主义也有计划控制。……不要以为搞点市场经济就是资本主义道路,没有那么回事。计划和市场都得要。不搞市场,连世界上的信息都不知道,是自甘落后。"❷而在接下来的南方系列谈话中,更是发表了在世界社会主义500年发展史上,都要留下历史印记的突破性意见:

---

❶ 邓小平:《社会主义也可以搞市场经济》(一九七九年十一月二十六日),《邓小平文选》第二卷,人民出版社1994年版,第236页。

❷ 邓小平:《善于利用时机解决发展问题》(一九九〇年十二月二十四日),《邓小平文选》第3卷,人民出版社1993年版,第364页。

计划多一点还是市场多一点,不是社会主义与资本主义的本质区别。计划经济不等于社会主义,资本主义也有计划;市场经济不等于资本主义,社会主义也有市场。计划和市场都是经济手段。❶

其实,市场经济的提法,最早出现在 1978 年 7 月至 9 月间的一次国务院务虚会上。李先念在会议上提出了"计划经济与市场经济相结合"的提法。后来陈云在 1979 年 3 月 8 日所著的《计划与市场问题》中,论述了计划经济和市场调节的关系。❷ 而后,由邓小平明确提出"社会主义也可以搞市场经济"的振聋发聩话语。

这一情况说明,要把计划和市场相结合,突破和摆脱传统的、禁锢的对社会主义的认识,是我们党内部分人士早就已经持有的看法和观点。随后,中共十一届六中全会提出"以计划经济为主,市场调节为辅",这在中共十二大政治报告中得到认可。中共十二届三中全会《关于经济体制改革的决定》提出,商品经济是社会经济发展不可逾越的阶段,社会主义经济是有计划的商品经济。这突破了传统的把社会主义同商品经济相对立的坚冰。而中共十三大更是不再提以计划经济为主,也不再讲将市场调节置于一个从属的地位。

随着 1992 年春季邓小平南方谈话的发表,更是从根本上抛弃了把计划经济和社会主义二者视为一体的思想束缚,为社会主义和市场经济的兼容奠定了坚实的思想理论基础。江泽民在 1992 年 6 月 9 日举办的中央党校省部级干部进修班上,根据邓小平的这一理论提出:

有计划的商品经济,也就是有计划的市场经济。……我觉得使用"社会主义市场经济体制"是可以为大多数干部群众所接受的。❸

中共十四大采纳了这种提法,明确提出经济体制改革的目标,是建立社会主

---

❶ 邓小平:《在武昌、深圳、珠海、上海等地的谈话要点》(一九九二年一月十八日——二月二十一日),《邓小平文选》第三卷,人民出版社 1993 年版,第 373 页。

❷ 参见刘吉主编:《碰撞三十年——改革开放十次思想观念交锋实录》,江苏人民出版社 2008 年版,第 136 页。

❸ 江泽民:《关于在我国建立社会主义市场经济体制》(一九九二年六月九日),《江泽民文选》第一卷,人民出版社 2006 年版,第 202 页。

义市场经济体制,标志着社会主义市场经济理论的正式提出。

1993 年 2 月 14 日,中共中央向第七届全国人民代表大会常务委员会提出修宪的建议,其中建议将宪法第十五条:"国家在社会主义公有制基础上实行计划经济",修改为"国家实行社会主义市场经济"。第七届全国人大常委会第三十次会议讨论了该建议,并依照宪法第六十四条的规定,提出了宪法修正案草案,提请第八届全国人民代表大会第一次会议进行审议。

1993 年 3 月 29 日,八届全国人大一次会议通过了宪法修正案。在《中共中央关于修改宪法部分内容的补充建议》的附件二里面写道:"这次宪法修改,以党的十四大精神为指导……修改中突出了建设有中国特色社会主义的理论和党的基本路线……改革开放的实践证明,社会主义市场经济是促进物质产品不断丰裕的经济机制,它有利于解放和发展生产力。党的十四大提出我国经济体制改革的目标是建立社会主义市场经济体制。宪法第十五条第一款的这一修改,必将极大地推动我国经济的发展。"❶

可以发现,在社会主义市场经济理论的形成过程中,有两个基本的逻辑红线贯穿其中:

其一,解放思想、实事求是的思想理论精髓贯穿其中。解放思想是从对社会主义禁锢的理解中解放出来,从僵化的苏联模式的束缚中解放出来,从对马克思主义的教条式理解中解放出来。而实事求是则是从中国实际和国情出发,从实践上真正和准确地认识中国现在实际处于一种社会主义的初级阶段,这种阶段是任何生产力不发达的社会主义国家不可逾越的阶段。传统的经典马克思主义对未来社会主义国家的设想,其实不能套用在生产力落后的社会主义国家身上。解放思想和实事求是,使得我们认清了社会主义的本质是解放生产力、发展生产力,消灭剥削、消除两极分化,最终达到共同富裕。也使得我们实现了马克思主义的中国化。

其二是,"三个有利于"的思想逻辑贯穿其中。"三个有利于"的完整表述是在邓小平的南方谈话中,即姓"社"姓"资"判断的标准,"应该主要看是否有利于发展社会主义社会的生产力,是否有利于增强社会主义国家的综合国力,是否有

---

❶ 《中国共产党中央委员会关于修改宪法部分内容的补充建议》之附件二:《关于修改宪法部分内容的建议的说明》,王英培编:《中国宪法文献通编》(修订版),中国民主法制出版社 2007 年版,第 99 —100 页。

利于提高人民的生活水平"❶。过去之所以陷入一种落后被动的境地,主要是因为一方面,极左地将发展生产力看作是"唯生产力论",是不讲阶级斗争的表现;另一方面,极端忽视价值规律的作用,反对商品化,将配置资源的手段,视作是资本主义社会特有的产物。我国最终将建立社会主义市场经济体制作为经济体制改革的目标,就是科学地认识到了市场机制,能够在当前的社会现实条件下更好地服务于社会生产力的提高、综合国力的增强,还能进一步服务经济活动的目标——满足日益增长的社会需求。所以,"市场对计划的优势如此明显,以至于无论经历了多少挫折,无论前面还有多少磨难,在转型经济国家中,市场化的社会共识从未发生过动摇,市场化的进程或快或慢,甚至时有倒退,但已呈现出不可逆转的势头"❷。

社会主义市场经济理论的提出,是马克思主义经济理论的重大创新,将本来"对立"的计划和市场进行了统一,出现了社会主义和市场经济也兼容的局面,"社会主义只有与市场经济兼容,才有生机与活力,才能充分发挥自己固有的优越性"❸。而兼容之后所出现的生机与活力,包括了市场经济条件之下中国私法的再生与崛起。

二、共性与个性:中国模式的探索

市场经济与社会主义相结合,必然具备市场经济的共性和社会主义市场经济的个性。市场经济这一概念,是奥地利著名经济学家路德维希·冯·米塞斯在 20 世纪 20 年代初提出来的。但实际上,关于市场经济也并无一个统一的公认的标准定义。

西方主流经济学家通常将市场经济和意识形态相结合,延伸出一种和社会基本制度相涉的市场经济概念。西方主流经济学的领军人物保罗·萨缪尔森和威廉·诺德豪斯认为:"在美国和大多数民主国家中,多数经济问题是由市场来解决的。因此,它们的经济制度称为市场经济。市场经济(market economy)是一种主要由个人和私人企业决定生产和消费的经济制度。价格、市场、盈亏、刺

---

❶ 邓小平:《在武昌、深圳、珠海、上海等地的谈话要点》(一九九二年一月十八日——二月二十一日),《邓小平文选》第三卷,人民出版社 1993 年版,第 372 页。
❷ 许小年:《自由与市场经济》,上海三联书店 2009 年版,第 1 页。
❸ 陈锦华、江春泽等:《论社会主义与市场经济兼容》,人民出版社 2005 年版,第 207 页。

激与奖励的一整套机制解决了生产什么、如何生产和为谁生产的问题。企业采用成本最低的生产技术(如何生产),生产那些利润最高的商品(生产什么)。消费则取决于个人如何决策去花费他们的收入(为谁生产),这些收入包括来自劳动的工资收入和来自财产所有权的财产收入。市场经济的极端情况被称为自由放任(laissez-faire)经济,即政府不对经济决策施加任何影响。"❶

从这个定义来看,在所谓的民主国家中,经济问题交由市场解决,这些问题无非是和自由有关的权利,包括如何生产、生产什么、为谁生产等等。解决这些经济问题的市场,是"买者和卖者相互作用并共同决定商品和劳务的价格和交易数量的机制"❷。所以,市场是市场经济产生的前提,而所谓的市场,不是一般名称意义上的交易场所,而是动态意义上的交易机制。通过这种赋予了充分权利的机制,市场的主体能够自己决定自己的合法市场行为,而不受政府的任何干预。

问题的关键是,西方主流人士认为市场主体主要是个人或私人企业,也就是私有制经济主体。而马克思主义经典作家所描述的则是消灭私有制,"土地国有化将使劳动和资本之间的关系彻底改变,归根到底将完全消灭工业和农业中的资本主义生产方式。……生产资料的全国性的集中将成为由自由平等的生产者的联合体所构成的社会的全国性基础,这些生产者将按照共同的合理的计划自觉地从事社会劳动"❸,实行计划经济。当然,萨缪尔森也认为当今世界,也并不存在所有的经济行为都完全地交由市场决定的国家。

但是,无论如何,西方主流经济学者的定义,还是有意识或无意识地将市场经济同美国等资本主义国家进行联系,而将计划经济(萨缪尔森和诺德豪斯将其称为指令经济"command economy")和苏联等社会主义国家进行混同。这样一来,本来是一种经济的运行方式,却和意识形态和社会制度捆绑在了一起,形成了某种固执的偏见,而这种偏见也无疑影响到了社会主义国家的经济学者。

只不过,随着邓小平南方谈话的发表,这种固执的不合时宜的偏见,才被解

---

❶ [美]保罗·萨缪尔森、威廉·诺德豪斯:《微观经济学》,萧琛主译,人民邮电出版社2004年版,第5页。

❷ [美]保罗·萨缪尔森、威廉·诺德豪斯:《微观经济学》,萧琛主译,人民邮电出版社2004年版,第21页。

❸ 马克思:《论土地国有化》(1872年3—4月),《马克思恩格斯选集》第2卷,人民出版社1972年版,第454页。

放思想的思维方法和理论力量所融化。而后,我国的学者更多的是从实践的角度来定义市场经济,越过了意识形态的樊篱。认为"它是一种经济制度,在此制度中,通过竞争,由市场供求决定的价格调节着经济的运行,决定着资源的配置。市场经济是相对于自然经济和计划经济而言的一种经济制度"❶。学者们提出:"采取以市场机制为基础的市场配置方式的经济通常被称作'商品经济'或'市场经济'。"❷

应该说,市场经济是和计划经济相对应的,是一种以市场为资源配置的特定基本手段的高度发达的商品经济。这一定义包含两个方面的涵义:第一,市场经济主要是依靠市场机制来实现社会资源的合理配置,与之相对应的是依靠国家行政命令来配置资源的计划经济,这种行政命令其实是国家公权力的具体表现;第二,市场经济本质上是商品经济。资本主义社会之前的商品经济和现代的商品经济是不同的,现代商品经济社会中,生产的社会化程度相当高,使得一切生产要素都应当也能够进入市场,致使市场成为社会资源的主要配置者。

因此,市场经济并不具有社会制度属性,它实际上体现了社会化大生产基础上,现代商品经济的共性,也就意味着市场经济在不同国家和不同社会制度下,都必然具备其自身的共性。其在中国的出现,也必然符合了经济规律的要求,满足了现代经济运行之中,作为市场经济本身所需要的各种条件。具体来说,这些条件包括:

第一,市场主体的自主性。参与市场活动的当事人,是自身利益的判断者和决策者,同时也是自身行为的独立作出者和后果的承担者。

第二,市场关系的平等性。市场主体之间不因财富的多寡和地位的差异,而在市场交易中围绕等价交换、意思自治、自愿平等、协商一致等市场经济所要求的相关规则,进行交易。

第三,市场主体的趋利性。市场经济的实行是为了促进生产力的发展,生产力的发展在一定程度上,是人们在追逐合法利润的过程中实现的。利润是一把双刃剑,但是追求合法合理利润的最大化,是市场经济发展的内生力,而要为了获得利润必须提高生产效率和降低成本,这就带动了生产力的发展。另外,利益

---

❶ 董辅礽:《走向市场化的中国经济》,经济科学出版社 2001 年版,第 40 页。
❷ 吴敬琏:《论作为资源配置方式的计划与市场》,《吴敬琏自选集》(1980—2003),山西经济出版社 2003 年版,第 4 页。

的多寡,决定了社会资源的流向和生产成本的投入。

第四,市场主体活动的规范性。由于市场主体趋利避害的天然性质,使得市场主体的追求目标,可能和社会的整体利益追求发生不一致,有时候市场主体甚至会为一己之蝇头小利,而不惜破坏整个市场的运行"游戏规则",这也就是马克思主义经典作家所认为的资本主义的危机,严重的时候会造成整个市场的混乱。"商业危机像过去的大瘟疫一样按期来临,而且它所造成的悲惨现象和不道德的后果比瘟疫所造成的更大。……由竞争关系所造成的价格永远摇摆不定的状况,使商业丧失了道德的最后一点痕迹"❶。在这个时候,需要产生约束并监管市场主体活动的规范,这种规范从道德(德治)和法律(法治)两个层面,进行制度安排,使得市场主体,能够在自身利益和社会公益之间稳健行走。

第五,市场本身的有效性。市场经济以市场作为配置资源的合理方式,这种合理性是建立在市场本身具备一种合乎效率的基础之上的,也就是说,市场具备一种良性的运作机制和环境,使得各种资源都能按照市场经济本身的要求各得其所、各安其位。各种封锁市场、消极排外的做法,都使得市场的效力发生折扣,损害市场本身的权威。

第六,市场结果的更新性。市场机制的自动配置,从程序上尽量地保证,市场主体参与活动的公平、公正和公开性。虽然市场主体囿于自身条件的限制,会导致商品和劳务的个别价值与社会价值之间,存在一定的差别,从而在市场竞争中遭到竞争不赢的结果,但是这样一种优胜劣汰的机制,使得市场主体自始至终都处于不断更新之中。

可以看出,市场经济本身并不具备社会制度的属性,但是即使如此,中国所进行的市场经济和社会制度又是紧密结合在一起的。江泽民指出:

> 我们搞的市场经济,是同社会主义基本制度紧密结合在一起的。如果离开了社会主义基本制度,就会走向资本主义。……我们搞的是社会主义市场经济,"社会主义"这几个字是不能没有的,这并非多余,并非画蛇添足,而恰恰相反,这是画龙点睛。所谓"点睛",就是点明我

---

❶　恩格斯:《政治经济学批判大纲》(1843年底—1844年1月),《马克思恩格斯全集》第1卷,人民出版社1956年版,第614页。

们的市场经济的性质。……我们的市场经济是在社会主义制度下搞的,这是不同点,而我们的创造性和特色也就体现在这里。❶

究竟什么是社会主义,怎样建设社会主义,这个问题以前其实没有搞清楚。邓小平曾经尖锐地指出:"社会主义是什么,马克思主义是什么,过去我们并没有完全搞清楚。"❷还说过:"社会主义是一个很好的名词,但是如果搞不好,不能正确理解,不能采取正确的政策,那就体现不出社会主义的本质。"❸

那什么是社会主义的本质呢? 邓小平按照社会主义本来的含义,鲜明指出了"社会主义的本质"、"社会主义的原则"、"社会主义的任务"、"社会主义的目的"、"社会主义的特点"、"社会主义的最大优越性"等。

我们过去照搬苏联搞社会主义的模式,带来很多问题。我们很早就发现了,但没有解决好。我们现在要解决好这个问题,我们要建设的是具有中国自己特色的社会主义。❹

只要具备了市场经济的共性,也就是满足了市场经济本身所需要的各种条件后,就可以称为市场经济国家,只是,作为社会主义市场经济而言,其必然具有自身的个性,也就是特殊性,而这种特殊性,可以称为"中国特色"。具体来说,社会主义市场经济自身所包含的"中国特色"有:

第一,社会主义市场经济体制在所有制结构上,以公有制为主体,同时个体经济、私营经济、外资经济等共同发展。所有制改革,是中国从计划经济向市场经济转变过程中,所遇到的最重要的理论和实践问题。在中共十四大上,明确了公有制经济作为主体,非公经济成为了公有制经济的补充。在中共十五大上,进

---

❶ 江泽民:《社会主义市场经济体制是同社会主义基本制度结合在一起的》(一九九四年十二月九日——十四日),江泽民:《论社会主义市场经济》,中央文献出版社 2006 年版,第 202—203 页。

❷ 邓小平:《改革是中国发展生产力的必由之路》(一九八五年八月二十八日),《邓小平文选》第三卷,人民出版社 1993 年版,第 137 页。

❸ 邓小平:《社会主义首先要发展生产力》(一九八〇年四月——五月),《邓小平文选》第二卷,人民出版社 1994 年版,第 313 页。

❹ 邓小平:《解放思想、独立思考》(一九八八年五月十八日),《邓小平文选》第三卷,人民出版社 1993 年版,第 261 页。

一步明确了什么是社会主义初级阶段有中国特色社会主义的经济,以及怎样建设这样的经济,即一方面要全面认识公有制经济的含义,以及公有制实现形式可以而且应当多样化,另一方面,非公经济则是社会主义市场经济的重要组成部分。中共十六大上,又明确提出不能把公有制经济和非公有制经济对立起来,它们可以在市场竞争中发挥各自优势,相互促进,共同发展。中共十七大上,提出要毫不动摇地巩固和发展公有制经济,毫不动摇地鼓励、支持、引导非公有制经济发展,坚持平等保护物权,形成各种所有制经济平等竞争、相互促进新格局。

中共十八大上,提出要加快完善社会主义市场经济体制,完善公有制为主体、多种所有制经济共同发展的基本经济制度,毫不动摇鼓励、支持、引导非公有制经济发展,保证各种所有制经济依法平等使用生产要素,公平参与市场竞争,同等受到法律保护。这种所有制结构,既不同于以行政为主导的"斯大林式"所有制结构,也不同于以私有化为标志的西方市场经济,是鲜明的"中国特色"。

第二,在分配制度上,中共十五大明确提出,坚持按劳分配为主体、多种分配方式并存的制度。把按劳分配和按生产要素分配结合起来,坚持效率优先、兼顾公平。中共十六大提出,初次分配注重效率,再分配注重公平。中共十七大进一步明确提出,初次分配和再分配,都要处理好效率和公平的关系,再分配更加注重公平。中共十八大再次提出,初次分配和再分配都要兼顾效率和公平,再分配更加注重公平。

这些举措充分表明,我国进行市场经济建设是为了发展生产力,提高人民生活水平,走共同富裕道路,即发展为了人民、发展依靠人民、发展成果由人民共享。中国特色社会主义市场经济既不同于传统社会主义计划经济下的平均主义,也不同于西方新自由主义所强调的,追求利益最大化下的效率至上,而可能损害着公平。新自由主义如同哈耶克自己所认为的:"的确,所谓自由,亦可以意指有饥饿的自由,有犯重大错误的自由,或有冒生命危险的自由。在我所采纳的自由的原始意义上,一个身无分文的流浪汉,虽凑合地过着朝不保夕的生活,但的确要比享有各种保障且过着较舒适生活的应征士兵更自由。"❶

---

❶ [英]弗里德利希·冯·哈耶克:《自由秩序原理》,邓正来译,生活·读书·新知三联书店1997年版,第13页。

毫无疑问,这种自由强调自由本身的天然意义,而忽视了自由之下的人类自身差异,如同布迪厄所认为的,它造就了一个达尔文式的世界。它是在科层制的各个层级上,一切人反对一切人的斗争,每个人都在充满不安全感、遭受痛苦和压力的条件下,形成对其工作和组织的依附。打着自由招牌的全部经济秩序的基础,实际上是失业、工作任期的不安全感,和它所暗含的解雇威胁的结构性暴力。就像罗伯特·库尔茨所认为的"市场经济的现代化导致了物质生活水平绝对以及相对的倒退,非物质生活水平因独立自主的社会关系解体而降低就更不用提了"❶。

第三,在宏观调控上,社会主义市场经济尊重市场经济的三大规律,即价值规律、供求规律和竞争规律,注重市场在资源配置中的基础性作用,但是又不是完全依赖这只"看不见的手"。所谓"看不见的手",来源于亚当·斯密,他强调个人所追求的是自身的安全和私利。在他追求个人私利的同时,有一只看不见的手,引导他去同时实现另外一个目标,即使该目标的实现并非他的本意。而国家只是承担以下职责,即"保护社会不受其他独立社会的侵犯……设立完全公正的司法机构……建立和维护个人或小团体所不感兴趣投入的某些公共设施和公共机构"❷。

而这些被后来的新自由主义作为遗产继承。新自由主义主张完全市场化,否定任何形式的国家干预,从而也损害了新自由主义自身所追求的经济效率。因此在这点上,社会主义市场经济不同于新自由主义。其实,就西方主流经济学者来说,也认为"所有的社会都是既带有市场经济的成分也带有指令经济的成分的混合经济(mixed economy)。从来没有一个百分之百的纯粹的市场经济。今天,美国的大多数决策都是在市场中进行的。但政府在监督市场运行方面仍然扮演着重要的角色:政府制定法律来监管经济生活,提供教育和治安等服务,并管制污染等。当今世界各国大部分都实行的是混合经济制度"❸。

所以,就社会主义市场经济来说,政府更要在对社会进行公共管理和为社会

❶ [德]罗伯特·库尔茨:《资本主义黑皮书——自由市场经济的终结》上册,钱敏汝、张崇智等译,社会科学文献出版社 2003 年版,第 4 页。

❷ [英]亚当·斯密:《国富论》,唐日松等译,华夏出版社 2005 年版,第 494 页。

❸ [美]保罗·萨缪尔森、威廉·诺德豪斯:《微观经济学》,萧琛主译,人民邮电出版社 2004 年版,第 5 页。

提供公共服务方面竭尽所能。同时,依照社会主义的本质是共同富裕的要求,把人民的当前利益和长远利益、局部利益和整体利益结合起来,使用各种宏观调控手段和政策,一方面防止和克服市场经济下可能会发生的市场失灵所造成的外部性,防止不正当竞争和垄断;另一方面,消除由于各种历史原因所可能造成的社会阶层的贫富差距和分配不公。

关于这一点,亚当·斯密二百多年前就在其名著《国富论》里面论述道:"不同的人在天赋才能上的差异,实际上比我们想像到的要小得多。……在天赋和天性方面,一个哲学家的天赋和一个街头搬运工的天赋的不同,远不及大猛犬之于猎犬、猎犬之于长毛垂耳犬或长毛垂耳犬之于牧羊犬。"❶

也就是说,阶层差距的出现,有时候受到了各种偶然性机遇的影响,并不意味着先富裕起来的人,就比没有富裕起来的人先天上更拥有智慧和能力。过大的贫富差距,会造成部分社会成员的心理落差,甚至引起社会矛盾,从而带来社会的不稳定。同时,也和社会主义的本质背道而驰。而基于此点的宏观调控,和资本主义市场经济,显然有着本质上的不同。

因此,中国的市场经济一方面具有所有市场经济国家的一般属性,同时,也必然含有社会主义的制度制约的特殊属性。这种特殊属性,其实赋予了中国社会主义更大的动力和活力,一定程度上是中国特色社会主义的内在支柱。社会主义是市场经济的"画龙点睛"之笔,没有了"龙身",中国的腾飞缺少了主体,而没有了"龙睛",则中国的发展失去了方向。

即使在 20 世纪 90 年代,建立在复兴古典自由主义经济思想之上的理论登堂入室,并进一步发展成为新自由主义,且在经济全球化的背景之下,以新自由主义为基础的"华盛顿共识",堂而皇之地成为了美国等西方国家的主流价值观,并跃跃欲试地想成为包括中国在内的发展中国家也要奉行的发展模式。

但就中国来说,中国自改革开放以来所进行的市场化改革,虽然并不一定真的成为了乔舒亚·雷默于 2004 年在《北京共识》中所提出的"北京共识"或者"中国模式",因为所谓的"中国模式"还是一个正在生成、被构建的模式,远远还没有定型,也还没有被全世界所公认,更面临着一些质疑和挑战。可是在一定程度上,"模式绝不仅仅只是成功经验的总结,也必然包含着失败的教训,无论是

---

❶　[英]亚当·斯密:《国富论》,唐日松等译,华夏出版社 2005 年版,第 14—15 页。

成功的经验还是失败的教训，都是中国模式的应有之义。……而所谓的中国模式，就是在开辟中国特色社会主义道路过程中形成的中国经验的概括和总结。……中国道路、中国经验、中国模式是人们在不同方面对中国特色社会主义的诠释、概括和总结"❶，毋庸讳言，中国的改革已"成为全球既不认同计划经济又不接受'华盛顿共识'而试图探索其他道路的发展中国家和转轨国家的可贵参照"❷。如同邓小平在 1985 年就说过：

> 我们的改革不仅在中国，而且在国际范围内也是一种试验，我们相信会成功。如果成功了，可以对世界上的社会主义事业和不发达国家的发展提供某些经验。❸

这些可贵的经验即是明确了，什么是社会主义和怎么样建设社会主义等一系列问题，从原则上讲，"我们的原则是把马克思主义同中国的实践相结合，走中国自己的道路，我们叫建设有中国特色的社会主义"❹。从具体实践和做法上讲，中国特色社会主义即是学习和借鉴资本主义先进做法的社会主义，发展生产力的社会主义，进行市场经济建设的社会主义，主张和平发展永远不称霸的社会主义，实现社会和谐的社会主义，和走共同富裕道路的社会主义。

三、恒产者恒心：私权利的确认

市场经济之所以能够在中国生成和发展，一方面得益于以邓小平为总设计师的改革开放决策者和推动者，对历史脉搏和经济规律的准确把握，以及力挽狂澜的决心和魄力，使得市场经济终于和社会主义进行结合、兼容并相得益彰。另一方面，归功于市场经济能够将人类选择自由、平等、竞争的天然品质和本来属性，通过人类的经济行为进行充分展现。中国的市场经济建设，通过对社会主义

---

❶ 刘爱武：《道路经验模式——中国特色社会主义论》，教育部高等学校社会科学发展研究中心编：《社会主义中国六十年——成就与经验》，教育科学出版社 2010 年版，第 127—128 页。

❷ 胡伟等：《现代化的模式选择——中国道路与经验》，上海人民出版社 2008 年版，第 330 页。

❸ 邓小平：《对中国改革的两种评价》（一九八五年八月二十一日），《邓小平文选》第三卷，人民出版社 1993 年版，第 135 页。

❹ 邓小平：《对中国改革的两种评价》（一九八五年八月二十一日），《邓小平文选》第三卷，人民出版社 1993 年版，第 135 页。

的本质属性的准确定位,和社会主义自身优势的集中发挥,和对市场经济本来面目的或抑或扬,使其在满足人的自身需要的同时,促进了社会总体福利的增长和社会整体的全面进步。

也就是说,市场经济和自然经济、计划经济最大的区别在于,健全和完善的市场经济抓住了人的天然良性,将人的善本能,从以往束缚和压抑的状态之中解放出来,使得人的正能量得以合理释放,促进生产力的发展。

其实,任何社会、任何时代的人,其首先是一种物质生命存在,存在的生命必须获取和满足自身的合理物质需求,从而维持自己血肉之躯的运转,这既是人的良性本能,也是一种自然现象。而经济制度和体制一旦不能认识和忽略了此点,都可能会或多或少压制了人的善本能,违反了自然的人态。

在封建社会自给自足的自然经济状态下,统治者出于对封建制度维护的需要,对民众追逐利益的行为进行压制,并从思想上对追逐利益的倾向进行钳制,讲求小人喻于利,君子喻于义的伦理观。在这点上,中国古代表现得尤其突出,所谓"重农抑商",其实就是对人的追逐利益思想和行为的一种压制,这种观念之下的心理认识,是认为商业人士多半是工于心计、无商不奸,他们会败坏社会风气,对统治不利。

在计划经济体制中,由于对所有制的理解存在僵化和错误的认识,推行"一大二公"的公有制,并"狠斗私字一闪念",和推行虚化个人自由的集体主义原则,在空置的按劳分配的名义之下,行平均主义的大锅饭之实,这压制了民众的生产积极性,也损害了社会总体福利的增加和社会整体的进步。

殊不知,这样的一种经济体制,只能依靠一定阶段的民众热情进行维持,这种爆发力式的热情历经的时间越长,其体制之下的人(马克思主义所认为的最大最重要的社会生产力)的内生力和耐力便会越发弱小。因为,人的内在力量和外在战斗力,最终都需要必要的物质生活来进行支撑。精神的力量不可谓不强大,但是,离开了必要物质的精神,迟早有一天也会失去依托和保障。

其实,我国社会的主要矛盾,还是人民日益增长的物质文化需要同落后的社会生产之间的矛盾。物质文化需要,首先强调的还是一种物质需要,它也是一种对个人必要利益的满足,其从本质上说脱离不了私的品格。没有私的内容的公,只是一种没有载体的公。抽逃了个人的集体,只是一种背离了以人为本的集体。

反而,从古至今,从东方到西方,人类社会从来没有对私利一味地进行机械性否定,反而倒是出现了很多对待私的追求和对私的利益的肯定。

在西方,资本主义能在几百年的时间里面,迅速创造出巨大的物质财富,同一些思想家的思想启蒙是分不开的。而这些思想家或多或少地,都对人之善性中追求私利的一面进行了肯定。斯宾诺莎认为:"理性既然不要求任何违反自然的事务,所以理性所真正要求的,在于每个人都爱他自己,都要自己的利益。"❶休谟说:"我们承认人们有某种程度的自私;因为我们知道,自私和人性是不可分离的,并且是我们的组织和结构中所固有的。"❷重商主义的始祖亚当·斯密更是说:"同胞们的协助,但仅仅依赖人的恩惠,他会更容易达到目的,他如果他能够鼓动他们的自爱心,使其有利于己,并且告诉他们,如果他们为他而做他们需要于他们的事情,他们就是为他们自己的利益。……我们所需的食物不是出自屠宰业者、酿酒业者、面包业者的恩惠,而仅仅是出自他们自己的利益的顾虑,我们不要求助于他们的爱他心,只要求助于他们的自爱心,我们不要向他们说我们必需,只说他们有利。"❸西方思想家对人之善性的鼓吹,和韦伯所说的宗教伦理精神相呼应,引导人们去经营事业,获取利润和财富。

在东方,中国几千年的封建王朝统治,似乎总是刻意地将百姓的人欲,当作消灭的对象。例如,道家主张顺其自然、无为而治,儒家主张存天理、灭人欲,等等。但是,中国传统文化思想,并不是就真的都是极其忽视人的本性,相反,诸子百家里面,重视人性,重视物质财富的思想,不可谓不俯拾即是。

拿法家的代表人物韩非子来说,韩非子就视私欲为人不变的本性,"人无毛羽,不衣则不犯寒;上不属天而下不著地,以肠胃为根本,不食则不能活,是以不免于利欲之心"❶。拿儒家的代表人物孔子来说,"孔子主张'富民'、'教民'……庶而后富,富而后教,肯定民生,强调藏富于民,把维护老百姓的生存权看作是为政之本。《礼记·礼运》:'饮食男女,人之大欲存焉。'故理想的政治是:体民之情,遂民之欲,此即王道、仁政"❺。这里的"遂民之欲"就是指要满足老百姓的私利。

---

❶ [荷]斯宾诺莎:《伦理学》,贺麟译,商务印书馆1983年版,第169—170页。
❷ [英]休谟:《人性论》(下),关文运译,商务印书馆1980年版,第625页。
❸ [英]亚当·斯密:《国富论》,郭大力、王亚南译,上海三联书店2009年版,第11页。
❶ 《韩非子·解老》。
❺ 郭齐勇:《中国儒学之精神》,复旦大学出版社2009年版,第143—144页。

同时,孔子不仅不反对老百姓的私利,也不反对社会上层包括官员的私利,其名言"君子喻于义,小人喻于利"❶其实"并不是他不肯定私利,他只是告诫在位者不要利用职位、权力去谋取个人利益,希望官员晓明道义,'见利思义',以义来指导利"❷。孔子之后的孟子,更是将百姓的私欲、私利具体化,其关于恒产与恒心的辩证思想,穿越了两千多年的时空。

所谓"无恒产而有恒心者,惟士为能。若民,则无恒产,因无恒心。苟无恒心,放辟邪侈,无不为己。及陷于罪,然后从而刑之,是罔民也。焉有仁人在位罔民而可为也? 是故明君制民之产,必使仰足以事父母,俯足以事妻子,乐岁终身饱,凶年免于死亡;然后趋而之善,故民之从之也轻"❸。其大意是:没有稳定的财产而能坚持向善的心的,只有读书明理的士才能做到。一般百姓如无稳定财产,则无长久的向善的心。如无此心,那么歪门邪道、为非作歹的事情都可以做得出来。等到他们犯罪后,再绳之以法,是陷害百姓。仁爱之君怎么可以陷害百姓呢? 所以明君要使得百姓有财产,使其上可以养父母,下可以养妻子,遇上好年头能够温饱,即使饥岁也不至于饿死。之后再引导他们向善,百姓也容易听从。

所以,"有人指责中国传统文化中,特别是儒学,没有人的权利的看法,只有义务的看法,这是不准确的。……儒家非常强调这些基本权利。……孔孟……仁政学说中,充满了对民众的最基本的生存权与私利的关怀"❹。

当今,社会主义市场经济已具有市场经济的一般共性,这种共性之一,就在于对合理私欲和合情私利的一种道德承认。但是,对于它们的道德承认,还不足以让市场主体能够安心地在市场中,从事各种经济活动安排,因为道德上的承认,并不是让其获得稳定经营活动保障的唯一条件,关键条件是通过权利的赋予,使其获得和享有法律权利,也就是私权利。

如同资本主义在起源和发展的时候,也遇到过这样的问题。在西欧封建社会,私人的产权不仅是不明确的,甚至也是不被承认的。直到后来社会分工产生以后,就发生了很多关于产权的问题,因为"只要产权依然不明确,有钱的人谁

❶ 《论语·里仁》。
❷ 郭齐勇:《中国儒学之精神》,复旦大学出版社 2009 年版,第 147 页。
❸ 《孟子·梁惠王上》。
❹ 郭齐勇:《中国儒学之精神》,复旦大学出版社 2009 年版,第 163 页。

还愿意继续投资?谁还敢继续投资,扩大投资?毫无疑问,资本主义经济关系很难在这种条件下发展起来。……对资本主义经济关系的发展,尤其是对资本主义社会经济制度的建立具有重要意义的,应是私人产权得到了政府的有效保护。……资本主义的产生和发展离不开私人产权明确这一前提,但私人产权的明确却不一定产生资本主义"❶。所以有学者认为:"现代化的本质是制度变革。第一项是对财产权利的保护,尤其是对私有财产的保护。"❷

诚然,社会主义市场经济也要对私权利予以确认,没有私权利的确认,就没有经济的活跃。这种私权利的获得,其实就是将人的合理私欲和合情私利,在道德化承认之后,进一步进行合法化承认的过程与结果。而这里的"人",其外延比自然意义上的人要大,它是法律上拟制的人,除了自然人之外,还包括各种法人及其他合法性组织等。

因为,社会主义市场经济是以公有制为主体多种所有制并存的经济制度。市场上大量存在着的,是国有企业、私营企业和外资企业等企业组织,它们当然也都一样具有合理的私欲和自身的私利,逐利性是不言而喻的。

逐利性在法治社会中的真正体现,是对私权利的追求,这里面的私权利本身就已经包含了对利益的合法性和道德性承认。这种制度安排,一方面彰显了社会主义下的私权利,终于在市场经济条件下,得到了道德和法律上的双重承认;另一方面,对私权利的维护,并不是私有化的开端,正如对私权的平等保护,并不是像有的学者所认为的是一个"弥天大谎"❸,反而应该和已经成为社会主义中国的现实,因为私(权利)和私有制不同。正如有学者所说的:"我们选取私权这个角度,作为观察的'窗口'。从新中国成立到社会主义改造完成,是一个私权'消亡'的过程,而从改革开放到现在,则是一个私权'复活'的过程。私权的复活和扩张,构成转型中国最浓墨重彩的一章。"❹

---

❶ 厉以宁:《资本主义的起源——比较经济史研究》,商务印书馆 2003 年版,第 16—19 页。

❷ 蔡立雄:《市场化与中国农村制度变迁》"序二"(邹东涛),社会科学文献出版社 2009 年版,第 8 页。

❸ 北京大学巩献田教授认为《物权法》的平等保护,是一个"弥天大谎":"结论只有一个:国家、集体和私人财产权要兼顾,都保护,但是,有先后,先保护国家财产权,最终还是为了保护私人财产权。但是,我们从来就没有所谓'平等保护'国家、集体和私人财产权! 社会主义的国家必须强调对于社会主义经济基础——社会主义公有制财产的保护,才能坚持社会主义方向,国家才能稳定,社会才能和谐!"见巩献田:《谁? 用什么"平等保护"国家、集体和私人所有权?》,雅典学园网,网址:http://www.yadian.cc/paper/2995/。

❹ 孙笑侠、钟瑞庆等:《复活的私权(序)》,中国政法大学出版社 2007 年版,第 2 页。

第二节　转变的方略与文明的政治

一、体制与法治

虽然中共十四大明确经济体制改革的目标是建立社会主义市场经济体制,但是满足市场经济运行的相关市场条件,并不是随着建设市场经济口号的提出而自动地到来。满足市场经济运行的相关条件包括:市场主体的自主性、市场关系的平等性、市场主体活动的规范性、市场本身的有效性等。但是建设伊始,这些条件却并没有充分满足。具体来说:

第一,市场主体的自主性,并没有充分获得。国有企业、集体企业、个体工商户和私营企业,虽然名义上获得了市场主体的地位,但是在一定程度上,名义上的主体却并没有获得充分的自主性。例如,由于历史的惯性,政企不分的现象在一定程度上还依然存在。另外,各种市场经济主体,在市场规则建制不健全的旧现象面前,有时候还显得束手无策,"找市场"有时候没有比"找市长"管用。这些,都和一个自主性市场主体的要求相距甚远。

第二,市场关系的平等性,还没有充分达到。市场关系包含两个方面的关系,一是市场活动主体之间的关系,另一是政府与市场活动主体之间的关系。由于历史的原因,国有企业和私营企业、外资企业等在市场准入、法律适用、国民待遇等方面,存在适用规则上的不同,甚至一些企业和行业管理部门,还存在着貌离神合的现象,这些造成了市场主体的不平等。同时,政府尤其是某些地方政府,不是依照市场经济的要求,对国民经济实行宏观调控,而是对企业实行微观管理,政企难分造成了政府或行业管理部门对企业的管理失范混乱。

第三,市场主体活动的规范性不足。市场主体在进行市场交易、权利变更、企业投资的时候,面临着整体性规则的不一致状态,甚至同类的交易,换在不同的地方和不同部门,都可能存在着过程和结果的不同。

第四,市场经济最大的合理性,在于其自动配置资源的有效性,"但又存在着许多市场机制无法施加影响的外部因素,影响着资源配置的效果。市场机制本身的缺陷需要借助市场机制以外的力量予以校正和弥补"[1]。

---

[1]　许增裕:《中国法治的源与基探索》,中国社会科学出版社 2008 年版,第 142 页。

虽然,自市场经济建设开始后的一段时间内,国家的政治体制改革在民主化和法治化方面,取得了很大的成绩,但是政治体制改革和经济体制改革二者,还是存在许多不相适应的地方。政企不分依然严重,有法不依、执法不严现象时有发生,腐败行为没有得到有效遏制。邓小平曾经指出:

> 政治体制改革同经济体制改革应该相互依赖,相互配合。只搞经济体制改革,不搞政治体制改革,经济体制改革也搞不通,……我们所有的改革最终能不能成功,还是决定于政治体制的改革。❶

当经济体制改革进入到了深水区,也就是将社会主义市场经济体制,作为社会主义经济体制改革的目标之后,政治体制改革必然也要相应地进入深水区。也就是说,深层次的政治体制改革势在必行。基于此,市场经济要想获得有效性、可持续性地生成和发展,需要借助一种政治力量,或者说是催生一种政治力量,这种力量便是法治。

1994年12月,中共中央政治局在中南海举办了第一次法制讲座,之后举办法制讲座成为了党中央进行政治文明建设的一项重要内容。在1995年1月20日中共中央举办的第二次法制讲座上,江泽民结合讲座内容强调了一个重要的问题:

> 我们党的领导主要是政治、思想、组织领导,而政治领导的主要方式就是使党的主张经过法定程序变成国家意志,通过党组织的活动和党员的模范带头作用带动广大人民群众,实现党的路线、方针、政策。党领导人民制定的宪法和法律,是人民意志的体现,是党的主张的体现。执行宪法和法律,是对人民意志的尊重,是贯彻党的路线、方针、政策的重要保障。党既要领导宪法和法律的制定,又要自觉地在宪法和法律范围内活动,严格依法办事,依法管理国家。这对实现全党和全国人民意志的统一,对维护法律的尊严和中央的权威,关系十分重大。❷

---

❶ 邓小平:《在全体人民中树立法制观念》(一九八六年六月二十八日),《邓小平文选》第三卷,人民出版社1993年版,第164页。

❷ 黄黎:《辉煌崛起》,人民出版社2009年版,第457—458页。

江泽民的讲话，充分说明了他认为当时党的执政和领导方式需要改革，这是一个在理论和实践上都具有战略意义的突破性认识，准确地抓住了当时政治体制改革深层次矛盾的关键所在，即党的执政必须要从单纯地依靠政策，转到也要依靠法律上来，为政治体制改革理论和实践的深入铺平了道路。

之后，江泽民辩证地论述和分析了经济发展和法制建设的关系，他指出："经济的发展，社会的进步，都离不开法制的健全。经济和社会的发展，呼唤着法制的完善；反过来，法制的完善，又会进一步促进经济繁荣和社会进步。建设符合本国国情的完备的法制，是一个国家繁荣昌盛的重要保证。……坚持一手抓经济建设，一手抓法制建设，把完善社会主义法制，作为建设富强、民主、文明的社会主义现代化国家的重要目标之一。"❶

1996 年 2 月 8 日，江泽民亲自选定《关于依法治国，建设社会主义法制国家的理论和实践问题》为第三次法制讲座的题目，第一次在总结讲话中，正式地使用"依法治国"这一重大概念，并对这个概念作了较为系统地阐发。他说道：

> 加强社会主义法制建设，依法治国，是邓小平建设有中国特色社会主义理论的重要组成部分，是我们党和政府管理国家和社会事务的重要方针。实行和坚持依法治国，就是使国家各项工作逐步走上法制化的轨道，实现国家政治生活、经济生活、社会生活的法制化、规范化；就是广大人民群众在党的领导下，依照宪法和法律的规定，通过各种途径和形式，管理国家事务，管理经济和文化事业，管理社会事务；就是逐步实现社会主义民主的制度化、法律化。实行和坚持依法治国，对于推动经济持续、快速、健康发展和社会全面进步，保障国家长治久安，具有十分重要的意义。……世界经济的实践证明，一个比较成熟的市场经济，必然要求并具有比较完备的法制。市场经营活动的运行、市场秩序的维系、国家对经济活动的宏观调控和管理，以及生产、交换、分配、消费等各个环节，都需要法律的引导和规范；在国际经济交往中，也需要按照国际惯例和国与国之间约定的规则办事。这些都是市场经济的内在

---

❶ 江泽民：《在第十四届亚太法协大会开幕式上的讲话》(1995 年 8 月 16 日)，《人民日报》1995 年 8 月 17 日。

要求。……干部依法决策、依法行政是依法治国的重要环节。公民自
觉守法、依法维护国家利益和自身权益是依法治国的重要基础。广大
干部群众法律水平的高低,直接影响着依法治国的进程。……依法治
国是社会进步、社会文明的一个重要标志,是我们建设社会主义现代化
国家的必然要求。❶

江泽民的这篇纲领性讲话提纲挈领,深刻阐明了依法治国的内涵、必要性、
重要性、实践路径、重要环节等,首次正式提出,要将依法治国作为管理国家、社
会事务的基本方略。这是党和国家在法治建设认识上的重大飞跃,也说明政治
体制改革进入到了一个新阶段。

而后,1996 年 3 月召开的八届全国人大四次会议,通过了《国民经济和社会
发展"九五"计划和 2010 年远景目标纲要》,《纲要》将"依法治国、建设社会主义
法制国家"作为国家政治体制改革的目标和方向。自此,经济体制改革和政治
体制改革的目标,都已经明确下来,政治文明建设迈上了一个新台阶。

然而由于历史的原因,"中国共产党不论是在新中国成立初期还是在改革
开放时期,在政权建设和民主政治建设中所强调的都是法制建设"❷。此时,虽
然依法治国已经提上日程,但在一些决议和提法里面提到的,仍是建设社会主义
"法制国家",而非"法治国家"。"法制建设的最终目标是建立法治而摒除人治。
意即从法制建设走向法治建设。与其说是法制建设,不如说是法治建设"❸。法
制和法治不同,就法治和法制来说,其不同之处主要在于:

第一,虽然法制国家的涵义里面,或多或少地包含了法治的意味和价值取向,
但是法制国家的提法,仅仅是反映国家的法律和制度是建立的,但其并不能反映
法律在国家中的地位。而法治强调法律的治理,法律具有至上地位,"这种制度
和法律不因领导人的改变而改变,不因领导人看法和注意力的改变而改变"❹,

---

❶ 江泽民:《坚持依法治国》(一九九六年二月八日),《江泽民文选》第一卷,人民出版社 2006 年版,第
511—513 页。

❷ 林尚立:《当代中国政治形态研究》,天津人民出版社 2000 年版,第 247 页。

❸ 段凡:《和谐社会是一种法治社会》,"人民网",网址:http://theory. people. com. cn/GB/40537/
15355665.html。

❹ 江泽民:《高举邓小平理论伟大旗帜,把建设有中国特色社会主义事业全面推向二十一世纪》(一九
九七年九月十二日),《江泽民文选》第二卷,人民出版社 2006 年版,第 29 页。

它是一种治国方略。

第二,法制并没有排除人治,"一般所说的法制,可能是能够约束权力的法治之下的法治,也可能是为权力所左右的人治之中的法制"❶,其与民主政治没有必然联系。而法治意味着一种常态性政治生活和公民日常生活方式的建立,它是一种目标和理想,是要严格按照由多数人的意志而形成的法律办事,是建立在民主基础上的依法办事,与民主政治紧密联系,它只能存在于民主社会的政治形态中。法制是一种单向度的制度方式,它不仅仅在民主社会中存在,而且也在专制社会中存在。

第三,法治是一种政治结构,法制是一种制度状态。结构决定状态,结构形成基础。没有法制形成不了法治,但是光有法制也不一定形成法治。法制更多的是对国家法律制度的一种描述,法制国家有可能仍是专制国家或警察国家,但是法治国家是依法对国家公权力进行规制的国家。同时,法治表达了一种对法律的信仰,这种信仰代表着宪法法律至上的政治和社会认同。

第四,法治是一种作用力,强调一种治理的生成。它是一种治国理政方略也是一种政治方略,和政治紧密相连,所谓"政法"意即法治始终是在政治的维度和框架之下,没有独立于政治的法治。法制是一种工具化,强调一种制度性的构建和制度的夯实,是制度方式的一种,除了法律制度之外还有其他制度。但没有法治,法制也可能成为人治下的法制。

基于此,1997年9月,中共十五大将"依法治国,建设社会主义法制国家"作了一个字的修改,改为"依法治国,建设社会主义法治国家"。"虽是一字之差,却反映了我们党对建设有中国特色社会主义政治认识的深化,是对发展社会主义民主、健全社会主义法制提出的新的更高的要求,标志着我国社会主义民主法制建设将进入更加注重法律实施、真正实现依法治国的新阶段。"❷

依照中共十五大的精神,1999年1月22日,中共中央向第九届全国人民代表大会常务委员会提出修改宪法部分内容的建议,建议宪法第五条增加一款,作为第一款之规定:"中华人民共和国实行依法治国,建设社会主义法治国家。"1999年3月15日,第九届全国人民代表大会第二次会议通过了《中华人民共和

❶ 卓泽渊:《法治国家论》,法律出版社2008年版,第18页。
❷ 《大力推进依法治国进程》,《人民日报》1997年10月17日。

国宪法修正案》。在这次全国人大会议上,田纪云作了修正案(草案)的说明:"依法治国,是中国共产党领导人民治理国家的基本方略,是国家长治久安的重要保障。将'依法治国,建设社会主义法治国家'写进宪法,对于坚持依法治国的基本方略,不断健全社会主义法制,发展社会主义民主政治,促进经济体制改革和经济建设,具有重要的意义。"❶

由市场经济而引发的法治建设,将国家的治理和社会的文明,带入到了一个新的阶段,所以一定程度上,市场经济也被称之为法治经济。市场经济是法治经济"这个提法对于我们认识市场经济的内在规律和民主与法制的共同法则,确定某些重要的价值准则以及重视法律在市场经济中的作用,具有重要的意义"❷。换言之,"好的市场经济是以法治为主导,坏的市场经济是以'权贵'为主导"❸。

二、政治与法治

市场经济是法治经济,但是,法治的治理性作用,不能仅仅是停留在发展经济的层面上,而应该深化到国家治理的方方面面。不过,市场经济的提出和发展,却使得一度停滞了的政治体制改革又重新获得了动力。关于政治体制改革,邓小平曾明确指出:"我们所有的改革最终能不能成功,还是决定于政治体制的改革。"❶

市场经济建设是新中国成立以后,在经济领域内进行的某种体制上的改革。建立一种与之相适应的上层建筑体系,则应该将其称之为政治领域的改革,这便是政治体制改革。政治体制改革是以基本政治制度的具体形式为对象的改革,从而达到消除政治体制的弊端和完善政治体制结构形式的目的。政治体制改革无疑是在政治领域之内进行的,属于政治文明建设的范畴。

❶ 田纪云:《关于中华人民共和国宪法修正案(草案)的说明——1999年3月9日在第九届全国人民代表大会第二次会议上》,王英培编:《中国宪法文献通编》(修订版),中国民主法制出版社2007年版,第115页。
❷ 夏勇:《依法治国——国家与社会》,社会科学文献出版社2004年版,第107页。
❸ 江平:《经济学内和经济学外——评吴敬琏教授新著〈呼唤法治的市场经济〉》,《读书》2008年第1期。
❶ 邓小平:《在全体人民中树立法制观念》(一九八六年六月二十八日),《邓小平文选》第三卷,人民出版社1993年版,第164页。

改革政治体制就是一种政治文明建设。正如后来江泽民所说的："法治属于政治建设，属于政治文明……其地位和功能都是非常重要的。"❶虽然国家实行依法治国之初，并没有提出政治文明的概念，但是不得不承认正是"依法治国，建设社会主义法治国家"的提出，才使得政治体制改革进入到了一个新的区域，也从而使得一个被遮蔽了多年的科学概念重新出现。

政治文明的概念，是钱学森在1989年首次公开使用。1992年，高放提出社会主义精神文明与物质文明、政治文明一起，构成社会主义鼎足而立的三大支柱。其实，政治文明的提法早在1844年就被马克思使用，他在《关于现代国家的著作的计划草稿》里，对系列相对立的概念范畴进行了简单的归类。他提到："执行权力。集权制和等级制。集权制和政治文明。联邦制和工业化主义。国家管理和公共管理。"❷虽然马克思并没对政治文明的概念展开论述，但是至少马克思认为，政治属于人类文明的范畴。

文明是人类思想和行为的整体性结晶，它总是处于不断进化和更新的进程之中。所以政治文明本身不是一个静止的停滞不前的结果，而更是一个不断进化发展的过程。例如，封建社会的政治制度，相较于奴隶社会野蛮残酷的政治制度，是一种巨大的文明，而资本主义社会的政治发展，又取得了封建社会所不能比肩的进步。在崇尚人性、科学和自由，反对神性、愚昧和专制的文艺复兴运动的推动下，自然法学说和天赋人权、社会契约、主权在民等思想理念，化作了一波又一波的资产阶级革命浪潮的推力，终于将人类的政治文明推到了一个前所未有的高峰。

因此，政治发展上的进步，都是相对于历史上曾经落后封闭的政治状态而言的一种文明和进步。当今学者从各自所在学科和自身理解角度出发，对政治文明的概念作了阐释，各有千秋，不一而足。具有代表性的定义诸如，"人类社会在物质生产、精神生产的同时，改造自然和改造社会所获得的全部政治成果，体现为政治文明。它反映了人类社会政治生活的进步状态，是人类社会进步在政治价值、政治理念、政治制度、政治法制、政治组织、政治行为、政治文化等方面的

---

❶ 江泽民：《在全国宣传部长会议上的讲话》（二〇〇一年一月十日），中共中央文献研究室编：《江泽民论有中国特色社会主义（专题摘编）》，中央文献出版社2002年版，第337页。

❷ 马克思：《关于现代国家的著作的计划草稿》（1844年11月），《马克思恩格斯全集》第42卷，人民出版社1979年版，第238页。

综合体现"❶。以及,"政治文明的构成要素归纳为文明的政治理念、文明的政治制度、文明的政治行为和文明的政治目的四个层面"❷。

可以认为,所谓政治文明,是人类政治发展的进步过程和文明成果的辩证集中统一体现,其包括政治理念、政治思想、政治制度、政治行为、政治目的以及政治后果六个构成要素。其中,政治理念是政治文明的源头,是人们对于政治生活的某种信仰程度,什么样的理念决定了什么样的文明的产生。政治思想,是人们在政治生活中形成的系统性的政治观点和政治论述。政治制度,是构建政治生活的行为规则和组织机构。"政治制度是根据角色和情境之间的关系界定适当行为的相互联系的规则和常规的集合。"❸政治行为,是政治主体进行政治实践的外在表现和体现。政治目的,是政治行为所要追求的结果,例如,胡锦涛指出:"牢固树立和落实科学发展观,按照'五个统筹'的要求,推进经济社会全面协调可持续发展;发展党内民主和人民民主,充分调动一切积极因素;坚持以人为本,始终把最广大人民的根本利益作为党和国家工作的根本出发点和落脚点。"❹而政治后果,则是政治行为作出之后,所产生出来的客观真实结果。

社会主义市场经济建设是引发政治文明建设的一大动力,它之所以能够引导出政治文明建设,主要是来自于以下的原因:

第一,市场经济使得传统社会的较为单一固定的结构,朝着多元流动的方向改变。社会阶层的分化使得社会主体的利益出现多元化,从而人们有了不同的利益需求,这种需求也包括了政治需求。政治需求的满足,需要进行政治参与。而参与政治必须有相应的体制、机制和法制方面的政治配套资源,这些配套资源的提供,有赖于政治文明建设。

第二,市场经济建设使得政府的职能发生转变,传统的依靠政治人物进行号召和带领的群众式运动方法,根本不可能对市场进行有效调控和管理。国家治

---

❶ 王伟光:《总序》,荀欣文、周勇、何承斌、徐继敏、万绍君:《政治文明的法治根基——依法治国与政治文明》,江西高校出版社 2004 年版,第 2 页。

❷ 李龙、钟会兵:《社会主义政治文明与法治国家》,李龙主编:《政治文明与依法治国》,浙江大学出版社 2004 年版,第 3 页。

❸ James G.March and Johan P.Olsen:Rediscovering Institutions,New York,Free Press.1989,p.160.

❹ 胡锦涛:《在省部级主要领导干部提高构建社会主义和谐社会能力专题研讨班上的讲话》(二〇〇五年二月十九日),胡锦涛:《论构建社会主义和谐社会》,中央文献出版社 2013 年版,第 51 页。

理必须从以往的"魅力型"转向"法理型",这种转向,就使得民主和法治等新的政治权威相应出现。

第三,一定程度上,市场经济建设是中国更加开放地走向国际社会的重要步骤。"中国经济的市场化和国际化,推动了'中国的世界化'和'世界的中国化'。"❶在国际经济交往中,单纯的经济摩擦可能由于政治的介入而走向所谓的"文明的冲突"。而进行政治文明建设,必将政治也看作是一种文明,文明的政治能够促使不同国家在国际上展开政治对话,求同存异,适应国际政治交往的需要。

自"依法治国,建设社会主义法治国家"在中共十五大报告中提出后,国家的政治体制改革进入到了一个更高的层次,政治文明建设也进入到了一个新阶段。2003年9月29日,以胡锦涛为总书记的第十六届中央政治局第八次集体学习的题目是《坚持依法治国,建设社会主义政治文明》。2007年11月27日,以胡锦涛为总书记的第十七届中央政治局第一次集体学习的题目是《完善中国特色社会主义法律体系和全面落实依法治国基本方略》。2013年2月23日,以习近平为总书记的第十八届中央政治局第四次集体学习的题目是《全面推进依法治国》。之所以说"依法治国,建设社会主义法治国家"提升了国家的政治文明程度,并加速了政治文明的建设进程,是因为:

第一,"依法治国,建设社会主义法治国家",并不是抛弃党的领导与执政搞法治,而是更加坚持了党的领导。党的领导是由中国历史和国情决定了的。依法治国,实现社会主义法治国家,是最广大人民的利益所在。在当今中国,只有中国共产党而不可能有其他政治力量和社会团体,能够代表最广大人民的根本利益,而党除了代表人民利益之外,没有自己任何私利。所以,坚持党的领导才能真正地实行依法治国,有效地实现法治。

第二,"依法治国,建设社会主义法治国家",将党的领导纳入到了一种法治政治的前景,而不是人治政治的未来。党领导全国人民制定法律,但是,党并没有超脱于法律之外的特权和法律之上的权威。依法治国其实涵盖了依法治党本身,这既符合宪法本身的规定,也符合党的领导的内在涵义。另外,建设社会主

---

❶ 陈东琪:《强法明制,公平竞争——1992年以来改革的回顾和下一步思路》,陈君、洪南编:《江泽民与社会主义市场经济体制的提出——社会主义市场经济20年回顾》,中央文献出版社2012年版,第110页。

义法治国家,意味着排除了资本主义国家的法治模式,意味着西方所谓的"三权分立"、"多党制"等,并不是社会主义法治的应有之义。"它既同过去那种重人治不重法治的状况划清界限,也同西方资本主义国家的法治划清了界限。依法治国、全面建设法治政治是中国共产党领导人民治理国家的领导方式、执政方式和治国方略的重大发展。"❶

第三,"依法治国,建设社会主义法治国家"必然是形式主义法治和实质主义法治的有机结合。形式主义法治奉法律为圭臬,一切以法律为准绳,但是有时难免带有恶法亦法的机械式法治弊端。实质主义法治则强调法律的价值内涵,其高举公平正义的旗帜,承袭人类社会的一切美好伦理,但有时候或许会突破现有法律框架于不顾,出现所谓"良性违宪"或"良性违法"的结果。而"依法治国,建设社会主义法治国家",是党和人民意志的集中统一,即"社会主义法是共产党的主张和人民意志相统一的体现"❷。共产党领导人民制定法律,通过公民参与、民主立法的形式,从道德和技术两个层面,最大程度地保证制定出来的法律,是尊重人民意愿、体现人民意志和反映人民要求的法律,这样的法律理应是人民的良法,在这样的"法"治之下,实现了形式和实质二者的统一。

过去,我们只是强调了社会主义物质文明和精神文明两个方面,把精神文明范畴进行了扩大化,将本来属于政治文明的范畴也纳入其中。虽然"文明的'两分法'与'三分法'在理论上虽无高低优劣之别,但结合中国社会发展的现实看,将'政治文明'的内容从'精神文明'中独立出来,由'两个文明'的理论发展为'三个文明'的理论,显然有利于凸现政治文明建设的意义与地位,有利于……整个社会协调发展,有利于全面实现小康社会与社会主义现代化的伟大目标"❸。因此,"建设有中国特色社会主义,应该是我国经济、政治、文化全面发展的进程,是我国社会主义物质文明、政治文明、精神文明全面建设的进程"❹。

---

❶ 林尚立:《当代中国政治形态研究》,天津人民出版社 2000 年版,第 249 页。
❷ 文正邦:《论依法治国与政治文明建设的关系》,李龙主编:《政治文明与依法治国》,浙江大学出版社 2004 年版,第 73 页。
❸ 浦兴祖:《现代政治文明视角下的法治》,李龙主编:《政治文明与依法治国》,浙江大学出版社 2004 年版,第 284 页。
❹ 江泽民:《必须高度重视哲学社会科学的发展》(二○○二年七月十六日),《江泽民文选》第三卷,人民出版社 2006 年版,第 490—491 页。

三、党的领导：规制下的公权力与私权利之可能

依法治国是社会主义政治文明的重要内容，属于政治的范畴。但是政治究竟是什么，古今中外的解释很多。亚里士多德认为，政治是为民谋取利益以达到最高正义的行为；马基雅维里认为，政治是权术的游戏；孙中山认为，政治是管理众人之事情。

马克思主义认为，政治是一种历史现象，是人类社会的一种有组织的现象，它随着阶级和国家的消亡而消亡。可见，没有人类便没有政治。但是，人类如果没有建构起有机的社会公共生活，政治也不会产生。因为无论是正义还是权术游戏，还是阶级之间的斗争，它们都是建立在一个基础之上，即只有人类具有了公共的生活，政治才有可能产生。

马克思主义所谈到的是政治的本质问题，也是一个政治的起源和本初的问题。在这点上，亚里士多德所说的"人类在本性上，是一个政治动物"，其实也是要说，人类在本质上不是一个离群索居的动物，而是要自然而然地依据本性，组建一种公共生活进而创立一个公共社会的高级动物。在这个依据公共生活形成的公共社会里面，必然会产生系列公共事务。

因为有了人和人之间的交往，公共事务才发生。公共事务又必然和人的政治或经济利益形成紧密的关系。不管是政治利益还是经济利益抑或其他，总之在利益面前，人们便依据自身的利益需要和利益体量，而演化成为不同类别和层次的利益群体。这些群体在不同时期的主要利益指向可能会发生变化，即使是在同一时期，各群体由于自身的利益指向和诉求不同，也会在围绕利益的产生和分配等问题上，发生纷争。甚至一些群体进而会演变成在根本利益上，基本一致或者不相一致的政治力量或政治团体。利益群体、政治力量或团体，会进一步围绕着利益展开争夺，进而可能为了利益而发生矛盾甚至斗争。一旦斗争升级为暴力，就会给社会自身带来无序。于是，为了制止不会带来生产力进步的无序化争夺的产生，对于和利益有关的公共事务，必须进行协调和管理，进行协调和管理的公共权力便需要形成。

但是，代表公共权力的机构，不可能在利益面前具有超脱的本能，因为机构本身是一个虚拟的制度（拟制）产物，真正代表这些机构行使公共权力的，都是一个个活生生的人。他们是这些公共权力的"真正"行使者，他们即使和公共权力的行使相对人，在根本利益上是一致的，但是，他们不可能在所有的利益问题

上,都是一致而没有功利或对立心的。

而个体或群体之间的利益,产生不一致的时候,或者说公共权力的行使者,认为滥用公共权力能够使得自己的私利得到"最大化"的时候,这些权力的"拥有者",可能会在政治之中扮演一个"搅局者"或"捣乱者",因为它们搅乱了应有的政治安排和有机的政治秩序,破坏了良好的政治纪律和刚性的政治规矩,使得政治被人们误认为是一个"肮脏的东西"。而政治之所以变得不清明,一定程度上是基于公共权力的不恰当行使所致。所谓"苛政猛于虎"、"贪赃枉法"等成语,其实形容的就是公共权力的滥用状况。而它们被用来说明政治状况败坏的时候,就根本谈不上什么政治文明了。

一定程度上可以认为牛津大学 1998 年出版的《新政治手册》中,对政治的解释具有一定的合理性和价值,它认为政治就是"对公共权力的有节制地使用"。政治文明建设就是要消除这种本来不应该产生的"肮脏的东西",消除公共权力滥用的状态。其要义在于"政治文明是反映国家公权力运作的一种态势,是其实现理性化、民主化、制度化、规范化和程序化的政治发展向度。从国家的政治生活来看,关注的焦点无非在于权力或权利。或者公权力,或者私权利。二者中,公权力居强势地位,而私权利则处于弱势。因而国家公权力的运作态势集中体现了政治文明的发展程度"❶。

而依法治国就是依法规范和约束国家公权力。虽然随着社会的发展,社会公权力也逐渐在社会生活中崭露头角,但是法治的关键,至少在目前,还是主要在于制约国家公权力。因为,社会公权力在一定程度上还是国家权力的附庸,其独立性还有待发展。总之,"法治的关键在于制约权力。在人类社会进入政治国家之后,国家的权力就成为最大的社会力量。国家是一种最巨大的社会公共力量,就必须受公共意志支配,以实现公共意志为目标,为公共意志所约束。……法治必须首先对拥有权力的机关及其人员实行制约,其目的在于维护和实现法治,否则法治就可能因权力的不受约束而毁于一旦"❷。此时这种权力首先指的是国家的权力,它无疑是国家公权力。"二十一世纪,是公法的世纪,

---

❶ 滕晓冰:《政治文明与私权保护》,李龙主编:《政治文明与依法治国》,浙江大学出版社 2004 年版,第 88 页。

❷ 卓泽渊:《法治国家论》,法律出版社 2008 年版,第 5 页。

因为在这个世纪里，公权力比私权利更需要得到法的规制"❶。

公权力的运行随着作为政治体制改革的依法治国的推进，可期变得愈加规范。政治体制改革是执政党主动进行政治文明建设、消除政治体制弊端的自我进步和发展。过去政治体制弊端的一度出现，并不代表执政党执政能力的退步和政治地位的下降，党主动进行体制上的纠错和改革，恰恰体现了党在政治文明建设过程中的探索本领、政治胸怀和领导能力。

需要注意的是在中国，作为公权力主要内容的立法权、行政权和司法权的运行，和西方的"三权分立"存在根本不同。社会主义国家公权力的运行是在中国共产党的领导下互相配合并监督，以实现国家治理体系和治理能力的现代化提升。换言之，规制下的公权力运行是在党领导之下的运行。同时，"依法治国，建设社会主义法治国家"，将党的领导纳入到了一种法治政治的前景，而不是人治政治的未来，这一认识尤其重要。如果是人治政治，不仅政治文明程度无法提升，而且公权力的规制也难以实现。依法治国其实涵盖了依法治党本身，这既符合法治的要求，也符合党的领导之内义。从另一个方面来说，建设社会主义法治国家，意味着排除了资本主义国家的法治模式，西方宪政不是社会主义法治的应有内涵。

另外，"依法治国，建设社会主义法治国家"必然是形式主义法治和实质主义法治的有机结合。形式主义法治奉法律为圭臬，一切以法律为准绳，但有时难免带有恶法亦法的机械式法治弊端。实质主义法治则强调法律的价值内涵，其高举公平正义的旗帜，承袭人类社会的一切美好伦理，但有时候或许会突破现有法律框架于不顾，出现所谓"良性违宪"或"良性违法"的局面。而党领导的全面依法治国，最大程度地从道德和技术两个层面，去实现形式和实质二者的法治统一。

自中共十五大提出"依法治国，建设社会主义法治国家。……建立健全依法行使权力的制约机制"后，中共十六大鲜明提出"把坚持党的领导、人民当家作主和依法治国有机统一起来。党的领导是人民当家作主和依法治国的根本保证，人民当家作主是社会主义民主政治的本质要求，依法治国是党领导人民治理国家的基本方略"，以及"保证人民……享有广泛的权利和自由，尊重和保障人权。……加强对权力的监督，保证把人民赋予的权力真正用来为人民谋利益"。

---

❶　胡建淼主编：《论公法原则》，浙江大学出版社 2005 年版，前言第 1 页。

中共十七大进一步指出,"全面落实依法治国基本方略,加快建设社会主义法治国家。……尊重和保障人权,依法保证全体社会成员平等参与、平等发展的权利。……确保权力正确行使,必须让权力在阳光下运行"。中共十八大着重指出,"加快建设社会主义法治国家……更加注重发挥法治在国家治理和社会管理中的重要作用,维护国家法制统一、尊严、权威,保证人民依法享有广泛权利和自由。……全面推进依法治国。……健全权力运行制约和监督体系。……确保国家机关按照法定权限和程序行使权力"。

为贯彻落实中共十八大关于全面深化改革的战略部署,中共十八届三中全会通过的《中共中央关于全面深化改革若干重大问题的决定》旗帜鲜明地指出,"紧紧围绕坚持党的领导、人民当家作主、依法治国有机统一深化政治体制改革,加快推进社会主义民主政治制度化、规范化、程序化,建设社会主义法治国家",并对"推进法治中国建设"作出战略部署。为贯彻落实中共十八大作出的加快建设社会主义法治国家的战略决策,中共十八届四中全会通过的《中共中央关于全面推进依法治国若干重大问题的决定》掷地有声地强调,"必须坚持法治建设……以保障人民根本权益为出发点和落脚点,保证人民依法享有广泛的权利和自由……任何组织和个人都必须……依照宪法法律行使权力或权利……必须以规范和约束公权力为重点……保障公民人身权、财产权、基本政治权利等各项权利不受侵犯,保障公民经济、文化、社会等各方面权利得到落实,实现公民权利保障法治化。增强全社会尊重和保障人权意识,健全公民权利救济渠道和方式"。为了如期全面建成小康社会,中共十八届五中全会通过的《中共中央关于制定国民经济和社会发展第十三个五年规划的建议》提出明确要求:"法治是发展的可靠保障。必须坚定不移走中国特色社会主义法治道路,……各方面制度更加成熟更加定型。国家治理体系和治理能力现代化取得重大进展,……人权得到切实保障,产权得到有效保护。"为了规范权力使用和监督权力行使,确保党始终成为中国特色社会主义事业的坚强领导核心,中共十八届六中全会通过的《关于新形势下党内政治生活的若干准则》郑重提出:"把权力关进制度笼子,让权力在阳光下运行。党的各级组织和领导干部必须在宪法法律范围内活动,增强法治意识、弘扬法治精神,自觉按法定权限、规则、程序办事,决不能以言代法、以权压法、徇私枉法,决不能违规干预司法。"

可以认为，正是由于有了中国共产党领导下的"四个全面"治国理政战略布局的产生和实践，才使得"把权力关进制度的笼子里"❶有了可能，才使得"维护公共利益、人民权益和社会秩序"❷有了更强保障。而公权力总体来说包括了立法权、行政权、司法权和军事权等等，将它们纳入到法治的轨道行使和运用，既是经济体制改革的必然结果，也是政治体制改革的必然趋势。既是市场经济建立运行的必然结果，也是法治中国建设的必然趋势。私权利具体来说包含了公民人身权、财产权、基本政治权利等各项权利，将它们的保障实行法治化，既是坚持人民主体地位的必然结果，也是尊重和保障人权的必然趋势。

无论是公权力的运行，还是私权利的保障，二者均离不开法治。全面依法治国，是呈现规制下的公权力与私权利之必然。正如习近平所说："任何组织或者个人都必须在宪法和法律范围内活动，任何公民、社会组织和国家机关都要以宪法和法律为行为准则，依照宪法和法律行使权利或权力、履行义务或职责。"❸而全面依法治国，作为"全面建成小康社会、全面深化改革、全面依法治国、全面从严治党"之"四个全面"的重要有机组成部分，是党治国理政方略与时俱进的新创造之一，是坚持和发展中国特色社会主义道路、理论、制度、文化的战略抓手之一，是中华民族全面复兴的重要战略保障之一，实现了马克思主义与中国法治实践新的结合。无疑，党的领导是中华民族能够实现全面复兴的根本，也是全面依法治国的根本要求。因为，无论是从历史还是从现实来看，我们在中国特色社会主义法治道路上所取得的一系列成就，都是在党的领导之下所取得的成就，短短几十年，积沙成塔，集腋成裘，成就来之不易，成就也不容否定。厘清了这一点，方能对"把权力关进制度的笼子里"和"把权利放入制度的空间中"这一法治建设和体制改革的着力点的理解不出现偏差。

总之，随着全面依法治国的展开，公权力的运行会随着依法治国的推进愈加规范。无论是立法权、行政权还是司法权，作为公权力的主要内容，这几项权力

---

❶ 习近平：《依纪依法严惩腐败，着力解决群众反映强烈的突出问题》（二○一三年一月二十二日），中共中央文献研究室编：《十八大以来重要文献选编》（上），中央文献出版社 2014 年版，第 136 页。

❷ 《习近平在中共中央政治局第四次集体学习时强调：依法治国依法执政依法行政共同推进，法治国家法治政府法治社会一体建设》，《人民日报》2013 年 2 月 25 日。

❸ 习近平：《坚持法治国家、法治政府、法治社会一体建设》（2013 年 2 月 23 日），中国国务院新闻办公室会同中共中央文献研究室、中国外文出版发行事业局编：《习近平谈治国理政》，外文出版社 2014 年版，第 145 页。

的规范化运行，并不是建立在西方所谓"三权分立"的基础之上，而是在中国共产党领导之下的依法运行、配合并监督，以实现国家治理体系和治理能力的现代化提升。同时，私权利的内质和地位也随着依法治国的全面推进愈加丰富和提升。无论是人身权、财产权、基本政治权利等各项权利，还是公民经济、文化、社会等各方面权利，作为私权利的主要内容，它们的自治性运用，也并不是建立在西方所谓自由主义思想之上的行为，而是合理运用与互相尊重，以实现以人民为中心的人之科学发展。

主要参考文献

《马克思恩格斯全集》第 1、3、4、9、13、19、20、21、33、35、37、42 卷，人民出版社 1956、1960、1958、1961、1962、1963、1971、1965、1973、1971、1971、1979 年版；

《马克思恩格斯选集》第 1、2、3、4 卷，人民出版社 1995 年版；

马克思、恩格斯：《德意志意识形态（节选本）》，人民出版社 2003 年版；

《马克思恩格斯文集》第 1、3、4、5、9、10 卷，人民出版社 2009 年版；

《列宁选集》第 1 卷，人民出版社 1972 年版；

《列宁全集》第 42 卷，人民出版社 1987 年版；

《列宁选集》第 4 卷，人民出版社 1995 年版；

《列宁专题文集——论马克思主义》，人民出版社 2009 年版；

《斯大林全集》第 12 卷，人民出版社 1955 年版；

《斯大林选集》上卷，人民出版社 1979 年版；

《毛泽东选集》第一、二、三、四卷，人民出版社 1991 年版；

《毛泽东在七大的报告和讲话集》，中央文献出版社 1995 年版；

《建国以来毛泽东文稿》第八册，中央文献出版社 1993 年版；

《毛泽东文集》第六、七、八卷，人民出版社 1999 年版；

《刘少奇选集》上卷、下卷，人民出版社 1981、1985 年版；

《周恩来选集》下卷，人民出版社 1984 年版；

邓小平文选第一、二、三卷，人民出版社 1994、1994、1993 年版；

《陈云文选》(1949—1956 年)，人民出版社 1984 年版；

《江泽民文选》第一、二、三卷，人民出版社 2006 年版；

江泽民：《论社会主义市场经济》，中央文献出版社 2006 年版；

胡锦涛：《论构建社会主义和谐社会》，中央文献出版社 2013 年版；

中国国务院新闻办公室会同中共中央文献研究室、中国外文出版发行事业

局编:《习近平谈治国理政》,外文出版社 2014 年版;

《胡乔木文集》第二卷,人民出版社 1993 年版;

《邓子恢文集》,人民出版社 1996 年版;

中国社会科学院科研局组织编选:《胡乔木集》,中国社会科学出版社 2002 年版;

中共中央文献研究室编:《建国以来重要文献选编》第一、四、五、八、九、十、十一、十三、十五册,中央文献出版社 1992、1993、1994、1995、1996、1997 年版;

中共中央文献研究室编:《三中全会以来重要文献汇编》上、下册,人民出版社 1982 年版;

中共中央文献研究室编:《十三大以来重要文献选编》上,人民出版社 1991 年版;

中共中央文献研究室编:《江泽民论有中国特色社会主义(专题摘编)》,中央文献出版社 2002 年版;

中共中央文献研究室编:《十八大以来重要文献选编》(上),中央文献出版社 2014 年版;

中共中央文献研究室编、金冲及主编:《毛泽东传(1893—1949)》,中央文献出版社 2004 年版;

朱贵玉、赵东立主编:《毛泽东著作研究文集》,中国经济出版社 1991 年版;

薄一波:《若干重大决策与事件的回顾》上卷,中共中央党校出版社 1991 年版;

薄一波:《若干重大决策与事件的回顾》(修订本)上卷,人民出版社 1997 年版;

朱元石等访谈、整理:《吴德口述:十年风雨纪事——我在北京工作的一些经历》,当代中国出版社 2004 年版;

刘爱琴:《我的父亲刘少奇》,人民出版社 2009 年版;

戴清亮、李良瑜、荣民泰等:《社会主义学说史》,人民出版社 1987 年版;

孙代尧、薛汉伟:《与时俱进的科学社会主义》,安徽人民出版社 2004 年版;

唐家柱:《现代化进程中的中国特色社会主义理论体系研究》,人民出版社 2008 年版;

张兴茂、李保民:《马克思主义所有制理论中国化研究》,中国社会科学出版社 2008 年版；

徐水县地方志编纂委会：《徐水县志》，新华出版社 1998 年版；

中共福建省委党史研究室：《"大跃进"运动（福建卷）》，中共党史出版社 2001 年版；

中共河南省委党史研究室：《河南人民公社化运动》，河南人民出版社 2005 年版；

张素华：《变局——七千人大会始末》，中国青年出版社 2006 年版；

罗平汉：《农村人民公社史》，福建人民出版社 2006 年版；

罗平汉：《天堂实验：人民公社化运动始末》，中共中央党校出版社 2006 年版；

周新城、张旭：《苏联演变的原因及教训——一颗灿烂红星的陨落》，社会科学文献出版社 2008 年版；

刘书林、蔡文鹏、张小川：《斯大林评价的历史与现实》，社会科学文献出版社 2009 年版；

董志凯：《解放战争时期的土地改革》，北京大学出版社 1987 年版；

杜润生：《杜润生自述：中国农村体制变革重大决策纪实》，人民出版社 2005 年版；

胡穗：《中国共产党农村土地政策的演进》，中国社会科学出版社 2007 年版；

陈锡文、赵阳、陈剑波、罗丹：《中国农村制度变迁 60 年》，人民出版社 2009 年版；

王浦劬主编：《政治学基础》，北京大学出版社 1995 年版；

林尚立：《当代中国政治形态研究》，天津人民出版社 2000 年版；

王贵秀：《中国政治体制改革之路》，河南人民出版社 2004 年版；

刘泽华、葛荃编：《中国政治思想史研究》，湖北教育出版社 2006 年版；

金太军、王庆五：《中国传统政治文化新论》，社会科学文献出版社 2006 年版；

邓正来、[美]杰弗里·亚历山大主编：《国家与市民社会：一种社会理论的研究路径》，上海人民出版社 2006 年版；

殷叙彝编：《伯恩斯坦文选》，人民出版社 2008 年版；

郭道晖:《社会权力与公民社会》,译林出版社 2009 年版;

俞可平主编:《政治学教程》,高等教育出版社 2010 年版;

叶海平:《社会主义国家制度学说研究》,江西人民出版社 2013 年版;

唐亚林等:《让权力在阳光下运行——决策权、执行权和监督权互相制约与协调》,上海人民出版社 2014 年版;

杨鲜兰:《经济全球化条件下人的发展问题研究》,中国社会科学出版社 2006 年版;

王颉:《一条鲇鱼——社会发展理论在中国的传播与实践》,社会科学文献出版社 2009 年版;

郭齐勇:《中国儒学之精神》,复旦大学出版社 2009 年版;

赵德馨主编:《中华人民共和国经济史(1949—1966)》,河南人民出版社 1988 年版;

朱建华、郭彬蔚主编:《中华人民共和国史辞典》,吉林文史出版社 1989 年版;

盛平主编:《中国共产党历史大辞典》,中国国际广播出版社 1991 年版;

景杉主编:《中国共产党大辞典》,中国国际广播出版社 1991 年版;

王进、齐鹏飞、曹光哲主编:《毛泽东大辞典》,广西人民出版社、漓江出版社 1992 年版;

德辰主编:《光荣与辉煌——中国共产党大典》下卷,红旗出版社 1996 年版;

何沁主编:《中华人民共和国史》,高等教育出版社 1997 年版;

迟福林、田夫主编:《中华人民共和国政治体制史》,中共中央党校出版社 1998 年版;

舒以主编:《大旗帜:邓小平理论二十年》上卷,改革出版社 1998 年版;

郑刚主编:《当代中国三次思想解放实录——献给中共十一届三中全会二十周年》上册,中共党史出版社 1998 年版;

李宗植、张润君编著:《中华人民共和国经济史(1949—1999)》,兰州大学出版社 1999 年版;

姜汉斌:《沉思:在历史的交汇点上——一个跨越世纪的话题》,西苑出版社 1999 年版;

林蕴晖、高化民、丛进、王年一、肖冬连：《强国的方略——中国五十年社会主义战略的演变》，中国青年出版社 2000 年版；

廖盖隆主编：《中国共产党历史大辞典（社会主义时期卷）》增订本，中共中央党校出版社 2001 年版；

赵德馨：《中国近现代经济史（1949—1991）》，河南人民出版社 2003 年版；

余源培主编：《邓小平理论辞典》，上海辞书出版社 2004 年版；

沙健孙主编：《中国共产党史稿（1921—1949）》第五卷，中央文献出版社 2006 年版；

姜华宣、张尉萍、肖甡主编：《中国共产党重要会议纪事（1921—2006）》（增订本），中央文献出版社 2006 年版；

中共中央党史研究室：《中国共产党历史大事记（1915.5—2005.12）》，中共党史出版社 2006 年版；

谢春涛主编：《中国共产党重大历史事件纪实》，宁夏人民出版社 2006 年版；

李晨、李健主编：《中国共产党九十年历程》（第八卷　文化大革命），吉林人民出版社 2011 年版；

国家发展改革委经济体制综合改革司、国家发展改革委经济体制与管理研究所：《改革开放三十年：从历史走向未来——中国经济体制改革若干历史经验研究》，人民出版社 2008 年版；

刘吉主编：《碰撞三十年——改革开放十次思想观念交锋实录》，江苏人民出版社 2008 年版；

邹东涛、欧阳日辉：《中国所有制改革 30 年（1978—2008）》，社会科学文献出版社 2008 年版；

张希贤、凌海金编著：《中国走过 60 年》，中共中央党校出版社 2009 年版；

李小军编：《数读中国 60 年》，社会科学文献出版社 2009 年版；

赵海均：《六十年中国大变革（1949—2009）》上卷，世界知识出版社 2009 年版；

李成武、戚嘉林：《大陆台湾六十年》，海南出版社 2009 年版；

教育部高等学校社会科学发展研究中心编：《社会主义中国六十年——成就与经验》，教育科学出版社 2010 年版；

董辅礽:《走向市场化的中国经济》,经济科学出版社 2001 年版;

《吴敬琏自选集》(1980—2003),山西经济出版社 2003 年版;

厉以宁:《资本主义的起源——比较经济史研究》,商务印书馆 2003 年版;

陈锦华、江春泽等:《论社会主义与市场经济兼容》,人民出版社 2005 年版;

吴敬琏:《呼唤法治的市场经济》,生活·读书·新知三联书店 2007 年版;

赵阳:《共有与私有:中国农地产权制度的经济学分析》,生活·读书·新知三联书店 2007 年版;

许小年:《自由与市场经济》,上海三联书店 2009 年版;

蔡立雄:《市场化与中国农村制度变迁》,社会科学文献出版社 2009 年版;

孙冶方:《社会主义经济论稿》,中国大百科全书出版社 2009 年版;

陈君、洪南编:《江泽民与社会主义市场经济体制的提出——社会主义市场经济 20 年回顾》,中央文献出版社 2012 年版;

公丕祥:《法制现代化的理论逻辑》,中国政法大学出版社 1999 年版;

崔永东:《道德与中西法治》,人民出版社 2002 年版;

强世功:《法制与治理——国家转型中的法律》,中国政法大学出版社 2003 年版;

苟欣文、周勇、何承斌、徐继敏、万绍君:《政治文明的法治根基——依法治国与政治文明》,江西高校出版社 2004 年版;

夏勇:《依法治国——国家与社会》,社会科学文献出版社 2004 年版;

张晋藩:《中国宪法史》,吉林人民出版社 2004 年版;

李龙主编:《政治文明与依法治国》,浙江大学出版社 2004 年版;

王莉君:《权力与权利的思辨》,中国法制出版社 2005 年版;

徐显明主编:《人权研究》(第五卷),山东人民出版社 2005 年版;

胡建淼主编:《论公法原则》,浙江大学出版社 2005 年版;

王利明:《人格权法研究》,中国人民大学出版社 2005 年版;

张文显:《二十世纪西方法哲学思潮研究》,法律出版社 2006 年版;

张瑞萍:《公司权力论——公司的本质与行为边界》,社会科学文献出版社 2006 年版;

周永坤:《规范权力——权力的法理研究》,法律出版社 2006 年版;

夏勇:《人权概念起源——权利的历史哲学》,中国社会科学出版社 2007

年版；

李晓明：《私法的制度价值》，法律出版社 2007 年版；

王英培编：《中国宪法文献通编》（修订版），中国民主法制出版社 2007 年版；

徐国栋：《民法总论》，高等教育出版社 2007 年版；

石佑启：《私有财产公法保护研究——宪法与行政法的视角》，北京大学出版社 2007 年版；

戴庆康：《权利秩序的伦理正当性——以精神病人权利及其立法为例证》，中国社会科学出版社 2007 年版；

戴剑波：《权利正义论——基于法哲学与法社会学立场的权利制度正义理论》，法律出版社 2007 年版；

中国政法大学科研处编：《法治与和谐——首届中国法治论坛论文集》，中国政法大学出版社 2007 年版；

孙笑侠、钟瑞庆等：《复活的私权（序）》，中国政法大学出版社 2007 年版；

杜纲建：《外国人权思想论》，法律出版社 2008 年版；

童之伟主编：《宪法学》，清华大学出版社 2008 年版；

李永军主编：《民事权利体系研究》，中国政法大学出版社 2008 年版；

卓泽渊：《法治国家论》，法律出版社 2008 年版；

许增裕：《中国法治的源与基探索》，中国社会科学出版社 2008 年版；

袁曙宏等：《现代公法制度的统一性》，北京大学出版社 2009 年版；

朱景文、韩大元主编：《中国特色社会主义法律体系研究报告》，中国人民大学出版社 2010 年版；

崔永东：《中国传统法律文化与和谐社会研究》，人民出版社 2011 年版；

［英］休谟：《人性论》（下），关文运译，商务印书馆 1980 年版；

［荷］斯宾诺莎：《伦理学》，贺麟译，商务印书馆 1983 年版；

［美］罗伯特·达尔：《现代政治分析》，王沪宁、陈峰译，上海译文出版社 1987 年版；

［法］托克维尔：《论美国的民主》上卷，董果良译，商务印书馆 1988 年版；

［英］亚当·库珀、杰西卡·库珀主编：《社会科学百科全书》，上海译文出版社 1989 年版；

[美]E.A.罗斯:《社会控制》,秦志勇、毛永政译,华夏出版社1989年版;

[德]康德:《法的形而上学原理——权利的科学》,沈叔平译,商务印书馆1991年版;

[美]戴维·米勒、韦农·波格丹诺编:《布莱克维尔政治学百科全书》,邓正来中文主编,中国政法大学1992年版;

[美]戴维·伊斯顿:《政治体系:政治学状况研究》,马清槐译,商务印书馆1993年版;

[英]A.J.M.米尔恩:《人的权利与人的多样性——人权哲学》,夏勇、张志铭译,中国大百科全书出版社1995年版;

[美]路易斯·亨金、阿尔伯特·J.森塔尔编:《宪政与权利》,郑戈、赵晓力、强世功译,生活·读书·新知三联书店1996年版;

[奥]凯尔森:《法与国家的一般理论》,沈宗灵译,中国大百科全书出版社1996年版;

[英]弗里德利希·冯·哈耶克:《自由秩序原理》,邓正来译,生活·读书·新知三联书店1997年版;

[美]范伯格:《自由、权利与社会正义》,王守昌等译,贵州人民出版社1998年版;

[德]哈贝马斯:《公共领域的结构转型》,曹卫东等译,学林出版社1999年版;

[德]哈特穆特·毛雷尔:《行政法》,高家伟译,法律出版社2000年版;

[美]丹尼斯·H.朗:《权力论》,陆震纶、郑明哲译,中国社会科学出版社2001年版;

[英]迈克尔·曼:《社会权力的来源》第1卷,刘北成、李少军译,上海人民出版社2002年版;

[美]詹姆斯·布坎南:《财产与自由》,韩旭译,中国社会科学出版社2002年版;

[德]罗伯特·米歇尔斯:《寡头统治铁律——现代民主制度中的政党社会学》,任军锋等译,天津人民出版社2003年版;

[德]罗伯特·库尔茨:《资本主义黑皮书——自由市场经济的终结》上册,钱敏汝、张崇智等译,社会科学文献出版社2003年版;

［美］保罗·萨缪尔森、威廉·诺德豪斯:《微观经济学》,萧琛主译,人民邮电出版社 2004 年版;

［美］斯图尔特·R.施拉姆:《毛泽东的思想》,田松年、杨德等译,中国人民大学出版社 2005 年版;

［英］亚当·斯密:《国富论》,唐日松等译,华夏出版社 2005 年版;

［美］罗纳德·哈里·科斯:《企业、市场与法律》,盛洪等译,格致出版社、上海三联书店、上海人民出版社 2009 年版;

［英］亚当·斯密《国富论》,郭大力、王亚南译,上海三联书店 2009 年版;

童之伟:《以"法权"为中心系统解释法现象的构想》,《现代法学》2000 年第 2 期;

姚建宗:《新兴权利论纲》,《法制与社会发展》2010 年第 2 期;

鲁鹏宇:《德国公权理论评析》,《法制与社会发展》2010 年第 5 期;

Max Weber. *Economy and Society* (Vol.III) . New York : Bedminister Press,1968;

Dennis H. Wrong. *Power : It's Forms , Bases and Uses*. New York : Harper & Row Publishers,1979;

Harold Lasswell, Abraham Kaplan. *Power and Society*. New Haven : Yale University Press,1950;

James G. March and Johan P. Olsen : Rediscovering Institutions, New York, Free Press. 1989.

后　记

　　当本书写下最后一个标点符号的时候，我并没有如释重负之感，也完全没有小功告成之悦。因为，我深知，权力与权利的共置和构建这一重要命题，还没有在本书短短二十万字的述说之中，被勾绘和探究得十分清楚。我只是力图围绕权力与权利这一看似二元对立实却相辅相成之学理对象与现实存在，阐发自己对国家与社会、政治与经济、人治与法治、组织与个体、计划与市场、体制与改革、领袖与民众、历史与当下、过去与未来等等范畴的一点思索。这些粗浅的思索和平凡的文章，虽然涉及到了一些关于权力与权利的发生共置历史和现实的共存互动关系，厘清了一些关于国家与社会的分合联系，勾勒了一些关于政治与经济的社会建筑之框架，探讨了一些关于人治与法治的变迁归属，考察了一些关于组织与个体的社会场域结构变化，分析了一些关于计划与市场的经济手段功法，思考了一些关于体制与改革的社会关系之调整原因，回望了一些关于领袖与民众的从魅力型到法理型治理的过渡历程，总结了关于固步历史与转型当下、负重过去与复兴未来的些许经验、教训乃至启迪。

　　但囿于本人的研究功力所限，导致在本书中，就权力与权利的研究辐射面拓展和研究聚焦点汇集之研究技艺，和就二者在中国发展演变与治国理政逻辑相一致之发生机理的研究展示来说，还显得比较青涩和粗糙，有些地方还缺乏自圆其说之妙，有的地方还存在一笔带过、言犹未尽之缺憾。只是聊以慰藉的是，本书虽然存在这样那样的缺点，但一想到它是我投身学术职业生涯以来的第一部专著即所谓的"处子作"，无论如何，面对着这样一个得知寸心知的"头生子"，我对它的再多不满意，也就似乎烟消云散了。当然，就此著所涉问题、观点以及内容来说，我并不护短，对因我学力不足和研力不够所带来的书作中的缺点，还期待着各位方家的批评指正。因为水满则溢，何况就我这样一个本硕阶段专业为法学、博士生阶段专业为马克思主义理论的研究者来说，只有不断地被抛砖和泼水,不断地被点拨和赐教,方可能激发我那随着年岁增大似乎日益减少的研究灵感,和填充我那随着日常事务增扰似乎日益枯竭的研究思河。

能够写书和出书,对于一名大学教师来说,无疑是一件好事和幸事。我有幸在经过长久的职业思考和系列的职业转换之后,以一名博士的身份,进入湖北大学马克思主义学院,成为一名以教书育人和学术研究作为职业并力图将其开创成事业的大学教师。回想这一历程,我总是百感交集。在这交集的成分之中,既有感叹感动更有感谢感恩。没有我的博士生导师,复旦大学国际关系与公共事务学院唐亚林教授的桃李之教,我难以戴上那顶博士帽。没有我曾经的博士后合作导师,中国政法大学法学院崔永东教授的口传心授,我难以在学术研究的视野上获得更加广阔的空间。没有我现在的博士后合作导师,湖北大学副校长杨鲜兰教授的言传身教,我难以在马克思主义理论的浩瀚海洋中汲取更多的养分。

同时,没有湖北大学马克思主义学院教师团队精诚团结和谐共处的集体氛围,和湖北大学马克思主义学院学术出版基金对本书出版的鼎力资助,我难以获得一种自我的空间和专注的时间来进行拙作的撰写和出版。在此,我要向湖北大学马克思主义学院院长、博士生导师徐方平教授,和学院的各位学术前辈及各位同事致谢。另外,拙作的修改和出版也得到人民出版社法律与国际编辑部李春林编审的大力指导、帮助和提携,他的魄力和宽容,让拙作能够得到人民出版社的垂青。

在本书的写作过程中,一些前期成果曾先后在《武汉大学学报(哲学社会科学版)》、《上海大学学报(社会科学版)》、《上海交通大学学报(哲学社会科学版)》等刊物上发表,其中发表成果还获得武汉市第十四次社会科学优秀成果奖(2014年),这鼓舞了我继续完成本书写作和研究的士气。与以上核心刊物的编辑老师和同仁素未谋面,但是他们牵扶后学、敢于采用不知名中青年学者文章和观点的勇气与做法,令人充满敬意。

生生不息,有爱才有将来,在爱与被爱的生活世界和生命伦理中,我要深深感谢我亲爱的老父老母。作为一介书生,似乎只能领略文能言情和书能言志的力量,因此,在本书即将付梓开印之际,我要把其献给我的父母。虽此书内容无涉亲情,但也祈求在本书写作过程中一直缠绵于心的愿望,即父母大人健康长寿和幸福美满,能够和本书的成形一样,成真!

不得不提及的是,在本书的写作过程中,还有一些长辈、亲友、师者、同仁对我不吝关怀和问候，令身处湖大琴园的我心觉温暖，虽你们的尊姓大名无法一一列举，但你们熟悉的身影总是不经意地浮现在我的眼前。在求知求真的道路上，行走得虽不热闹，但是并不孤独。谢谢你们！

　　湖映明月，大音希声；琴心文染，园芳清华。尘铺的旧作，奔向为今晚的后记，只为找到存在的意义和那颗夜空中最亮的星。

段　凡

2016 年 11 月 28 日晚

于湖北武昌沙湖畔湖大琴园

责任编辑：李春林
装帧设计：周涛勇
责任校对：张红霞

图书在版编目(CIP)数据

权力与权利：共置和构建/段凡 著. —北京：人民出版社,2016.12
ISBN 978 - 7 - 01 - 015087 - 1

Ⅰ.①权…　Ⅱ.①段…　Ⅲ.①社会主义法制-建设-研究-中国　Ⅳ.①D920.0

中国版本图书馆 CIP 数据核字(2015)第 181169 号

权力与权利：共置和构建

QUANLI YU QUANLI：GONGZHI HE GOUJIAN

段凡 著

人民出版社 出版发行

(100706 北京市东城区隆福寺街 99 号)

北京新华印刷有限公司印刷　新华书店经销

2016 年 12 月第 1 版　2016 年 12 月北京第 1 次印刷
开本：710 毫米×1000 毫米 1/16　印张：12.5
字数：200 千字

ISBN 978 - 7 - 01 - 015087 - 1　定价：35.00 元

邮购地址 100706　北京市东城区隆福寺街 99 号
人民东方图书销售中心　电话 (010)65250042　65289539

版权所有·侵权必究
凡购买本社图书,如有印制质量问题,我社负责调换。
服务电话：(010)65250042